전북언론사

전북언론사

최동성 · 전오열 지음

▌일러두기

* 각 시대별 언론사의 게재 순서는 신문사는 창간일(등록일), 방송사는 개국일 순으로 표기하였다.
* 신문 인용에서 발행 시일은 실제 발간한 날짜를 말한다.
  예를 들면, '<□□일보> 2018년 8월 1일 1면'은 '<□□일보> 2018년 8월 1일자 1면'을 의미한다.
* 한글 전용 표기를 원칙으로 하였다. 역사서로서 이해와 가치를 부여하기 위하여 필요한 경우 한자나 영어·일어 등 원어를 괄호 안에 병기하였다.
* 외국 고유명사는 국립국어원의 외래어표기법을 적용하였다. 다만 일본인 이름은 한국어로 다양하게 표기될 수 있음을 밝혀둔다.
* 용어는 시대적 흐름을 감안해 현대식 표현으로 표기하였다.
  예를 들면, '취체역'은 '이사'로, '역원'은 '임원'으로 표기했다.
* 외국어 원문을 번역하거나 과거 기사를 인용할 때는 독자의 편의를 위해 현대어로 풀어썼으며, 내용을 왜곡하지 않는 선에서 일부 단어와 문장 등을 첨삭하였다.
* 인물의 호칭은 내용 파악이 쉽도록 조직의 직함 뒤에 이름만 적었다. 호칭이 반복될 때는 성씨 뒤에 직함을 표기하였다.
  예를 들면, '□□신문사 기자 김××'과 '김 기자'로 표기하였다.
* 시대에 따라 다르게 불린 지명은 과거의 명칭을 존중하여 현재 지명으로 수정하지 않았다.
  예를 들면, 이리(현재의 익산), 경성(현재의 서울)
* 사용된 기호는 다음과 같다.
  책(단행본) ≪ ≫
  신문 제호와 방송사 이름 < >
  신문 기사 제목과 방송 프로그램 ' '
* 기타 사항은 관례에 따랐다.

▌머리말

기자 직업을 외길로 걸어오면서 취재해 왔던 지역과 소속사를 포함하여 언론사(言論史)를 집필한다는 것은 망설여지는 일이었다. 전북지역의 총체적인 언론역사로서 첫 시도라는 사실이 마음을 짓눌렀고, 책 내용에서 비판적인 부분과 관련된 분이나 언론사(言論社)에게 혹여 오해를 낳는 일이 벌어지지나 않을까 하는 걱정을 했기 때문이다. 그러나 전북에 면면히 내려오는 언론정신을 체계화하여 기록하고 자료를 집대성하는 일은 더 이상 늦출 수도, 거역할 수도 없는 시대적 소명이라는 언론인으로서의 절박한 현실 인식에서 출발하였다.

역사적 조명 외면으로 '희미한 단편' 취급

어느 역사나 그중에 지엽적인 역사가 있기 마련이다. 기본적으로 지역의 역사는 전체 민족사를 이루는 구심점이다. 지역 역사가 모아져 전체 역사의 근간을 이루고 있다. 그렇지만 한국언론사를 보면 백두대간은 있어도 지역에서 움직였던 언론의 모습은 지금까지 좀처럼 볼 수 없다. 언론의 사회적 기능과 역할에 대해서는 자주 논하면서도 한국언론의 초석이 되는 지역 언론의 정체성과 그 변천 과정에 대한 역사적 조명은 활발하게 이루어지지 않고 있다. 작은 것을 모르면 전체를 제대로 알 수 없는 일이다.

지역의 역사는 한국역사 속에서 특별하게 주목할 필요도 없었고, 주목하도록 부각시키지도 않았다. 이따금 지역의 역사와 주민이 중앙의 시각에서 접근하고 평가되는 역사에 익숙해져 있는 것이 현실이다.[1] 그동안 지역 언론에 대한 사고는 거의가 중앙 언론의 가장자리에서 피상적으로 진행되었다. 주목받을 수 있는 지역 역사가 중앙 역사의 희미한 단편으로 취급되어 왔다. 문제는 이런 환경이 계속될 경우 중앙 언론과 함께 고난과 기대의 격랑을 겪었던 지역 언론은 한국언론사의 무대에 제대로 등장하지도 못하고 역사의 뒤안길로 사라질 수 있다는 점이다.

안타깝게도 전북의 언론은 한국언론사에서 존재감을 찾아보기가 힘들다. 국가나 지역적으로 언론현장의 역사에서 나름대로 물길을 이뤄낸 것에 비추어 그 발자취는 미약하다. 지역 언론의 사사(社史)를 제외하면 일부 언론학자와 향토사학자들의 분투하는 노력이 진행되어 왔지만 연구 결과물은 간략하게 요약하거나 부분적인 논문에서 맴돌고 있다. 논문과 신문 등에 나타나는 문헌자료는 대개 한정된 범위에서 고증되지 않은 채 확대 재생산되고 있고, 실증적인 사료는 언론인들 사이에서 구전 상태로 남아 있다. 아직도 학문적 사각지대나 황무지로 남아있는 듯한 느낌이 날 정도다. 부산, 대구, 광주·전남, 대전·충남, 제주 등 지역에서 언론사 연구가 상대적으로 활기를 띠고 있는 것과는 매우 대조적이다. 그런 점에서 지역 언론을 중앙 언론 중

---

1) 이해준, 2007, 14~15쪽.

심적인 접근이 아니라 지역 차원에서 규명하려는 것은 아무래도 연구자들의 몫이다.

과거 굴지의 곡창지대와 물산의 집산지였던 전북은 1894년 동학농민혁명을 거쳐 1899년 군산의 개항과 더불어 비록 지역에 거주해 있던 일본인들이 주도했지만 근대언론의 매체를 일찍이 경험하였다. 개화기에 이어 일제강점기를 통해 일본인들은 각 지역도시에 진출하여 일본어 신문을 발간하였으나 식민지 당국자들은 한국 사람에게 지역신문의 발간을 금지시킴으로써 지역신문의 전통을 오랫동안 단절시키기도 했다. 그러나 해방 이후 펼쳐진 전북의 언론사는 때때로 정권과 자본권력에 맞서 언론의 자유를 부르짖고 수호하려는 투쟁사였으며, 지역의 근대사와 현대사를 연결해 온 향토문화사로서도 돋보인다.

춘추필법의 정신으로 '전북 언맥' 도출

각 시대에서 지역의 언론사는 그것을 어떠한 시각에서 어떻게 보느냐에 따라서 가치가 크게, 아니면 작게 보일 수 있다. 이를 가꾸고 다듬어 정리하면 본연의 가치는 나타날 수도, 반대로 사장될 수도 있는 것이다. 더욱이 지방분권이란 시대의 조류에 따라 중앙의 예속성이 약화되고 지역의 독자성이 강화되는 지방화 시대에 지역 역사는 이제 고유의 자리를 잡을 때가 되었다. 물론 지역주의로 흘러도 된다는 것은 아니다.

이 책은 전북언론의 맥, 이른바 '전북 언맥(言脈)'을 대의적으로 세우고 명분을 밝히기 위하여 춘추필법의 정신에 입각해서 집필하려고 노력했다. 이를 위해 자료와 증언, 경험의 세 가지 입체적인 관점에서 철저한 학술적 고증과 언론인들의 진술, 그리고 신문지 자체가 정확한 증거물이라서 디지털 자료나 종이신문을 일일이 열람하는 방법으로 사료를 채집하고 사실(史實)을 정리하는 작업을 거쳤다. 현실적으로 경험할 수 없는 역사적 공간은 실존상태로서 진가를 갖고 있는 유물이나 문화재처럼 굳이 견강부회하지 않고 과제로 남겨두었다. 저자가 직접 경험이 가능했던 시기에는 경험과 자료를 이용해 과거의 실제를 도출하였다.

모두 10장으로 구성된 이 책은 전근대적인 언론매체를 포함한 동학농민혁명기, 개화기, 일제강점기 및 미군정기, 각 공화국시대를 최근까지 연대순으로 엮었다.[2] 각 장에서는 한국언론을 거시적으로 살펴보고 정치상황 속에서 부침을 거듭했던 전북의 언론을 미시적 관점에서 바라본 통합적 분석체계를 갖추고 있다.

제1장은 전근대 사회의 중앙지 성격인 '조보'와 지방지 특성이 있는 '영기'를 제도권 언론매체로 소개했다. 조선의 보편화된 민간매체인 '통문'이 수평적 커뮤니케이션 수단으로써 동학농민혁명 진영에서 주요하게 이용됐다는 사실을 사례로 탐색하였다. 한국언론이 동학농민혁명에서 발단이 된 갑오개혁 등 일련의 사건으로부터 본격적인 근대화의 길을 걷게 됐다는 일각의 주장에 따라 전북에서 움트고 저항과 선비의 정신을 남겨준 동학농민혁명의 활동, 그 과정에서 활용된 언론매체를 소홀히 넘겨버릴 수 없었다. 개화기 전북지역에서 일본인들이 제작한 근대 신문들이 어떻게 발행되고 유지되었는지를 정리하고, 전주 등 전북

---

2) 언론사의 시대구분은 시대정신이나 이념, 기술(미디어), 경제·산업, 정치(이데올로기) 등을 준거로 할 수 있다(방정배, 1997, 56쪽). 이 책은 동학농민혁명기, 개화기 등의 시대정신과 지배 권력의 성격 및 정치적 체제에 따른 일제강점기, 미군정기, 각 공화국시대 등을 정권 차원에서 시대를 구분하였다.

의 신문 보급과 관련된 일화도 함께 살펴보았다.

제2장에서는 일제강점기 전북지역에 거주하던 일본인들이 소유한 신문들의 변화과정과 이 신문들이 물의를 일으킨 언론보도 내용에 주목했다. 이리에 라디오방송국이 일찌감치 설치된 배경을 추적하였다. 신문의 역할과 언론인의 사명, 독자의 자세 등을 일깨우려고 했던 전북출신 독립운동가의 칼럼은 저자들이 수집한 값진 자료 중의 하나다.

제3장은 일제강점기에 전북지역에서 활동을 했던 한국인 언론인들의 행적을 소개하였다. 도내 각 지역의 기자단 결성과 활동 내용, 기자들에게 가한 일제의 탄압 사례들을 정리했다. 전주기자단과 군산기자단의 결성이 기존에 파악된 것보다 더 빠르게 이루어진 것으로 추정되는 사료를 발굴한 것은 의미가 크다.

미군정기 전북지역 언론을 다룬 제4장에서는 광복직후 전주에서 창간된 <건국시보>를 들여다보고, 전북언론인들이 독립적으로 운영한 신문들을 소개하였다. 라디오방송국의 초창기 성장 환경과 실태를 알아보는 데도 주력했다.

제5장은 한국전쟁의 상황에서 통합신문인 <전북시보>가 탄생한 배경과 무기 정간 및 회사 간부들의 구속까지 불러온 <삼남일보>의 활자 오식 사고를 집중적으로 탐색하였다. 자유당 간부들의 <삼남일보>에 대한 불법 점유사건은 당시 집권여당과 언론의 관계를 파악할 수 있는 주요 사례로 이번 연구의 성과라고 할 수 있다.

제6장에서는 정기간행물의 등록제 실시로 전북에 일간 신문이 11개가 생기면서 용지난과 군사 정권의 언론정비로 감면조치를 당하는 등 우여곡절을 겪었던 신문업계의 경영 상태를 정리하였다. <이리방송국>이 전주로 이전한 이리지역에 전북 최초로 민간방송인 <이리

기독교방송국>을 종교계와 지역민들의 의지로 설립하는 자료를 살펴보았다.

제7장은 전북언론의 기초를 다졌던 구 <전북일보>의 박용상 사장이 '쾌속정 건조 모금 의혹 사건'에 몰려 퇴진하는 광경을 탐색하고, <전북매일> <전북일보> <호남일보>의 통폐합과 민간방송인 <서해방송>의 출현에 주목을 했다. 신문통합에서 나타난 시련과 극복을 샅샅이 살펴본 것은 독자들이 현실언론과 연계되는 과정을 이해하도록 돕기 위해서였다. 전북기자협회의 창립과 역대 회장의 내력 확보는 이 책의 압권으로 불릴 만하다.

제8장에서는 신군부 정권의 강압적인 조치로 강제 해직된 전북언론인 32명을 언론사별로 명단을 공개했다. 관련 언론인과 지역사회가 한때 겪었던 고초와 울분을 되돌아 볼 수 있는 기회가 될 것이다. 방송계는 라디오에 이어 컬러TV 시대를 맞아 시청자들을 수상기 앞으로 끌어내는 지역 언론의 시대상을 바라보았다.

1987년 6·29선언 이후 급변한 전북언론 시장의 변화를 살펴본 제9장은 저자들이 현장에서 체험하고 인식했던 기억과 자료들을 반영해 현실감을 도모하였다. 언론계로 확산된 민주화의 시점에서 언론사의 노동조합 출범을 향한 내부 문건과 전북기자협회의 협회보 창간호도 발굴해 소개했다. 1993년과 2015년에 실시된 언론인 의식조사 내용을 정리하여 기자들의 근무환경을 비교할 수 있도록 하였다. 전북 현안을 다룬 언론보도의 선행연구를 고찰해 봄으로써 지역 언론 보도의 방향성을 알아보았다.

제10장에서는 다매체·다채널의 뉴미디어 시대를 맞아 절박해진 위기의 전북지역 언론을 신문과 방송의 두 분야로 나누어 현황을 짚

어보았다. 나아가 전북언론이 역경을 딛고 미래를 향해 지향해야 할 제작시스템의 변화 및 경쟁력 확보를 위한 방안 등을 모색하였다.

지역 언론은 죽지 않고 만들어진다

지역 언론은 결코 죽지 않고 살아있다. 그 역사는 만들어질 뿐이다. 이 책은 '역사는 만들어지는 것'이라고 설파한 비코(G. Vico)[3]의 시각에서 지역 언론의 난국을 타개할 방책을 찾고 앞으로의 발전 가능성을 전망하게 해줄 것이다. 특히 이 책은 취재현장에서 활동했던 전·현직 언론인이 다 같이 언론학 전공자로서 전북언론의 역사를 최초로 집대성한 것이기 때문에 학문적으로나 실무적으로도 평가될 만하다. 저자들의 행동이 언론계의 변화와 개혁을 위해 관리전략을 논의하는 토대가 되고, 관계기관에서 진일보한 지역 언론 정책을 수립하는데 일조하기를 기대한다.

이 졸저는 시작단계로서 하나의 시작(試作)에 불과하다. 기존 연구가 드물고 관련 신문 등의 사료가 온전하게 남아 있지 않다는 점에서 생각한 만큼 전북언론사를 드러내기에는 한계를 지닐 수밖에 없었다. 오히려 선배들이 시대의 고난을 몸으로 겪으면서 힘들게 쌓아올린 성가(聲價)를 훼손시키고 있는 것은 아닌가, 걱정을 감출 수가 없다. 언론사를 신문과 방송 중심으로 다룬 것도 후속 연구문제로 남아 있다. 집필하기 시작해서 출간까지 3년여의 시간과 노력을 쏟았지만 지역의 방대한 언론역사를 한권의 통사로 정리하여 발간한다는 것이 얼마나 무모하고 경솔한 일인지 잘 알게 되었다.

---

3) 방정배, 1997, 40쪽 재인용.

그런 점에서 이 책을 어느 정도 정직하게 썼는지 스스로 반문한다. 여기에 대해 전북언론이 발전하고 진화하는 미래를 위하여 '봐야 하는 대로'가 아닌 '보이는 대로' 보고, 반응하고, 최선을 다했다고 감히 말하고 싶다. 제한된 자료 등으로 사리 분별을 어렵게 하거나 반의적으로 보이는 내용이 있다면 왜곡된 관점이 아니기 때문에 이해를 구한다. 전북언론의 발달 경로에서 당사자의 의도와 다르게 등장하거나 경칭을 안 붙인 분께 죄송한 생각이 든다. 이 책으로 인하여 상처를 받게 됐다면 용서해 주기 바란다. 이 책의 출간을 기꺼이 맡아준 한국학술정보주식회사 출판사업부에 고마운 마음을 전한다.

2018년 10월
최동성·전오열

* 이 책은 방일영문화재단의 지원을 받아 저술·출판되었습니다.

차 례

제8장 ▶▶ 전두환 정권의 전북언론

제9장 ▶▶ 정치민주화 이후 전북언론

| 표 차례 |

| 그림 차례 |

제1장
동학농민혁명기와 개화기의 전북언론

1. 전근대 사회의 언론 생활

서한 신문 형태의 관보 '조보'

우리나라 신문의 역사는 1883년 10월 31일 창간된 <한성순보>를 기점으로 그 이전 전근대적 시기와 근대 신문 이후로 크게 구분할 수 있다.

전근대적 신문은 제도권 매체의 관점에서 보면 조보(朝報)까지 감안해야 할 것이다. 조보는 조선시대 초기에서 1895년까지 발행된 일종의 관보이다.[1] 국왕을 비롯한 관료, 지주, 양반 등 봉건지배계급을 일방으로 하고 농민 등 피지배계급을 상대방으로 하는 조선 봉건체제에서 통치상의 유력한 실무적 또는 사상적 보조수단이었다. 거의 5세기에 걸쳐 중단 없이, 조선사회에서의 유일한 신문형태로 존속해 왔다.[2] 사실상

---

1) 강준만, 2007, 51쪽.

우리나라 신문 현상의 효시로 보고 있다. 이 조보는 중국 한나라 시대에 각 지방정부가 경도(京都)에 연락사무소격인 저(邸)를 설치하고 경도의 소식을 지역에 알린 데서 출현한 저보(邸報)에서 영향을 받았다.[3]

이런 영향으로 조선시대에 국왕의 비서기관인 승정원에서 매일 전국의 소식을 발표하면 각 사(司)의 기별서리(奇別書吏)나 각 지역 군현(郡縣)의 경저리(京邸吏)가 필사 복제하여 독자들에게 배포했던 소식 매체가 바로 조보였다.[4] 그러나 이러한 제도권 매체의 필사 조보는 글씨를 마구 흘려 썼기 때문에 해독이 힘들고 제작도 불편해서 조보를 인쇄하여 판매하는 전문 업자가 나타났다. 1577년(선조 10년) 8월에 서울에 거주하는 민간 인 수십 명이 의정부와 사헌부의 허가를 받고 매일 활자로 인쇄한 조보를 각 관청과 함께 경도와 지역 사이의 연락업무를 담당하는 지역의 경저리 에게 판매하였다. 이 인쇄조보는 양반, 관료들인 사대부 독자들이 환영하 였으나 그해 11월에 선조가 국왕의 허가 없이 발행된 사실을 문제 삼아 인쇄조보를 폐간시켰다. 조보의 인쇄발행을 허가해준 사헌부 등의 책임자 는 경질시키는 동시에 조보 발행 관련자 30여 명도 유배형에 처했다. 그 이유는 조보를 민간인이 인쇄로 발행하는 것은 역사를 기록하는 사국(史 局)을 민간인이 사설화(私設化)하는 것이고 그런 조보가 외국에 흘러들어 가면 나라의 잘못을 선전하는 결과가 된다며 활자까지 몰수해 버렸다. 이 것은 봉건정권이 언론을 통제하려는 의도에서였다. 이 같은 조치로 인해 다시 필사조보의 시대로 돌아가고 말았다.[5]

그러나 인쇄조보가 비록 짧은 기간이었지만 민간인 스스로 조보를 제

---

2) 차배근, 1980, 65 · 101쪽.

3) 박정규, 1978, 116 · 123쪽.

4) 박정규, 1997, 64쪽.

5) 김영주, 2008, 250쪽. 박정규, 1978, 128쪽. 차배근, 1980, 81~82쪽.

작, 판매한 것은 우리나라 신문사상 중요한 의미를 차지한다고 하겠다. 오늘날 신문의 특성이 정기성과 기계적 복제라는 점에서 볼 때 인쇄조보는 필사조보에 비하여 진일보한 형태라서 신문 발전의 물줄기를 바꿔 놓은 계기가 되었다.[6] 언제부터 존재했는지 확실하게 알 수는 없지만 보도적인 사명을 띠고 발행된 최초의 간행물이 정부의 양해를 받고 나온 '조보'라는 점에서 그 기원을 조선시대 선조 때로 보고 있다.[7] 조보는 이렇듯 근대 신문이 발행되기에 앞서 뉴스를 전달하는 서한 신문의 형태로서 존재하였다. <한성순보>가 발행되던 때에도 근대 신문과 전근대적 신문인 조보가 병존했다.[8]

조보에 대한 연구에서 조보를 한국의 전통적인 신문현상으로 보고 그것에 외래의 근대 신문문물을 접목시킴으로써 근대 신문이 생성되었다는 '접목잡종설'은 우리 한국의 능동성을 강조했다는 점에서 의미가 있다.[9]

필사로 제작한 지역신문 '영기'

근대 신문이 나타나기 전에 존재했던 보도매체는 앞에서 살펴본 것처럼 조정과 전국의 주요 소식을 담은 조보와 각 지역의 소식을 신속하게 전달하는 영기(營奇)가 있었다. 전근대적인 중앙집권적 왕권사회에서 중앙지 성격의 조보와는 별도로 영기와 같이 나름대로 각 지역의 소식을 전달하는 지역신문 현상이 실제로 있었다는 점은 특이한 사안이다.[10] 영

6) 박정규, 1978, 128쪽.
7) 성준덕, 1955, 1~2쪽.
8) 정진석, 1992, 25~27쪽.
9) 차배근, 1996, 30~31쪽.
10) 박정규, 1987, 92쪽.

기의 기사는 지역의 군현에서 보고한 사항과 감영이 내린 지시·명령 등이 중요한 내용이었으며, 지역의 소식을 알 수 있는 필사 지역신문이었다.11) 절대 권력의 왕조시대에 중앙체제적인 언론 상황에서 다른 지역과 마찬가지로 전북지역의 영기에 대한 구체적인 운영내용은 밝혀지지 않아 연구대상으로 남아 있다.

지역 소식을 전하는 영기는 그 지역 도 관찰사의 집무관청인 감영에서 모아 역시 필사로 전달한 '감영의 기별'이라는 의미를 갖고 있지만, 언제부터 존재하였는가는 정확히 밝혀진 바 없다. 다만 경도와 지역과의 연락업무를 맡기로 하고 감영에 설치한 영저(營邸)의 제도가 활성화된 조선 후기부터는 정착이 되었다고 보고 있다. 동학농민혁명의 소식을 영기 기사를 보고 알았다는 기록 등을 보면 적어도 1894년 갑오경장으로 신식 관제가 개편되었을 때까지 존속한 것으로 파악된다. 어떻든 필사신문의 시대에도 각 지역의 소식을 전하는 영기는 존재하였다.12)

2. 동학농민혁명과 민간매체 '사발통문'

수평적인 커뮤니케이션 수단으로 이용

전근대 사회에서 조보와 영기와 같은 제도권 매체는 주로 국왕을 중심으로 상의하달이나 하의상달이 이루어지는 수직적 커뮤니케이션 매체로 이용되었다. 이와는 다르게 백성들의 견해나 의견이 수평적으로 논의

---

11) 박정규, 1997, 92쪽.
12) 박정규, 1997, 66~67쪽.

되고 규합하는 민간매체로서 통문(通文)이 있었다. 통문은 전국 각 지역에 있는 서원이나 향교 등을 통하여 공동 관심사와 의견 등 전달사항 및 소식을 다수를 대상으로 무수하게 전했기 때문에 지역사회의 문제를 제기하는 지역 커뮤니케이션의 중요한 매체였다. 여러 사람이나 기관의 의견과 주장을 필사 복제하여 많은 사람들에게 알려주는 통문은 영기와 함께 지방지의 특성을 띠었다고 볼 수 있다. 서울과 지역 어느 곳에서나 양반과 백성에 이르기까지 조정의 정치문제나 고을의 다양한 문제에 대하여 여론을 형성하고 환기시켜 오늘날의 신문과 같이 의제설정의 기능을 갖고 있었다. 이러한 현상은 전근대 시대에서 지역신문의 한 양상으로 파악할 수 있다.13)

19세기 전북에서 일어난 동학농민혁명14)의 주체세력들도 전국의 방만한 교세를 관리하기 위해 자체 내부 통지사항이나 논의 사항 또는 선전, 비판, 은인자중의 내용을 이러한 통문에 실어 알렸다. 동학의 대집회 역시 실천운동 주력자들이 면밀히 조직된 공시망을 통해 통문제도의 힘을 빈번하게 받았다.15)

동학농민혁명의 운동은 언론적인 공시16)수단을 사용함으로써 과거에 볼 수 없는 대대적인 사회, 정치, 문화 개혁운동으로 전개될 수 있었다. 제도권의 매체에 비하면 비제도권의 공시매체인 통문에 관한 언

---

13) 박정규, 1997, 67·92쪽.

14) 동학농민혁명은 동학의 역사적 의의와 주체세력의 정의에 따라 갑오농민전쟁, 갑오농민혁명, 동학농민봉기, 동학혁명, 동학운동 등 명칭이 다양하다. 이 책은 혁명이 발생할 때 1차 산업 국가로서 백성의 상당수가 농민이었던 시대적 환경을 감안하고 대대적으로 민중개혁운동을 전개했다는 점에서 '동학농민혁명'의 명칭을 사용한다.

15) 박영학, 1994, 153~155쪽.

16) 전통적인 공시(公示)는 고대의 북소리부터 고도 산업사회의 대중매체에 이르는 모든 공시현상을 포괄하고, 의견과 의지형성에 기여하는 요소도 모두 포함한다. 매스 커뮤니케이션이 기술적인 대량 전달체계에 치중하는 점과 차이가 있다. 즉, 공시는 기본 개념에서 커뮤니케이션보다 상위개념을 의미한다(박유봉, 1985, 5~6쪽).

론학적 관심과 연구는 아직 미흡한 실정이다. 하지만 조선의 보편화된 민간매체현상인 통문이 개인의 편지와 달리 수평적 커뮤니케이션 수단으로서 동학농민혁명 진영에서 주요하게 이용됐다는 점에 주목할 필요가 있다.17)

동학농민혁명의 전개 과정에서 주요한 메시지는 다른 운동과 다르게 사발통문(沙鉢通文), 괘서(掛書), 참요(讖謠) 등의 대표적인 형식을 통해 전달되었다. 그중 통문이 조직의 공식문서로서의 역할 이외에도 오늘날의 신문의 역할을 한 것으로 볼 수 있다.18) 동학 통문의 일반적인 서식은 [그림 1]과 같다.

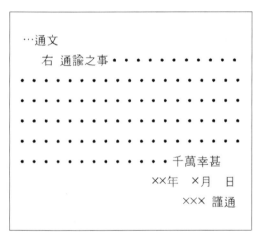

출처: 박영학, 1994, 173쪽 재구성.

[그림 1] 동학 통문의 일반 서식

---

17) 박영학, 1994, 142~148쪽.

18) 정일권, 2010, 93쪽.

한글 보급과 포접제의 구축이 밑받침

사발통문은 동학농민혁명의 도화선이 된 1893년 12월 전북 고부 민중이 시위를 주도하던 시기에 등장하여 혁명에서 공시매체로 활용되었다. 그것은 주모자가 누구인지 드러나지 않도록 사발을 엎어놓고 여백에 원형으로 돌아가면서 관련자의 성명을 작성하였기 때문에 효용성이 뛰어났다.[19] 그런 이유로 사발통문은 일부 결함이 보여 전적으로 신뢰하기에는 비교적 허술한 자료이지만 동학농민혁명 전반을 이해하는데 핵심적 요소이다. 사발통문에서도 가장 주목되는 부분은 20명의 서명자와 결의 4개 항에 관한 것이다. 서명자는 최고령자와 50대 1명, 40대 2명, 그리고 38세의 전봉준을 비롯한 30대 14명과 10대 2명을 포함해 총 20명이 동참하였다. 이 문건에는 고부성을 격파하고 고부군수 조병갑을 죽일 것과, 군기창과 화약고를 점령하며, 군수에게 아부하던 탐관오리를 징벌할 것, 전주성을 함락하고 서울로 직행할 것 등을 결의해 놓았다.[20] 혁명계획과 참가자의 의기가 깃들어 있는 이 사발통문은 각 마을의 우두머리격인 집강(執綱)들에게 보내져 지하신문과 같은 역할을 했다고 볼 수 있다.

사발통문이 동학농민혁명 세력에 내부 커뮤니케이션의 주요한 수단으로 이용된 것은 무엇보다도 한글의 보급과 동학교단의 조직인 포접제(包接制)와 같은 제도가 구축되어 있었기 때문에 가능했다는 시각이 관련 연구의 관심을 끌고 있다.[21]

---

19) 박영학, 1994, 147~152쪽.
20) 김은정·문경민·김원용, 1995, 102~114쪽. 신복룡, 1983, 57~60쪽. 최현식, 1994, 35~39쪽.
21) 정일권, 2010, 94쪽.

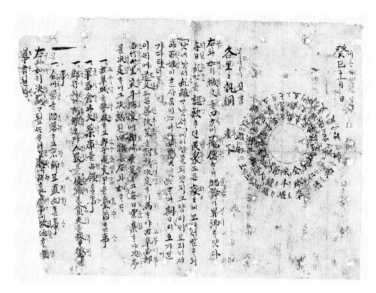

제공: 동학농민혁명기념재단

[그림 2] 사발통문. 가로 47cm, 세로 30.5cm 크기의 이 사발통문은 1893년 음력
11월에 고부군수 조병갑의 탐학에 대하여 고부관아 습격을 계획하며 작
성된 것이다.

이처럼 통문은 동학농민혁명 과정에서 매우 유용한 공시수단의 역할
을 한 것으로 알 수 있다. 전근대적인 사회였지만 지방에서 활발하게 지
역의 공론을 대변하고 확산시키는 민간매체였다. 통문은 나라가 일제강
점기로 전락하고 전통적인 사회가 급격히 해체되면서 전달 통로였던 서
원이나 향교가 사라지고 지역의 공론을 결집하는 기능이 상실되자 점차
없어졌다.22)

22) 박정규, 1997, 70쪽.

3. 전북지역에서 발행된 최초 신문은

근대 신문이 태동한 개화기

개화기(1876~1910)는 한국의 언론 역사에서 근대 신문이 생성된 시기다. 널리 알려진 대로 한국 최초의 근대 신문인 <한성순보>가 1883년 10월 31일(양력) 창간됐다가 1884년 12월 4일 폐간됐다. 이어 <한성주보>가 1886년 1월 25일 첫 호를 발행한 뒤 1888년 7월까지 발행하였다. 이후 7년 8개월여 동안 한국인이 주도가 되어 만든 신문은 없다가 1896년 4월 7일 <독립신문>이 등장하면서 여러 민간 신문의 탄생을 촉진했다. 1898년에는 국내 최초의 순 한글 일간지 <매일신문>이 4월 9일에, 순 한글 일간지로 서민층을 주 독자 대상으로 삼은 <제국신문>이 8월 10일에, 한글과 한문 혼용 일간지로 중류계급 이상을 대상으로 발행된 <황성신문>이 9월 5일에 각각 지령(紙齡) 1호를 발간하였다. 애국계몽단체인 광무협회는 1898년 4월 10일에 한글 주간지 <대한신보> 창간호를, 독립협회에 대항해 조직된 황국협회는 1899년 1월 22일에 국한문 혼용 격일간지 <시사총보> 창간호를 각각 선보였다. 영국인 배설(E. T. Bethell)이 사장이었던 <대한매일신보>는 1904년 7월 18일부터 한글과 영어로 발행됐다. 이밖에 개화기 한국인이 주도적으로 발행한 신문은 1906년 6월 17일 창간한 천도교 계통의 일간지인 <만세보>, 같은 해 10월 19일 창간한 천주교계 순 한글 주간지 <경향신문>, 1909년 6월 2일 창간한 항일 민족운동단체인 대한협회의 기관지 <대한민보> 등이 있었다. 한국을 강제 점령하기 시작한 일본은 비판과 항일 언론을 봉쇄하기 위해 1907년 신문지법(광무신문지법)을 공포해 언론탄압의 법적 근거를 명문화하였다. 신문을 발행하려면 허가

를 받도록 규제했고, 경우에 따라 발행의 정지와 원고의 검열까지 하도록 속박했다.23)

개화기에 한국으로 이주해 정착한 일본인들은 자신들의 신문을 발행했다. 서울에서는 일본 정부의 자금을 지원받은 <한성신보>가 1895년 2월 17일부터 발간을 시작한 뒤 1906년 9월 <경성일보>로 제호를 변경하고 통감부의 일본어 기관지로 기능했다. 서울의 일본인들이 발행한 신문으로는 1904년 3월 창간한 <대한일보>, 1906년 1월 25일 창간한 <중앙신보> 등이 있었다. 일진회 기관지인 <국민신보>는 1906년 1월 6일, 이완용 내각의 기관지인 <대한신문>은 1907년 7월 18일에 각각 창간됐다.24)

이때 서울을 제외한 지역에서 발행된 신문은 개항장에 거류하는 일본인들이 주로 만든 것이다. 특히 부산에서 1881년 12월 10일 순간(旬刊)으로 발행을 시작한 <조선신보>는 <한성순보>보다 1년 10개월 정도 앞선 것으로 일본인에 의한 것이지만 국내에서 발행된 최초의 신문으로 본다.25) 개항장이었던 전남 목포에서도 <목포신보>가 1899년 6월 16일 첫 선을 보였다.26)

한국인들이 지역에서 신문 발간을 처음으로 추진한 곳은 대구다. 1906년 6월 대구에서 국채보상운동이 전개될 즈음 민관합작으로 신문을 발행하려는 움직임이 있다가 무산되었다. 대구에서는 1908년에도 신문 창간이 시도됐지만 성공하지 못했고, 평양에서도 1907년 6월 신문발간이 추진됐으나 빛을 보지 못했다. 비로소 지방에서 한국인의 손으로

---

23) 강준만, 2007, 19~148쪽.

24) 김민환, 1996, 159~163쪽.

25) 이규수 옮김, 2006, 27쪽. 채백, 2012, 82~89쪽.

26) ≪동아시아 언론매체 사전:1815~1945≫2010, 468쪽. ≪한국신문백년: 사료집≫1975, 1093쪽.

만들어진 첫 신문은 1909년 10월 15일 경남 진주에서 시작됐다. 제호는 <경남일보>였다.[27]

일본인에 의해 일본인을 위하여 제작

전북지역에서 발행된 최초의 근대 신문이 무엇인가에 대한 답은 명확하지 않다. 해당 신문이 존재하지 않기 때문이다. 선행연구나 관련 문헌자료에서 해당 신문의 창간일이나 제호 등도 제각각이다. 이들 신문이 모두 당시 전북지역에 살던 일본인에 의해, 일본인을 위해 만들어진 까닭에 그 가치나 탐구 자체가 무의미할 수도 있다. 그러나 전북지역 최초의 근대 신문에 대해 정리해야 할 필요가 있다. 부산에서 일본인들이 만들었던 <조선신보>와 같이 개화기 재한 일본인들이 만든 신문은 우리나라 근대 신문에 직접 영향을 주지는 않았더라도, 당시 백성들에게 '신문이라는 존재'를 익숙하게 하는 하나의 요인이었기 때문이다.[28] 일본인들이 발행한 일부 신문은 조선어판을 발간해 한국인들로부터 호응을 받았으며 한국인들로 하여금 신문의 중요성을 인식하도록 만들었을 것이다.[29]

전북지역 최초 신문과 관련된 물음은 첫째 발행된 지역이 전주냐 군산이냐, 둘째 어떤 신문이 먼저냐, 셋째 정확한 창간연도는 언제냐 하는 것이다. 어느 지역에서 최초로 발행됐느냐의 답은 '전주가 아닌 군산이다'는 게 맞다. "<전주신보>가 전북지역 최초로 발행된 신문이다"[30]는 주장보다 전북지역 최초의 신문은 군산에서 발행됐다는 근거

---

27) 김남석, 2006, 360~363쪽.

28) 채백, 1990, 124쪽.

29) 박용규, 1998, 136쪽

들이 더 많고 정확한 것으로 보인다. 두 번째와 세 번째 질문, 즉 군산에서 발행된 신문 중 어느 것이 먼저인가와 정확한 창간연도에 대한 논의 역시 해당 신문이 현존하지 않기에 관련 자료를 찾아 추측할 수밖에 없다.

각종 문헌자료에서 전북 최초 신문으로 <군산신보>와 <한남신보>가 언급됐다.

<군산신보>가 전북의 첫 신문이라고 추정할 수 있는 사료는 1935년 발행된 ≪군산부사≫이다. 여기에는 군산에서 메이지(明治) 36년 즉 1903년 최초로 주간으로 <군산신보>가 발행되고 후에 <한남일보>가 생겼다31)고 적혀 있다. 일부에서는 <군산신보>의 창간연도가 1902년이라고 주장했지만 확인할 길이 없다.32) 다만 <군산신보>가 1903년에는 발행되고 있었음을 알려주는 사료가 있다. 황현이 1864년부터 1910년까지 47년간의 역사를 편년체로 서술한 ≪매천야록≫의 3월 '33. 국내의 13개 신문' 편을 보면 "광무 7년(1903년) … (중략) … 옥구에는 <군산신보>가 있었으며 … (중략) … 이것은 모두 외국인들이 간행하였다"고 기록되어 있다.33)

<한남신보>가 <군산신보> 보다 앞서 나왔음을 보여주는 자료는 1907년 군산신보사가 발간한 ≪부지군산(富之群山)≫ 이다. 이 책에서는 군산에서 1903년(메이지 36년) 4월 <한남신보>가 지바 다네가네(千葉胤矩)에 의해 등사판으로 창간되었고, <군산신보>는 1905년(메이지 38년) 12월 인천의 조선신보사 지국으로 탄생한 것으로 소개하였다.34)

---

30) ≪국역 전주부사≫2014, 703쪽.

31) 김태현, 2006, 60쪽. ≪군산부사≫1935, 253쪽. 이상 두 문헌에는 <한남일보>로 표기되어 있다.

32) 김영선, 1983, 328쪽. 출처를 ≪군산시사≫라고 밝혔는데 책의 발행연도가 없다.

33) ≪한국사데이터베이스_한국사료총서≫검색.

1925년 출간된 ≪군산개항사≫에는 이와 관련된 일화가 나온다.[35]

이상을 정리하면, 전북지역 최초의 신문은 군산에서 일본인들에 의해 일본인을 위해 1903년께 창간된 것으로 보인다. 그 제호는 불분명하다. 발행의 연속성이나 형태와 내용 측면에서 신문으로 볼 수 있느냐는 의문도 여전히 남아 있다.

군산 거류 일본인에게 인기 끈 신문

<군산신보>는 1906년 여름 오가와 유조(小川雄三)가 경영을 맡았다.[36] 이 신문은 비교적 순탄하게 간행되었고 내용도 잡스럽지 않아 군산에 거주하는 일본인의 사랑을 받았으나 자금난을 계속 겪은 것으로 보인다.[37]

<군산신보>가 <군산일보>로 제호를 바꾼 시기에 대해서는 자료마다 다르다. 1906년이라고 나오는 곳도 있고,[38] 1907년 다카스 다카시(高洲規)가 신문사를 인수한 뒤 <군산일보>로 개제하고 일간으로 발행했다는 기록도 있다.[39] 그러나 적어도 1908년 2월까지는 <군산신보>였던 것으로 보인다. ≪통감부법령자료집≫에는 "군산 이사청령(理事廳令)은 1908년 2월 1일부터 <군산신보>, <한남신보>로써 포고함"[40]이

---

34) ≪부지군산≫1907, 250쪽.

35) ≪군산개항사≫1925, 106쪽

36) ≪부지군산≫1907, 250쪽.

37) 이봉섭 편저, 1976, 284쪽.

38) ≪동아시아언론매체사전: 1815~1945≫2010, 173쪽.
   ≪신문총람≫1925(325쪽), 1926(507쪽), 1929(519쪽)년도 판에 나오는 창립일 기준.

39) 김중규, 2001, 256쪽. 이봉섭 편저, 1976, 284쪽. ≪군산시사≫2000, 1085쪽.

40) ≪통감부법령자료집 2≫1973, 14~15쪽. 이 자료집은 1973년 송병기 편저로 국회도서관이 발행한 책으로 1908년 1월부터 1909년 6월까지의 법령들이 수록되어 있다.

라고 적혀있기 때문이다. 일간지 전환시점은 1908년으로 언급된 자료가 많다.[41] 이들 자료를 근거로 할 때 후지이 간타로(藤井寬太郎)가 발행인으로 참여해 제호를 변경하고 일간지로 전환한 1908년 4월 15일이 <군산일보>가 창간된 것으로 보는 게 타당할 듯하다. 한편 후지이 간타로는 군산지역 토지침탈의 주역이며 일제강점기 전북지역에서 행해진 간척사업의 중심인물로 불이흥업주식회사 대표·임익수리조합장을 지냈다. 1912년 12월 말 <전북일일신문>이 발간한 ≪금란부(金蘭簿)≫에는 두뇌가 명석하고 결단이 신속하다고 평가돼 있다.[42] 그는 통역에게 철포를 들게 하고 자신은 등에 일본도를, 옆구리에는 단총을 차고 전북평야를 시찰했다고도 한다.[43]

4. 〈한남신보〉 제호와 창간 일화

당시 신문제작 기술로 일간은 어려웠을 듯

<한남신보>의 제호는 정확하지가 않다. 일제강점기부터 현대에 이르기까지 출간된 일부 책에서는 <한남일보>로 표기된 경우가 있다.[44]

---

41) 김영선, 1983, 328쪽. 김태현, 2006, 60쪽. ≪군산시사≫2000, 1085쪽. ≪한국신문백년: 사료집≫1975, 1100쪽. ≪신문총람≫1917(781쪽), 1920(898쪽), 1922(932쪽), 1932(474쪽), 1933(482쪽), 1936(474쪽), 1937(491쪽), 1939(461쪽), 1940(412쪽), 1941(335쪽)년도 판에는 <군산일보> 창립일이 모두 1908년 4월 15일로 되어 있다.

42) <새전북신문> 2004년 6월 11일 7면.

43) 이규수 옮김, 2006, 81쪽.

44) 김중규, 2001, 256쪽. 이봉섭 편저, 1976, 278~281쪽. ≪군산개항사≫1925, 106쪽. ≪군산부사≫1935, 253쪽. 이상 문헌에는 <한남일보>로 표기되어 있다.

언론사학자 박용규의 주장[45]과 저자들이 여러 자료를 검토한 결과, <한남신보>로 보는 게 타당하다. <한남신보>란 제호는 적어도 1905년, 1908년에도 존재했던 것으로 보인다. <한남신보>가 1904년 2월부터 1905년 9월에 걸친 러일전쟁 시기에 전쟁 수행에 공헌한 바가 인정되어 신문사 논공행상에서 은잔을 하사받았다는 내용이 신문에 보도됐다.[46] 1908년 1월부터 1909년 6월까지의 통감부의 법령들이 수록된 ≪통감부법령자료집≫에서도 <한남신보>로 제시되어 있다.[47] 1907년 발간된 ≪부지군산≫에서도 <한남신보>로 소개됐다.[48]

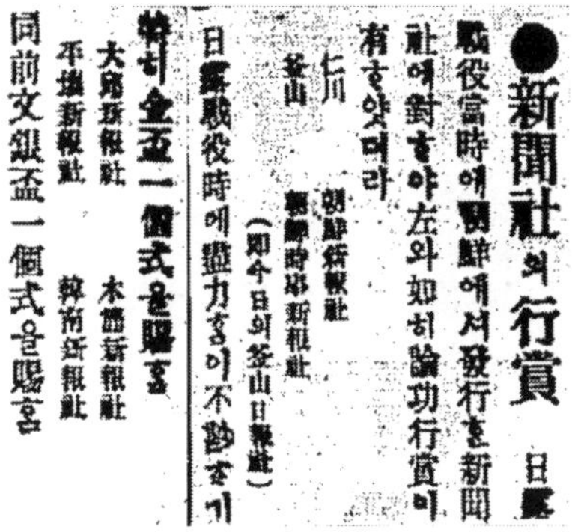
●新聞社의 行賞 日露

戰役當時에 戰地에서 發行ᄒᆞᆫ 新聞社에 對ᄒᆞ야 左와 如히 論功行賞이 有ᄒᆞ얏더라

仁川 朝鮮新報社

釜山 朝鮮時事新報社 (卽今日의 釜山日報社)

日露戰役時에 盡力ᄒᆞᆷ이 不尠ᄒᆞ기 特히 金盃一個式을 賜ᄒᆞᆷ

大韓日報社 木浦新報社

平壤新報社 韓南新報社

同前文銀盃一個式을 賜ᄒᆞᆷ

국립중앙도서관 소장 자료.

[그림 3] 상 받은 한남신보사 기사.
<매일신보> 1911년 6월 29일 2면.

개화기에 창간된 신문 중 ‘일보(日報)’인 경우는 드물었다. 당시 제작 기술로 날마다 신문을 발행한다는 건 쉽지 않았기 때문일 것이다. 이렇게 볼 때 제호는 <한남신보>가 더 설득력이 있다.

45) 박용규, 1998, 118쪽.

46) <경성신보> 1911년 6월 29일 2면. <매일신보> 1911년 6월 29일 2면. 김태현, 2006, 61쪽.

47) ≪통감부법령자료집 2≫1973, 14~15쪽.

48) ≪부지군산≫1907, 250쪽.

일본인 거류민의 정쟁도구로 탄생

<한남신보>의 창간과 관련된 일화는 1976년 발행된 ≪전북백년≫에 드라마틱하게 서술되어 있다.[49] 1899년 군산이 개항된 뒤 정착한 일본인들은 주로 상업에 종사했는데 이권과 상권을 놓고 두 세력이 갈등을 보였다. 한 세력은 초대 영사이자 일본 거류민회장인 다이슈(對州) 출신 아사야마 겐조오(淺山顯藏)가 이끄는 이른바 다이슈 파이고, 다른 하나는 지바 다네가네의 세력이었다. 다이슈 파는 아사야마가 죽은 뒤 부두목격인 가도와끼(門脇)가 중심이 됐다. 가도와끼는 1902년 거류민 회 회장 자리에 앉았다가 반대파에게 쫓겨났다. 1903년 그는 일본 제 1은행 군산지점장인 하라다 마츠시게(原田松茂)의 금권을 이용해 부의 장 자리에 다시 앉게 됐다. 가도와끼는 군산에서 자신의 세력을 확고하게 뿌리박기 위해 신문을 발간하기로 하고 자신이 '오야붕(親分)'으로 삼던 인천의 <조선신보> 사장을[50] 찾아 갔다. 그 사장은 가도와끼에게 신문사를 군산에서 단독으로 경영하는 것은 불가능하니 <조선신보>에 한 주 1회 정도 군산판 특집을 내주겠다고 약속했다. 그런데 가도와끼가 군산으로 돌아와 보니 어설프지만 등사판 인쇄물인 <한남신보>가 발행되고 있었다. 가도와끼가 인천의 <조선신보> 사장을 만나러 갔다는 정보를 입수한 지바가 서둘러 신문을 간행한 것이었다. 이처럼 <한남신보>는 지바가 상대 세력을 꺾기 위해 만들어졌기에 가도와끼를 비롯한 거류민회를 모함하고 규탄하는 내용으로 가득 찼다.[51]

---

49) 기본 내용은 ≪군산개항사≫1925, 106~107쪽을 참고한 듯하다.

50) 이봉섭 편저 ≪전북백년≫에는 사장 이름이 나까무라 센다이키치(中村千大吉)라 쓰여져 있는데 (1976, 280쪽), 다른 문헌에서는 당시 <조선신보> 사장이 나카무라 추우키치(中村忠吉)로 나온다. 나카무라는 1897년 3월 <조선신보>를 인수해 1906년 사망할 때까지 경영했다(장신, 2007, 294쪽).

51) 이봉섭 편저, 1976, 278~281쪽.

지바는 1899년 6월 창간된 일본어 신문 <목포신보>에서 1900년 5월 까지 약 1년 정도 기자로 근무한 적이 있었다.52)

<한남신보>에 대한 또 다른 일화가 있다. 가도와끼와 지바는 거류 민회와 민단 회장 자리를 놓고 치열한 선거전을 펼쳤다. 지바는 <한 남신보>를 통해 '다이슈 파의 흑막' '가도와끼의 불경 사건' 등을 폭로 하였다. 군산의 일본인들은 당시 일본 황태자 타이쇼(大正)의 탄생을 축하하는 뜻으로 민단 앞마당에 귀물스럽게 생긴 소나무를 심었다. 몇 개월 후 그 나무가 사라졌다. 당시 민단 의장인 가도와끼가 슬쩍 뽑아 다 자기 집 뒤뜰에 감춘 것이다. 가도와끼는 그 나무를 고위층에게 뇌 물로 바칠 계획이었다. 민단 의장이 기념수를 절도하는, 더구나 황태 자의 신수(神樹)를 도둑질한 것이었다. 이러한 사실을 지바 등 반대파 에서 폭로하고 이 사건으로 가도와끼는 민단 의장 자리에서 쫓겨났다 가 그 후 다시 부의장 자리에 앉았는데 이 사건을 <한남신보>가 선거 를 앞두고 다시 공개한 것이다. 이에 가도와끼는 그 기사를 작성한 <한남신보> 기자를 폭행하기에 이른다. 이처럼 신문사주가 사적 이익 을 위해 신문을 도구화했기에 ≪전북백년≫에서는 <한남신보>를 한반 도에 나타난 최초의 사이비신문으로 규정했다. 가도와끼가 <한남신보> 기자를 폭행한 사건을 군산에서 벌어진 '최초의 기자 구타사건'이라고 보았다.53)

---

52) ≪목포부사②≫1930, 537쪽.

53) 이봉섭 편저, 1976, 282~284쪽.

5. 전주지역 최초 신문은 〈전주신보〉

전주에 처음 정착한 일본인이 창간

전주지역에서 최초로 발간된 신문은 〈전주신보〉로 알려져 있다. 〈전주신보〉는 1904년 무렵 모리나가 신소(守永新三)가 그의 부하격인 야마시타 지다유(山下次大夫)에게 신문 발행 계획을 일임시키고 자본을 대어 1905년 12월 25일 창간했다.[54] 모리나가는 전주에 처음 자리 잡은 일본인으로 이노우에 쇼타로(井上正太郞)와 형제로 알려져 있는데 이들이 전주에 정착한 것은 1897년 1월이다. 야마구치(山口)현 출신인 형제는 처음엔 서문 밖에 조그마한 오두막집을 짓고 살며 석유나 박하사탕 등을 목판에 담아 행상을 했다. 형인 이노우에는 키가 좀 크고 마른 편으로 날카로운 인상을 풍겼고, 동생인 모리나가는 다소 둥글고 작달만하나 야무지고 독종스럽게 생겼다. 모리나가는 신문사옥격인 자신의 집에 일장기를 게양했다가 당시 전주부윤 이승우의 엄중한 항의를 받기도 했다.[55] 모리나가는 어느 정도 기반을 잡으면서 늘어나는 일본인 거주자들로부터 '오야붕' 대우를 받게 되었다. 그는 명실상부한 지도자 노릇을 하고 전주 거류 일본인들의 결속을 강화하며 정보를 교환하기 위해 신문을 발간하게 된 것이다. 〈전주신보〉는 이처럼 일본인에 의해, 일본인을 위한 신문이었다. 〈전주신보〉는 오늘날 A4 용지 크기의 미농지에 등사해 100부 안팎을 찍어냈다. 신문내용은 3분의 1은 일본상인들의 광고였고,

---

54) 1942년 발행된 《전주부사(全州府史)》를 국역한 《국역 전주부사》(2014)를 비롯한 《신문총람》 1925(327쪽), 1926(505쪽), 1933(482쪽), 1936(474쪽), 1937(490쪽), 1939(462쪽). 1940(412쪽), 1941년(335쪽) 판에는 메이지(明治) 38년 즉 1905년 12월 25일 〈전주신보〉가 창간된 것으로 나온다. 〈전주신보〉 창간연도는 1905년이 확실한 듯하나 1904년, 1906년, 1907년이라 밝힌 문헌들도 있다. 《한국언론연표 1881~1945》에도 〈전주신보〉의 창간연도가 다르게 여러 번 등장한다. 연감형태인 《신문총람》에서도 해마다 다르게 적혀있다.

55) 이봉섭 편저, 1976, 21~22쪽, 258쪽.

시사에 관한 것도 열흘이나 보름, 어떤 경우에는 1개월 이상 지나간 구문(舊聞)을 다루었다. 1905년 전주에 사는 일본인 호수는 21가구 정도였으며 72명이 거주했던 것을 보면 일부는 한국인들에게도 보급됐을 것으로 보인다.56)

한국인들 외면에 시장 확대 못하고 경영난

독자가 늘어나자 자금을 투자해 기계와 활자를 구입한 <전주신보>는 1907년 5월부터는 타블로이드 판형에 비로소 활판 인쇄를 시작했고 격일 간격으로 발간했다.57) 4면을 발행한 이 신문은 1면과 4면을 광고로 메우고, 2면은 일어판, 3면은 한국어판으로 편집했다. 한국어판을 발행했지만 한국인 독자를 유치하는 데는 한계가 있어 경영난이 심각했던 것으로 추정된다. <전주신보>의 경영이 어려웠던 이유는 신문을 사회의 공기로 삼지 않고 독선을 일삼던 모리나가의 영웅주의와 무식, 사주의 투자 인색, 그리고 전주 사람들의 항일주의로 분석되고 있다.58)

모리나가는 마침내 단독경영을 계속하지 못하고 1909년에 다케우치 쇼지(武內勝次), 아타케 도라로쿠(阿武虎人), 우치미야 마사후사(內宮正房) 등을 공동경영인으로 영입했다. 1910년 우치미야가 개인 경영으로 하기로 하고 일간지로 변경했다. 우치미야는 신문사업에 충분한 경험과 식견을 가진 오가와 유조를 군산에서 맞아들여 증면하면서 국문과 일문으로 각각 따로 발행하고 지면 체제를 개정했다. 수지가 맞지 않아 우치미야와 오가와는 결국 모리나가의 형인 이노우에의 원조를 받기도 했다.59)

56) 이봉섭 편저, 1976, 258~259쪽. <새전북신문> 2004년 6월 11일 7면. <전북일보> 1973년 6월 1일 11면.

57) 김영선, 1983, 328쪽. 《국역 전주부사》2014, 703쪽.

58) 이봉섭 편저, 1976, 260~261쪽.

〈전주상보〉〈전라신보〉 존재했나

전주지역에서 처음 발간된 신문의 제호는 <전주신보>가 맞는 듯한데, 일부 신문기사나 제목에서 다른 제호가 나오는 경우가 있다. 저자들이 검토한 자료 중 전북 최초 또는 전주 최초 신문을 '전북신보'로 정리한 경우가 있는데 이는 오류인 것으로 보인다.[60]

일부 문헌에서는 <전주상보>와 <전라신보>라는 제호가 등장한다. <전주상보>는 <전북일보> 전신으로 1906년 12월 모리나가가 창간했다거나,[61] 1905년 12월 3일 모리나가가 창간해 등사판으로 인쇄하다 나중에 활판으로 인쇄형태를 바꾸고 격일간으로 발행했으며 1912년 <전북일보>로 제호를 바꾼 것으로 나온다.[62] 1906년 12월 창간된 <전주상보>가 <전라신보>로 바뀌었다가 1912년 5월 <전북일일신문>으로 개제된 것으로도 되어 있다.[63] <전주상보>와 <전라신보>는 다른 문헌에서는 그 사례를 찾아볼 수 없어 존재 여부를 확인할 수 없다.

6. 개화기 신문의 전북지역 보급

우편 배포에 따른 잦은 배달 사고

우리나라 최초 근대 신문인 <한성순보>와 그 뒤를 이은 <한성주보>가 어떻게 전국적으로 보급되고 얼마나 발행됐는지 정확하게 기록된 자

---

59) 이봉섭 편저, 1976, 261~262쪽. ≪국역 전주부사≫2014, 703쪽.

60) <전북일보> 2004년 12월 25일 12면.

61) ≪신문총람≫1922. 925쪽.

62) 김영선, 1983, 328쪽. ≪한국언론연표 1881~1945≫1979, 76쪽.

63) ≪신문총람≫1920, 892쪽. ≪신문총람≫1922, 925쪽.

료는 없다. 통리교섭통상사무아문의 사무 일지인 '통서일기'를 통해 이를 어느 정도 추측할 수 있다. <한성순보>와 <한성주보>는 근대적 우편제도가 시작되지 않아 행정조직을 통해 전국에 배포된 것으로 보인다. 즉 박문국에서 전국의 지역행정 단위로 신문을 보냈다. 전라도에는 매호 평균 551부가 보급된 것으로 보이는데 이는 평안도, 충청도 등 다른 지역보다 상대적으로 많은 편이었다.[64] 독자층은 지역 관리들이나 한문을 해독할 수 있는 지식인 계층에 한정되었다.

<독립신문>은 지국을 통한 보급을 시도했으나 제대로 정착되지 않아 주로 우편망을 이용하였다. 1898년 6월 1일 전라도에도 임시 우체사가 설치됐는데 임시 우체사는 우체사 소재지로부터 20리 밖의 지역을 포괄하기 위해 설치한 기관이었다.[65]

개화기에 신문 읽는 습관이 정착되면서 독자들은 신문배달이 누락되거나 지체되면 불편과 불만을 느끼고 이에 대해 적절한 방법으로 확인하거나 항의하였다.[66] <황성신문> 역시 전국 관서에 보급됐는데 '배달사고'가 종종 발생했다. <황성신문>을 비롯한 개화기 당시 신문들의 배포는 한성에는 배달 위주로 운영됐고 지역에는 우편제도를 통해 이루어졌다.[67] 배달사고와 관련해서는 우체사장이나 관찰사가 신문사에 공문을 보냈으며, 신문사에서는 이를 지면에 공개했다. 전주에서도 사례가 있었다. <황성신문> 잡보난에는 전주 우체사장 조동완이 1904년 7월 28일 황성신문에 보낸 공문 전문과 황성신문의 답변이 게재되었다. 원본이 한문체이고 글자들이 뚜렷하지 않아 해독이 쉽지 않지만, 조동완

---

64) 정진석, 1992, 90~98쪽.
65) 채백, 2012, 52~53쪽.
66) 채백, 2013, 24쪽.
67) 채백, 1999, 373쪽.

은 공문에서 우체국은 국가가 세운 기본적 문명기관이고 주민들이 이용하는 중요한 기구라며 신문 봉투가 찢겨지거나 신문이 없이 들어오니 조심해달라고 주문했다. 이에 신문사는 누락 없이 배달되길 바란다고 답변하였다.[68]

지역에 우송하는 신문 가운데 일부는 우편 관련 인물이나 관리가 독자들에게 가기 전에 미리 뜯어보아 신문배달이 지체되거나 누락되는 사례들도 발생했다.[69] 전북에서도 비슷한 일이 벌어졌다. <황성신문>은 정읍군수 송종민이 황성신문사에 보낸 공문 전문을 '정읍에 신문이 전달되지 않는다'라는 제목으로 공개했다. 내용은 우체사에 도착한 신문이 개인들에게 배달되지 못하는 것은 우체국 책임이고 각 관찰부와 군수에게 배달되지 않는 실책은 경성과 각 지역 우체국 및 출장소에 책임이 있다며 그러한 일이 없도록 주의해달라는 것이었다.[70]

지역관청은 <황성신문>을 의무적으로 구독했는데 이는 부작용을 일으키기도 했다. <황성신문>은 1907년 2월 22일 '특고 13도 관찰사'라는 제목의 사고에서 신문 미납 구독료 현황을 밝혔다. 다가오는 3월 30일까지 밀린 신문 대금을 정리해 달라는 것이다. 만약 기한 내 납부하지 않으면 손해배금도 징수할 것이니 각 도 관찰사는 특별히 주의하길 바란다는 내용이었다. 전라북도 미납액은 384원 55전 8리였다.[71]

---

68) <황성신문> 1904년 8월 10일 3면.

69) 윤상길, 2013, 132쪽.

70) <황성신문> 1906년 5월 1일 3면.

71) <황성신문> 1907년 2월 22일 3면.

[그림 4] 관찰사들에게 신문대금 독촉 기사. <황성신문> 1907년 2월 22일 3면에 게재된 13도 관찰사들에게 밀린 신문대금을 정리해 달라는 안내기사.

<대한매일신보>는 전국 각지에 지사를 두고 판매와 배달뿐만 아니라 수금까지 담당하게 했다. 1907년 11월 기준으로 <대한매일신보>는 전국 31곳에 지사를 두었는데 전북에는 정읍, 태인, 부안, 고부, 군산 등에 있었다.[72] 1908년 8월 11일자 <대한매일신보> 광고란에는 전국 지역의 지사현황을 운영자와 함께 게재했는데, 전북에서는 정읍 읍내 리익겸, 태인 읍내 김우섭, 홍덕 후포 김명재, 군산항 동창사 송판암 등이 소개되었다.[73]

〈만세보〉에 실린 신문보급 이유

천도교 기관지인 <만세보>는 1906년 7월 19일 '전주지역에 문운(文運)이 욱욱하다'는 제목의 기사를 1면 톱으로 게재했다. 이 기사는 천도교 전주교구장인 구창근이 신문보급에 앞장서 <만세보>가 전주지역에 100부가 구독 청구가 됐다는 내용으로 시작한다. 기사 내용에는 신문의 장점을

---

72) 채백, 2012, 46쪽.
73) <대한매일신보> 1908년 8월 11일 4면.

이야기하였다. 신문은 천하의 삼라만상이 변하는 대로 진상을 잃지 않고 옮기는 것으로 소위 식시무(識時務)라 하는 자는 모든 신문을 읽어 세상 일을 모두 안다는 것이다. 신문사 조직이 갖춰야 할 힘으로 지식력과 금력(金力)을 주장했다. 지식력이 있어도 금력이 없으면 안 되며, 금력이 있다하더라도 지식력이 없으면 그 또한 능력이 없는 것이라고 강조했다. 금력과 지식력이 적은 신문은 볼 것이 없으며 금력과 지식력이 많은 신문은 천하 장관이라는 것이다. 이 기사에는 <만세보>는 특수한 금력으로 특수한 운동력이 있어 발간된 지 불과 20호인데도 매일 구독자가 평균 80명 이상이나 되어 국가의 문운 증진이 이루어지고 있다는 내용도 포함하고 있다. 전주는 하나의 작은 군(郡)이고 서울로부터 멀리 떨어져 있어 아직 의식 문물이 열린 곳이 아닌 줄 알았는데 전주 문운이 전국에서 제일 먼저 열릴 것으로 <만세보>는 예언한다며 구창근 교구장을 전주 인민을 개도(開導)하는 유공자라고 칭송하였다.[74]

간접 구독 방식인 '신문잡지종람소'

근대 신문이 등장한 개화기 한국은 신문 제작 기술이나 시설, 우편 등 보급망의 미비, 낮은 문자해독능력 등 제반 여건이 덜 갖추어져 신문 보급에 한계가 있었다. 어느 사회나 근대 신문의 초창기는 마찬가지였지만 이런 여러 어려움을 극복하기 위해 다양한 간접적 구독방식들이 형성됐다. 가장 많은 것은 문자해독능력이 있는 사람이 글을 읽을 줄 모르는 다른 이들을 위해 신문을 대신 읽어주는 방식이었다. 신문을 여러 사람들이 돌려 읽는 방식도 널리 사용됐다. 한 신문을 누군가 읽고 버리는

---

74) <만세보> 1906년 7월 19일 1면.

게 아니라 이를 다른 사람들이 다시 읽는 방식이다. 신문보급 확대를 위한 방편으로 개화기 특징적인 것 중 하나는 '신문잡지종람소'다. 신문잡지종람소는 특정한 공간에 그 지역 유지나 뜻있는 사람들이 자비로 신문과 잡지를 구비해 다른 사람들이 와서 자유롭게 읽을 수 있도록 마련한 공간이다.[75)

신문잡지종람소가 출현한 것은 1898년 인천의 박문회를 효시로 한다. 그 뒤 1905년 을사조약이 체결된 이후 전국으로 확산된 것으로 보인다. 개화기 신문잡지종람소는 대부분 국민계몽을 목적으로 민간의 주도에 의해 자발적으로 세워졌으며 다양한 신문과 잡지·서적을 구비해 일반인들이 널리 이용할 수 있도록 하였다.[76)

일제강점기인 1925년 9월 1일 전주신문배달인조합은 임원회의를 갖고 조합사무실에 각종 신문을 비치해 공개 열람할 수 있도록 하였다.[77) 이는 신문잡지종람소의 사례를 응용한 것으로 볼 수 있다.

---

75) 채백, 2013, 22쪽.

76) 채백, 1997, 110쪽, 125쪽.

77) <동아일보> 1925년 9월 5일 4면.

제2장

일제강점기의 전북언론

1. 〈전주신보〉는 〈전북일일신문〉으로

지역에서는 대부분 일본어 신문 발행

한국언론 역사에서 일제강점기 35년을 구분하는 시기는 학자마다 조금씩 다르지만, 1910년대, 1920년대, 1930년대, 1940~1945년으로 크게 나누어 각 시기별 언론정책의 특성과 언론 활동을 논의한다.[1] 1910년대 이른바 무단정치 시대에는 일제 총독부 기관지인 일본어 <경성일보>, 조선문 <매일신보>, 영문 <서울프레스> 등이 경성에서 발간되었고 전주를 비롯한 각 지역에서는 대부분 일본인이 경영하는 일본어 신문들이 발행됐다.[2] 신문사 경영 일본인들은 지역에서 상업회의소 또는 지방의회 의원들이거나 다양한 지역단체에서 활동하는 사람들이었다. 이들

---

1) 김민환, 1993, 51~62쪽.
2) 강준만, 2007, 156쪽.

에게 언론인으로서의 역할을 기대하기는 어려웠다. 일제강점기의 지역 신문들은 광고와 판매시장이 너무 좁아 심각한 경영난을 겪을 수밖에 없었다.3)

1919년 3·1운동이 있은 뒤 1920년대에는 일제는 이른바 문화통 치로 식민정책을 전환해 한국인에 의한 민간지 탄생이 이루어졌다. 1920년 3월 5일 <조선일보>에 이어 4월 1일 <동아일보>가 창간되었고, 이어 1924년 3월 31일 <시대일보>, 1926년 9월 <중외일보> 등이 각각 지령 1호를 발행했다.4)

1930년대에는 일제의 통제가 강화된 가운데 민간지들이 상업적으 로 경쟁하는 시기였다.5)

일제는 본격적인 전시체제로 접어든 1940년도부터 일본인이 발행하 는 일본어신문에도 '1도 1사 원칙'을 적용했으며, 8월 10일자로 <조선일 보>와 <동아일보>의 문을 닫게 했다. 유일한 조선문 신문으로는 총독부 기관지인 <매일신보>만 남았다.6)

경영에 한국인 유지들 참여

일제강점기에 전북지역의 신문은 일본인들이 주도하여 발행했다. 일 부 한국인들이 사주로 참여하고 일부는 기자로 활동했지만 한국에 거주 하는 일본인을 위한 신문이었다. 서울을 제외한 다른 지역의 사정도 마 찬가지였다.

---

3) 박용규, 2016, 225~227쪽.
4) 김민환, 1996, 211~213쪽.
5) 채백, 2015, 219~230쪽.
6) 강준만, 2007, 261~268쪽. 채백, 2015, 248~249쪽.

    1905년께 창간된 <전주신보>는 한일병합 이후 사세를 확장해 나갔다. 그러던 1912년 1월 5일 신문사옥에 화재가 발생해 건물은 물론, 활자 등 신문제작 시설도 잿더미가 되었다. 화재는 한 직원이 동료들의 옷을 훔친 뒤 증거를 없애기 위해 방화한 것으로 드러났다. 검사는 방화범에게 사형을 구형했는데, 재판에서는 종신징역을 선고하였다.[7]

    오가와 유조 사장은 1912년 5월 14일 <전북일일신문>으로 제호를 변경하고,[8] 새로운 주주를 확보하기 위해 한국인 부호 영입에도 나섰다. 당시 전주의 몇몇 유지들은 신문의 사회적 기능과 역할 등 신문의 존재가치를 알고 있었다. 그들은 독자적 의사 표명과 여론 형성 수단으로써 신문을 갖고 싶어 했지만 신문제작 기술을 전혀 몰랐다. 오가와 사장이 합자 교섭을 청하자 전주 유지들은 적극적으로 이에 응했다. 1912년 12월 마침내 조합조직으로 7명이 공동출자하는 새로운 체제로 개편되었다. 오가와 사장을 비롯해 후원자였던 이노우에와 그의 아우인 <전주신보> 창시자 모리나가, 여기에 새로운 출자자인 마키무라 요시히라(牧村芳平), 기타모토 마쓰지로(北本松次郞)가 가담했다. 전주 유지인 유두환, 박영근 두 사람도 이때 참여하였다.[9] 유두환은 1883년 10월 전주에서 태어나 주로 교육자로 활동했다. 그는 전주금융조합장, <매일신보> 전북지국장 등도 역임했으며, 조선인 친일관료와 지주들이 중심이 되어 1919년 3·1운동을 억압하기 위해 조직된 자성회의 발기인으로도 활동한 인물이다.[10]

---

7) <매일신보> 1912년 1월 28일 3면. <매일신보> 1912년 2월 1일 3면.
8) ≪조선총독부통계연보≫1912, 703쪽, 표551.
9) 이봉섭 편저, 1976, 263~265쪽. <전북일보> 1973년 6월 1일 11면.
10) ≪한국역대인물종합정보시스템≫ 검색.

새 경영진은 그동안 누적된 부
채를 청산하고, 신문계의 유능인으
로 알려진 마쓰나미 센카이(松波千
海)를 주필로 추대하고, 신문의 크
기도 대판으로 확대했다. 1913년
오가와 사장이 떠남에 따라 이노
우에가 사장으로 취임하였다. 1915
년 8월 31일 이노우에 사장이 사
임한 뒤 주필 마쓰나미가 후임사장
으로 천거됐다. 1916년 마쓰나미
는 회사의 조합조직을 익명조합으
로 바꾸었다가 이듬해인 1917년
에는 자기 개인경영으로 돌렸
다.11) 마쓰나미는 일본 구마모토

국립중앙도서관 소장 자료.

[그림 5] <전북일일신문> 소개.
≪신문총람≫ 1917년판에 수록.

현(熊本縣) 출신으로 1907년 7월 조선으로 건너와 부산의 <조선신보>
기자가 되었다. 그는 <군산일보> 기자를 거쳐 <경성일보> 군산지국장,
<광주일보> 주필 등을 지냈다. 또한 그는 <전북일보> 사장을 맡은 뒤
전주국방회의 회장, 전주번영회 회장, 시민회 부회장 등을 맡으며 전주
지역에서 막강한 지위를 누렸다.12) 마쓰나미 사장은 1920년 2월 11일
자매지로 <호남신문>을 창간하였다. <호남신문>은 조선문 일간 4면으
로 발행했고 월 구독료는 1부당 70전이었다. <호남신문>에는 주필 서상
목, 편집장 박종준, 정치경제부장 백윤기, 사회부장 이익상 등 한국인들

11) 이봉섭 편저, 1976, 263~265쪽. <전북일보> 1973년 6월 1일 11면.
12) ≪한국사데이터베이스_한국근현대인물자료≫ 검색.

이 임명되었다.[13] 이익상은 1895년 전북 부안 출생으로 <조선일보> <동아일보> 학예부장을 지냈으며 1930년 2월 <매일신보>로 옮겨 1935년 4월 사망할 때까지 편집국장 대리로 근무하였다. 또 그는 <생장> <조선문단> <개벽> 등에서 작품 활동을 했다.[14]

전북 거주 일본인 활동 담은 책자 발행

<전북일일신문>은 일제강점기 초기 도내에 거주했던 일본인들과 유력 조선인들의 활동상황을 파악할 수 있는 책자를 1912년 12월 25일 발간해 1913년 초에 배포했다. 이 자료는 2004년 6월 10일 국사편찬위원회 전북지방 근현대 사료조사팀이 한 소장자로부터 입수해 공개했다. 표지가 뜯겨나가 정확히 알 수 없으나 발간사로 미루어 책 제목은 ≪금란부≫다. 가로 22cm×세로 15.2cm 280쪽으로 구성됐다. 인쇄는 일본 동경 인쇄주식회사에서 한 것으로 나온다. 일왕 다이쇼 즉위 첫 새해를 기념하기 위해 기획된 이 책자는 전북에 진출한 관계 재계 일본인들의 단결을 도모하고 화보와 기사를 통해 서로에 대한 정보를 교환할 목적으로 제작되어 당시 전북지역에서의 일본인들의 지위와 활동을 상세히 기록하고 있다. 전주·군산·김제·고부·남원·정읍의 사회상이 개략적으로 소개됐고 주요 관공서와 금융기관, 일본인들이 운영하던 상점, 영향력을 행사하던 일본인과 조선인이 사진과 함께 실려 있다. 첫 장에는 대표적 친일파이자 당시 전라북도 장관(지사)이었던 이두황의 휘호가 게재되었다.[15]

---

13) 김영선, 1983, 329쪽. ≪신문총람≫1920, 893쪽. ≪한국언론연표 1881~1945≫1979, 252쪽.
14) ≪신문백년인물사전≫1988, 680쪽.
15) <새전북신문> 2004년 6월 11일 1면.

전북일일신문사 체육행사·일선융화 캠페인

<전북일일신문>과 관련된 사건으로는 직원의 공갈 협박 사건과 필화 사건이 있다. <전북일일신문> 군산지국원이 질상(質商·전당포)과 함께 1913년 12월 말에 위협과 공갈 취재죄로 군산경찰에 인치되어 검사국에 송치됐다가 이듬해 2월 4일 광주지방법원 군산지청에서 공판에 부쳐졌다.[16] <전북일일신문>은 <군산일보>와 함께 필화로 발행 정지를 받기도 했다. 1914년 1월 27일 발행된 <전북일일신보>와 <군산일보> 두 신문은 치안방해로 1일간 발매 반포 금지를 당했다. 이 소식을 전한 신문 기사에는 그 이유를 "강경 문제에 관한 필화라는 설이 있더라"고 전했다.[17]

전북일일신문사는 문화·체육행사를 주최했다. 1916년 4월 3일에는 일종의 '자전거 투어'를 개최했다. 당일 오전 7시 전주에서 출발해 논산까지 '자전차 원승회'를 열었다. 돌아올 때는 이리(익산)에서 전주까지 경쟁을 실시해 우승자에게 각 상품을 지급했다.[18] 1920년 전북일일신문사는 일선융화(日鮮融和) 강연회를 지원하기도 했다.[19]

---

16) <매일신보> 1914년 2월 6일 2면.
17) <매일신보> 1914년 1월 28일 2면. <매일신보> 1914년 1월 29일 2면.
18) <매일신보> 1916년 4월 5일 4면.
19) <매일신보> 1920년 10월 1일 4면.

2. 〈전북일일신문〉은 〈전북일보〉로

전북일보사 사옥 신축과 사세 확장

전북일일신문사는 1920년 11월 사옥을 새로 지어 이사하고 제호를 〈전북일보〉로 바꾸었다. 동시에 자매지인 한글판 〈동광신문〉을 창간했다. 신사옥 낙성식을 겸한 제호 변경 축하 연회와 〈동광신문〉 창간 피로연을 1920년 11월 21일 대대적으로 거행하였다.[20]

1930년대 출간된 《신문총람》들에 따르면, 〈동광신문〉은 1920년 11월 18일, 〈전북일보〉는 1920년 12월 25일 인가되었다. 전북일보사의 자본금은 5만 원이고 평반 인쇄기 2대로 출발, 3대로 확대해 신문을 인쇄하다가 1940년 초에는 윤전기도 도입했다. 한 면을 12단으로 나누어 조간으로 하루 4면씩을 발행하였고 월 구독료는 1원이었다. 활자 크기는 처음에는 7.75포인트를 사용하다가 나중에는 8.5포인트로 확대했다. 키노시타 다카시(木下孝), 야스타케 가마(安武可眞), 사이토 유이코(齋藤惟恭) 등이 편집국장을 지냈다.[21]

전북일보사는 동광신문사와 함께 여름에 납량대회를 개최했다. 관련 기사는 "1933년 7월 15일 밤부터 2주일간 녹음이 무르녹고 맑은 시냇물이 흐르는 보기만 해도 서늘한 다가정 넓은 뜰에서 납량대회를 개최했는데 남녀노소로 입추 여지없이 대성황을 이루었으며 전주에서 일류 가는 일본 예기들이 총출연하고 각종 활동사진, 어린이들의 승마·씨름 등이 있을 뿐만 아니라 일반인에게 흥미를 주는 용사들이 출전한 씨름대회가 있어서 대성황을 이루었다"고 보도했다.[22]

---

20) 이봉섭 편저, 1976, 263~265쪽. 〈매일신보〉 1920년 11월 26일 4면. 〈새전북신문〉 2004년 6월 11일 7면. 〈전북일보〉 1973년 6월 1일 11면.

21) 《신문총람》 1931~1942년도 판.

자매지 〈동광신문〉 조선문으로 발행

<동광신문>은 조선문으로 발행해 한국인 독자를 겨냥한 신문이었다. 마쓰나미 사장은 <동광신문>에 한국인을 영입했다. 사무이사 임창섭, 주필 서상목, 편집장 박종준, 정치경제부장 박량근, 사회부장 노홍수, 영업부장 안재수, 광고부장 조학남 등을 임명했다. 1924년 봄부터 마쓰나미 사장은 <동광신문>의 각 부장을 <전북일보> 부장도 겸직하도록 하였다.23)

한국인 독자를 유인하는 데 한계가 있었는지 <동광신문>은 7~8년 동안 발행이 중지됐다. 그러다 경성에서 <매일신보> <동아일보> 기자와 <시대일보> 정치부장 등을 지낸 조강희를 주필로 초빙해 진용을 정비하고 1928년 9월 20일 재창간호를 발행하면서 새로운 도약을 도모하였다.24) 이후에도 <동광신문>은 제대로 발행되지 못한 듯하다. <동아일보>는 <동광신문>과 관련된 오보를 전한 적도 있다. <동아일보>는 "<동광신문>이 7개월이 못되어 1929년 3월 31일부터 휴간하게 되었다"고 보도했다.25) 이 기사는 곧 오보로 밝혀졌다. <동아일보>는 다음날 신문에 <동광신문> 관계자의 말을 인용해 "휴간이란 천만의외의 말일 뿐 아니라 점차로 기초가 견고히 되어나가는 터인데 이러한 말을 하는 것은 우스운 일입니다"라고 휴간 사실을 부인했다고 보도하였다.26)

---

22) <조선중앙일보> 1933년 7월 19일 4면.

23) 정진석, 1992, 435쪽. 《신문총람》1922년 926쪽. 《한국언론연표 1881~1945》1979, 331쪽.

24) <동아일보> 1928년 9월 14일 3면. <동아일보> 1928년 9월 16일 2면. <매일신보> 1928년 9월 16일 3면. 《신문백년인물사전》1988, 835쪽.

25) <동아일보> 1929년 3월 31일 4면.

26) <동아일보> 1929년 4월 1일 4면.

창간당시 일간으로 출발했던 <동광신문>은 부사장에 이해만, 주간에 김준식 등 한국인을 임명해 경영난 문제를 해결하려고 했으나 결국 1933년 주간지 4면으로 축소하였다. 2년 뒤인 1935년 1월부터 일본인 야스다께와 미야가와 마사오(宮川正雄) 등이 주간을 맡아 1936년 4월 편집 내용을 쇄신하는 한편, 8면으로 증면하면서 발행 부수를 늘려 나 갔다. 1937년 독자배가 운동을 벌이던 중 마침 전북도에서 발행하는 <전북지광>이 폐간하자 마쓰나미 사장은 이를 인수하였다. <전북지광> 은 1931년 창간된 전라북도 조선문 기관잡지로 도청 내 전북지광사를 만들어 도비 연간 1800원을 보조 받아 농촌진흥과 사회사업 상황, 지방 개화 등에 관한 교화 자료를 게재하며 농민의 계몽에 주력했다. <전북 지광>을 인수한 <동광신문>은 도내 각 군의 교화주사(敎化主事)를 신문 사 촉탁으로 위촉해 일종의 주재기자역을 맡겼다. <동광신문>은 정기적 으로 도 당국이 일괄 구입해서 각 기관과 도민들에게는 무료로 배포해 1938년에는 독자가 1만 명을 넘었다. <동광신문>은 전북도 당국과 금 융조합, 전매국 등의 충실한 기관지임을 자부하면서 내용 또한 전북도 행정을 비롯해 사회사업과 농촌진흥, 금융조합 · 전매국 등의 지시사항 을 주로 보도하였다.27)

일본인 신문사주가 전주신문협회 주도

마쓰나미 사장은 신문사 경영을 위해 대외적으로도 활발하게 활동하 였다. 그는 주도적으로 1921년 2월 27일 '전주신문협회'를 조직했다. 전 주신문협회는 서로 한마음으로 협조해 전북 발전에 관한 각종 문제를

---

27) 이봉섭 편저, 1976, 266~268쪽. <새전북신문> 2004년 6월 11일 7면. <전북일보> 1973년 6월 14일 4면.

고민하며 동업자끼리 소통을 잘 하자는 취지로 결성됐다. 좌장은 마쓰나미 사장이 맡고 전북일보사의 일본인 지배인·주필·이사·기자 등과 동광신문사 이사 임창섭과 주필 서상목 등이 회원으로 참여했다. <경성일보> <조선신문> <부산일보> <군산일보> 등의 일본인 지국장이나 지사장도 함께했으며, <동아일보> 지국장 김창희, <매일신보> 지국장 유재기도 회원이었다.28)

3. 물의를 일으킨 〈전북일보〉 기사들

'일선융화' 관련 보도와 경찰의 개입

1925년 7월 <전북일보>는 '일선융화'에 대한 전주지역 인사들의 생각을 보도하는 기사를 연재하였다. 27일 지면에는 '당시 전주청년회장 임택용의 일선융화에 대한 의견'을 게재했다. 이 기사가 보도되자 전주청년회의 다른 간부들이 크게 놀라 긴급회의를 소집하였다. 임택용도 회의에 참석하여 기사에 책임을 지고 즉시 대표위원을 사임하겠다고 밝히고 기사를 취소시키고 나중에 해명하겠다고 말했다. 회의에 참석한 간부들도 모두 사퇴하기로 하고 8월 2일 일요일 임시총회를 개최하고 다시 선후책을 토의해 결정하기로 했다.29)

이 사건과 관련해 자신을 취재하러온 <동아일보> 기자에게 임택용은 "전북일보 기자와 기고문제로 이야기를 나누던 중 기자가 일선융화에 대해 어떻게 생각하느냐고 묻기에 답을 회피하다가 집

---

28) <동아일보> 1921년 3월 5일 4면.

29) <동아일보> 1925년 7월 30일 3면.

요하게 질문해서 앞으로는 황인종 대 백인종의 관계가 크게 될 터이니 적어도 동양 3국인 조선·중국·일본이 단결해야 한다고 말한 것 등을 전북일보 지면에 전주청년회장 직함을 붙이고 일선융화에 대한 의견이라고 기자 마음대로 작성했다"고 해명하고 자신도 신문을 보고 의도와 다른 내용이 기사화되어 매우 불쾌하다고 말했다.[30]

그런데 일본 경찰이 전주청년회의 긴급회의 건에 대해 조사에 나서 또 다른 말썽을 빚었다. 전주청년회는 1925년 8월 2일 임시총회를 개최하고 해당 기사에 대해 약 3시간에 걸쳐 토의한 뒤 간부들이 총사임하고 임원 총선거 등을 결의했다. 그런데 8월 7일 경찰은 청년회 전 간부들과 적극적 토의에 나섰던 이용기 신시철 박양근 윤원상 김철 등을 면담하겠다고 통보했다. 경찰은 이들 중 일부가 사정이 있어서 정해진 시각에 참석하지 못한 것을 통보에 불응한다며 8월 11일 오전 9시까지 출두하라는 정식 호출장을 발부했다. 경찰은 출두한 이들을 대상으로 청년회에서 일선융화 문제에 대해 토의한 이유를 묻는 동시에 일선융화를 "찬성하느냐 반대하느냐"는 질문도 하였다. 이와 같은 경찰의 위압적 질문에도 신시철은 일선융화는 절대 불능하다고 이야기했는데 경찰은 신시철을 더 취조를 하고 늦게 내보냈다. <동아일보>는 이와 같은 내용을 보도하면서 "이를 경찰이 새삼스럽게 문제 삼은 것에 대해 일반인들이 비난한다"고 꼬집었다.[31]

경찰은 8월 22일 신시철을 또 호출해 조사하였다. 경찰은 그가 전주청년회 창립 당시부터 간부로 있으면서 독립사상과 사회주의에 감

---

30) <동아일보> 1925년 8월 1일 3면.
31) <동아일보> 1925년 8월 14일 4면.

염되어 기회를 엿보던 중 신문 기사를 기회로 청년회 간부 총사직을 선동하는 문제를 일으켰는지를 추궁했다. 신시철은 청년회 간부도 아니고 경성 고학당 강사로 재직하다가 귀향한 뒤 해당 문제가 발생하자 총회 때 임시로 사회를 본 사실밖에 없다고 항변했다. <동아일보>는 "이러한 부당한 취조를 하는 경찰의 태도가 너무나 기괴하다"고 보도하였다.[32]

조선인 모욕 내용 담은 칼럼 게재

일제강점기 일본어 신문이었던 <전북일보> 1930년 6월 14일과 18일 1면에 한국민족을 비하하는 기사(일종의 칼럼 형식)가 실렸다. 이 기사는 사회적으로 큰 물의를 일으키며 1930년 여름을 달군 가장 핫한 이슈였다. <전북일보>는 1930년 6월 14일 1면에 필명 '무과한(無袴漢)'이 작성한 '子供に代りて(아희를 대신하여)' 제하의 글을 게재했다. 글 내용 속 화자는 일본 어린아이다. 글 내용은 다음과 같다. "조선 사람은 도적 근성을 가지어 아이들도 물건을 훔친다. …(중략)… 어른들이 모이면 독수리한테 음식물을 준다는 말을 들었으나 나는 독수리에게는 아무것도 빼앗긴 것은 없다. 그러나 조선인한테서는 여러 번 과자와 장난감을 빼앗겼음으로 나는 독수리보다 조선인이 더 밉다. …(중략)… 우리는 장차 자라나서 그런 도적놈들과 살지 않으면 안 되는가? …(중략)… 전 조선 민족을 향해 미리 내 결심을 말해둔다. 너희들이 독수리와 같은 못된 근성을 버리지 않는 한, 우리가 너희들을 동물로 대우하는 건 당연하다."[33]

---

32) <동아일보> 1925년 8월 25일 4면.

33) <조선일보> 1930년 6월 20일 석간 1면. <중외일보> 1930년 6월 20일 2면.

6월 18일 1면에 '무과한'은 또 '도적방지법의 조선 적용' 제하로 글을 게재하였다. "남의 물건을 제 물건으로 아는 조선인에게 도적방지법[34]을 적용하게 된 것은 그야말로 맑은 하늘에 날벼락일 것이다. 거짓말 잘하는 조선인도 도적방지법 아래에는 아무 소용이 없다. …(중략)… 나도 조선에 23년간 살면서 이런 조선인들을 몇 번이나 때려죽이고 싶은 생각을 하였는지 모르나 법이 두려워 북받쳐 오르는 가슴을 억압해 왔다. 이번에 정당방위의 범위가 넓어졌으니 오랫동안 묵어 두었던 총포나 닦아둘까."[35]

두 기사의 필자는 '무과한'이라는 익명이었으나 <중외일보>는 글을 쓴 사람이 당시 <전북일보> 편집고문으로 있는 쿠와하라 아츠노부(桑原篤信)라고 기사화했다. 쿠와하라는 공립보통학교장으로 재직했으며 이전에도 조선인을 도적 근성이 있다고 주장하였다.[36] 전북일보사는 곧 지면에 사죄문을 게재하고 관련자를 인책 사직하게 했다.[37]

중앙 언론 연이어 보도하고 전국서 비난 쇄도

조선인을 모욕하는 기사가 잇달아 <전북일보>에 게재되자 전북지역은 물론 조선인 사회에서 비분을 참지 못하고 <전북일보>에 대해 철저한 제재를 가해야 한다는 여론이 비등했다.[38] <조선일보> <중

---

34) 도적방지법은 일본에서 1930년 6월 11일부터 실시된 법률 제9호 '도범 등의 방지 및 처분에 관한 법률'로 조선에서는 같은 해 9월 8일 제령(制令) 제8호로 조선 형사령의 일부를 개정해 9월 10일부터 실시된 법이다(양윤식, 1930).

35) <조선일보> 1930년 6월 20일 석간 1면. <중외일보> 1930년 6월 20일 2면.

36) <중외일보> 1930년 6월 20일 2면.

37) <중외일보> 1930년 6월 23일 2면. <중외일보> 1930년 6월 24일 3면.

38) <중외일보> 1930년 6월 20일 2면.

외일보> 등 경성의 신문들도 관련 기사를 연이어 보도했다.39) 특히 <조선일보>는 시평 '돌(咄)! 전북일보'라는 글을 통해 "지역에서 발행하는 일문지의 태도는 왕왕 상식을 벗어나 물의를 일으킨다"며 "국민적 적개심을 일부러 도발하는 주전(主戰)적인 황색지"라고 비판했다.40)

각 사회단체에서는 이 기사에 대해 발 빠르게 대처하였다. 신간회 중앙본부는 1930년 6월 19일 전주지회에 철저하게 진상을 조사하라고 지시하고 동시에 대책을 강구하기로 했다.41) 신간회는 28일 서울 중앙본부 회관에서 김병로의 사회로 제7회 중앙상무집행위원회를 열고 '전북일보 조선민족 모욕 기사 건'에 대한 진상조사서를 작성해 각 지회에 발송하고 지역 일본어 신문의 논조를 엄중히 감시하기로 결의했다.42) 전국의 신간회 지회는 <전북일보>를 규탄하는 성명을 잇달아 발표했으며 일본 나고야(名古屋) 지회도 결의에 동참했다.43) '전북지의 조선인 모욕 사건'에 대한 신간회의 규탄과 관심은 같은 해 여름을 지나 가을까지 계속되었다.44)

39) ≪한국언론연표 1981~1945≫1979, 565쪽.
40) <조선일보> 1930년 6월 20일 석간 1면.
41) <조선일보> 1930년 6월 21일 석간 2면. <중외일보> 1930년 6월 21일 2면.
42) <중외일보> 1930년 6월 30일 2면.
43) <중외일보> 1930년 6월 30일 4면.
44) <조선일보> 1930년 11월 10일 석간 2면.

국립중앙도서관 소장 자료.

[그림 6] <전북일보> 조선인 모욕사건 보도. <중외일보> 1930년 6월
　　　　30일 2면.

　전북지역 사회단체는 전북일보사를 방문해 직접 교섭에 나섰다. 전주민
우회는 6월 20일 전북일보사 사장을 면담한 자리에서 책임자를 면직하고
조선문 각 신문에 사죄광고를 게재하라고 촉구하였다. 다른 사회단체 회
원들도 매일 전북일보사 책임자에게 관련 내용을 질문했다.[45] 이리의 각
사회단체와 일반유지들도 분노를 표출하였다.[46]

　<전북일보>의 조선민족 모욕 기사에 대한 반발은 전국 각지에서
진행됐다. 충청지역에서는 6월 20일 창립대회를 가진 부여기자단이

45) <중외일보> 1930년 6월 23일 2면.
46) <조선일보> 1930년 6월 22일 석간 6면. <중외일보> 1930년 6월 21일 2면.

기자단 명의로 전북일보사에 경고문을 발송했다. 경상도 울산지역 사회단체들도 신간회 전주지회에서 조사한 내용을 파악하고 적극적으로 대책을 강구하였다.[47) 부산기자단과 평안도 진남포 청년동맹에서는 항의문을 작성해 전라북도 당국에 발송했다.[48)

일제 경찰은 이 사건이 확산되는 것을 막기 위해 여러 조치를 취하였다. 경찰은 신간회가 근우회, 형평사 등 6개 단체와 연합으로 대책 회의를 개최하려는 것을 금지시켰다.[49) 부여경찰서는 부여기자단의 <전북일보> 경고문 작성위원을 불러 그 문제는 이미 해결됐으니 경고문을 발송하지 말라고 해 물의를 빚었다.[50) 고창 무장경찰서는 관내에 배부됐던 당일 발행 <전북일보>를 모두 회수하였다. 동래경찰서는 동래의 신간회 지회와 청년동맹·노동조합이 계획한 전북일보 성토 연설회를 상부의 명령이란 이유로 금지시키기도 했다.[51)

4. 〈군산일보〉와 통합신문 〈전북신보〉

〈군산일보〉는 전주지역 신문보다 발행부수 많아

<군산일보>는 1908년 4월 15일 인가받아 자본금 3만 5천 원으로 평반인쇄기 3대를 갖추고 한 면을 12단 체제로 활자는 9포인트를 사용하

---

47) <중외일보> 1930년 6월 24일 4면.
48) <조선일보> 1930년 6월 25일 석간 7면.
49) <조선일보> 1930년 6월 23일 석간 2면.
50) <중외일보> 1930년 6월 25일 3면.
51) <중외일보> 1930년 6월 27일 4면.

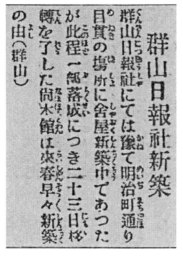

국립중앙도서관 소장 자료.

[그림 7] 군산일보사 사옥 신축 기사.
　　　　<조선신문> 1924년 9월 27
　　　　일 4면.

며 조간 4면을 발행했다. 구독료
는 월 1원이었다.[52] 1912년 1월
25일 <군산일보> 사장으로 다카
스 다카시가 취임했다. 그는 1924
년 마쓰오카 다쿠마(松岡琢磨)를
전무이사로 초빙하고 같은 해 9
월 23일 사옥을 신축해 이전하였
다.[53] 다카스는 1934년 2월 병으
로 타계하기 전까지 신문사 경영
에 심혈을 기울였다.[54]

<군산일보>는 기사와 관련해 소
송에 휘말리기도 했다. 문제가 된 기
사는 1918년 4월 17일 '고부 수리조
합 상황'과 1918년 6월 6일 '전철여력(錢鐵餘歷)'이었다. 이 기사로 다카스
사장과 기자 1명이 '공갈 업무방해 명예 및 신용훼손' 혐의로 재판을 받
았다. 1919년 3월 20일 고등법원 형사부는 이 사건에 대해 피고 2명을 각
각 징역 4월에 처하는 등의 판결을 하였다.[55]

[표 1]에서 보듯이 <군산일보>는 1930년대 중반까지 전주의 <전
북일보>보다 발행부수가 많았다. 같은 시기 군산의 일본인 인구는
1만 명 안팎이었고 전주의 일본인 인구는 6천 명 미만이었기에[56]

52) ≪신문총람≫1931~1941년도 판.

53) 김영선, 1983, 329쪽. <조선신문> 1924년 9월 27일 4면.

54) 이봉섭 편저, 1976, 284쪽. <전북일보> 1973년 6월 14일 4면. ≪동아시아 언론매체 사전:1815~
　　1945≫2010, 173쪽.

55) ≪한국언론연표 1881~1945≫1979, 245쪽. 원자료는 <고등법원형사판결록> 6권 3호, 92~
　　102쪽.

신문시장 측면에서 보면 군산이 2배 가까이 컸다. <군산일보>는 다카스 사장이 사망하던 직전에는 3천여 부를 발행하였다. <전북일보>는 독자층을 조금씩 증가시켜 나갔으며, 독자배가운동을 펼친 결과 4천여 부를 발간했다. 조선문 신문인 <동광신문>은 처음에는 조선인 독자를 대상으로 300여 부를 발행했으나, 전북도 기관지인 <전북지광>을 인수하며 4년여 만에 발행부수가 30배인 9천여 부로 늘기도 하였다.

[표 1] <전북일보> <동광신문> <군산일보> 발행부수 추이

연도	전북일보	동광신문	군산일보
1933	2175	252	2858
	일본인 1689 조선인 441 등	일본인 5 조선인 247	일본인 2182 조선인 231 등
1934	2268	324	3073
	일본인 1765 조선인 493 등	일본인 12 조선인 312	일본인 2450 조선인 343 등
1935	2291	347	2844
	일본인 1735 조선인 514 등	일본인 13 조선인 334	일본인 2080 조선인 365 등
1936	2431	2245	1871
	일본인 1832 조선인 577 등	일본인 22 조선인 2223	일본인 1628 조선인 149 등
1937	4054	9440	2156
	일본인 2930 조선인 1101	일본인 50 조선인 9390	일본인 1836 조선인 182 등

출처: 원자료는 ≪조선출판경찰개요≫각 연도판. ≪한국언론연표 1881~1943≫에 수록된 연대별 표를 재구성. 일부 칸의 '등'은 외국인 또는 해외 배급.

56) ≪국가통계포털≫ 광복이전 통계 분석.

일제 전시 언론 통제 정책에 따라 신문 통합

1940년대 들어서면서 일본은 계속된 전쟁으로 종이 등 물자 확보가 어려워져 본격적인 전시체제를 가동하였다. 1941년 5월 조선총독부는 전라북도 당국에 지령문 1통을 내려 보냈다. 내용은 '고도 국방 국가체제 수립'의 국가정책에 따라 '한 개 도(道)에 하나의 신문사만 둔다'는 이른바 '1도 1지제'를 시행한다는 것이었다. 전북지역에는 <군산일보>와 <전북일보>, <동광신문> 등 3개 신문이 발행되고 있었지만 3개 신문 모두 경영은 부실하였다. 새로운 언론통제 정책에 따라 1941년 5월 27일 통합 신문인 <전북신보>가 발족했다. <전북신보>는 1941년 6월 1일 그 첫 호가 나왔으며 1945년 8월 해방 전까지 도내에서 유일하게 발행되었다.57)

전북신보사는 자본금 20만 엔(円)의 주식회사로 설립됐고 주식은 일본인 3분의 2, 한국인 3분의 1이었다. 사장과 발행인은 전북일보사를 운영했던 마쓰나미가 맡았다. 1942년 일제 마리노니(Marinoni) 윤전기 1대를 도입해 윤전 인쇄로 전환했으며, 자동주조기와 사진 제판·연판 장비 등 당시로는 최신 시설을 완비했다. 석간 4면, 면당 15단 체제로 1행 15자, 1단 170행, 월 구독료는 1원이었다. 편집국장은 <전북일보> 출신인 키노시타 다카시가 맡았다.58) 전북신보사는 1945년 4월 본관 사옥에 화재가 발생해 피해를 보기도 했다.59)

---

57) 이봉섭, 1976, 266~268쪽. <전북일보> 1973년 6월 1일 11면.

58) ≪신문총람≫1942(167쪽), 1943(174쪽)년도 판에 나오는 내용.

59) <전북일보> 1965년 10월 10일 4면. ≪한국신문백년지≫1983, 471쪽.

5. 〈시대일보〉와 전북

차별화 시도했지만 경영난 봉착한 〈시대일보〉

〈시대일보〉는 1924년 3월 31일 최남선과 주학문이 경성에서 창간한 신문으로 민족의 단합과 협동을 제일의 사명으로 내세우고, 1면을 정치 대신 사회면으로 편집해 기존 〈조선일보〉나 〈동아일보〉와는 차별화를 시도했다. 최남선에 대한 개인적 기대와 인기로 주목을 받으며 수많은 독자를 끌어 모았다. 하지만 재정이 빈약한 가운데 신문사를 시작했기 때문에 시간이 지나면서 제작비와 인건비 증가로 운영난을 겪었다. 계속된 경영난으로 1926년 8월 발행이 중단되고, 무한책임사원 전원이 퇴사함에 따라 회사는 해산되고 발행허가도 소실되었다.[60] 〈시대일보〉는 서울에서 발행됐지만 역사적으로 전북과 관련이 있다. 일제강점기 증산교(甑山敎)에서 분파한 차경석(車京石)이 정읍 입암면에서 창립한 종교인 보천교(普天敎)가 한 때 〈시대일보〉 인수에 나서 한국사회에 큰 논란을 가져왔다.[61]

정읍서 시작된 보천교, 〈시대일보〉 인수 추진

보천교는 종종 제기되는 사이비종교 또는 사교 논쟁의 원조 격에 해당되는 일제시기 대표적 신흥종교의 하나다. 1990년대 들어 종교학계와 역사학계에서 보천교에 대한 연구가 본격화되면서 이러한 고정관념이 일제 당국의 탄압과 악의적 선전에서 비롯된 것으로 파악하고 보천교의 민족주의적 성향에 주목한 연구 성과들이 등장하기도 했다.[62] 보천교가

---

60) 최준, 1990, 220~221쪽. ≪한국민족문화대백과사전≫검색.
61) 〈전북일보〉 2004년 7월 15일 10면.

언론역사에서 언급되는 것은 일제강점기 당시 경영난으로 폐문 직전에 있었던 <시대일보> 경영권 인수에 나섰기 때문이다.

1924년 6월 2일 시대일보사와 보천교의 각 대표가 최남선의 집에서 <시대일보>의 편집 겸 발행권을 보천교 측에 이양한다는 계약을 체결하였다.[63] 이러한 사실을 <시대일보> 사원들이 알고 사우회를 조직해 <시대일보> 운영권이 보천교 측으로 넘어가는 것을 반대했다.[64] 보천교의 <시대일보> 운영권 인수에 대한 반대 운동은 사회 전반에 걸쳐 일어났다. <동아일보>는 관련 내용을 연속적으로 보도해 여론을 이끌었다. 1924년 6월 26일 사회 각계 인사 40여 명이 모여 이 문제를 논의하고 진상을 조사할 위원 5명을 선정했다.[65] 사회 각계 인사들은 7월 14일 '시대일보 사건 토의회'를 발족하고 "우리는 사회의 공기인 신문이 종문이나 개인의 전유기관이 되는 것은 사회에 해독이 많음을 인정하고 시대일보가 보천교의 수중에 들어가는 것을 강력히 반대한다"는 등의 결의문을 채택했다.[66] <시대일보> 사우회와 사회유지들의 보천교 인수에 대한 맹렬한 반대로 <시대일보>는 7월 10일부터 휴간에 들어갔다. 보천교 측은 사우회와 사회의 반발이 예상 외로 크자 인수를 포기하였고, 2개월가량 휴간을 했던 <시대일보>는 9월 1일부터 속간했다. 보천교의 <시대일보> 인수 추진 사건은 일제강점기 민간 신문이 한 종교의 기관지가 되거나 또는 어느 개인의 전유물이 되어서는 안 된다는 것을 보여준 사례로 남았다.[67]

---

62) 김정인, 2001, 160쪽.

63) <매일신보> 1924년 6월 24일 3면.

64) 최준, 1990, 220~221쪽.

65) <동아일보> 1924년 6월 27일 2면.

66) <동아일보> 1924년 7월 16일 2면.

익산 출신 독립운동가의 칼럼

보천교의 <시대일보> 인수 사건은 일제강점기 당시 민간지의 경영이 상당히 어려웠다는 실상을 간접적으로 보여준다. <시대일보> 창간 즈음 민간 신문이 처한 어려운 현실을 단적으로 보여주는 글이 있다. 3 · 1운동 때 중앙지도체 49인 중 한 사람이었던 전북 익산 금마 출신의 임규 선생은 <시대일보>에 '시대일보 창간에 대하여'라는 칼럼을 게재했다. 임규 선생은 1895년 일본에서 유학한 뒤 경성의 사립학교에서 일본어를 가르치다가 손병희 등이 주축이 된 거족적 독립운동 계획에 참여했

국립중앙도서관 소장 자료.

[그림 8] 익산 출신 임규 선생의 칼럼. <시대일보> 1924년 4월 22일 4면.

---

67) 최준, 1990, 220~221쪽.

고, 일본경찰에 검거돼 미결수로 1년 7개월간 옥고를 치르기도 했다.[68]

　글에서 임규 선생은 막 창간한 <시대일보>가 극복해야 할 3대 난관을 적시하였다. 첫째 언론 자유, 둘째 사상 통일, 셋째 경제 등이다. 첫째, 언론이 민족 단결이나 각성을 부르짖을 경우 일제가 삭제·압수·발매 금지 등 압박을 내리고 반면에 신문이 평범하면 기관지화 되거나 매수되어 비판을 받아 소위 조고자(操觚者) 즉 기자는 벙어리 냉가슴 앓듯 붓끝을 자유로이 놀릴 수가 없다고 밝혔다. 둘째, 사상 불통(不統)에 관한 내용이다. 사상은 시대를 따라 변천하는 것인데, 과도기에 있는 우리는 민족주의, 사회주의, 공산주의 등으로 뒤죽박죽되어 정신을 차릴 수 없다는 것이다. 오리무중에 방황하며 방향을 찾지 못하는 이들의 사상의 나침반을 얻게 해주는 게 기자의 책임이라고 주장했다. 셋째는 경제의 위협(威脅)이다. 임규 선생은 신문 독자들이 모두다 그러하는 것은 아니지만 신문 대금을 내는 의무를 모른다고 지적하며, 신문이란 거저 보아도 되는 것으로 아는 모양이라고 질책했다. 또 연체된 대금을 독촉하면 '신문불견(新聞不見)'이라는 선고서를 대문 기둥에 붙인다고 한탄했다. 구독료 70~80전은 한 개인 독자에게는 많지 않은 금액이지만 경영자 입장에서 만 명이 독자라 생각하면 몇 1000원이 되어 신문사 경영에 곤란을 가져오고 소멸의 비운에 빠질 수 있다고 지적했다. 그러면서 시대일보사는 아무쪼록 최선의 방법과 비상의 수완으로 이상의 3대 난관을 돌파해 영아인 <시대일보>를 완전히 양육해 성인의 미를 보게 하는 것을 간절히 바란다고 끝맺었다.[69]

---

68) ≪한국민족문화대백과사전≫검색.
69) <시대일보> 1924년 4월 22일 4면.

6. 〈이리방송국〉의 개국

이리에 라디오 방송국이 생긴 이유

조선총독부는 1924년 1월 체신국에 무선 실험실을 설치해 무선 시험 방송을 실시하고 1925년 6월부터 매주 4회 정기 시험방송을 출력 20kW로 실시하였다. 이어 1926년 11월 일본방송협회는 도쿄, 오사카, 나고야 방송국 다음으로 제4의 방송국인 경성방송국(호출부호 JODK, 주파수 690kHz, 출력 1kW)을 설립하고 이듬해인 1927년 2월 16일부터 방송을 시작했다.[70]

방송 초기 라디오 수신기 보급은 저조하였다. 경성방송국 개국 1주일 뒤인 1927년 2월 22일 당국에 등록한 수신기는 모두 1천440대로 일본인이 1천165대, 한국인이 275대 소유했다. 그러나 연말에는 5천 260대로 늘었으며 5년 뒤인 1932년 말에는 2만 대가 넘었다. 수신기 수는 1943년 7월 28만 5천여 대에 이르렀다.[71]

조선방송협회는 1934년 제1기 방송망 구성계획을 수립하고 지방 방송망 확충에 착수했다. 1935년 9월 21일 부산(호출부호 JBAK, 출력 250W)에서 첫 전파를 발사하며 정규방송을 개시하였다. 이어 평양(JBBK, 1936. 4.) 청진(JBCK, 1937. 6.)에 방송국이 개국했다.[72]

전북지역은 제1차 지방 방송망 확충 계획에 따라 부산 평양 청진에 이어 네 번째로 익산군 이리읍에 설립했다. 군유지 2만 2천615

---

70) 채백, 2015, 213쪽.

71) 김민환, 1996, 277~278쪽.

72) 채백, 2015, 217~218쪽.

㎡(6천841평) 중 임대차한 단층시멘트 슬라브 건물로 건평은 316
㎡(95.5평)였고 부속 건물로 목조 2층 건물 한 채가 딸려 있었다.
호출부호 JBFK, 주파수 570kHz, 출력 500W로 1938년 10월 1일
일본어 단일방송을 시작했다. 초대 방송국장은 일본인 벳쇼 요시히
로(別所義博)가 임명되었다. 관할구역은 전북 일원과 서천, 보령, 논
산 등 일부 충남지역을 커버했다. 방송국 업무의 대부분은 라디오
수신기 보급과 청취료 징수였다. 방송내용은 주로 경성방송국을 중
계방송하고 자체 프로그램은 어린이 합창, 국악, 강연 등을 15분씩
방송하였다.73)

　이리방송국은 이리 농림학교 강당에서 성대한 개국식을 거행했는데
서울에서 총독 대리, 조선방송협회장 등이 참석하고 도지사를 비롯한
간부들과 전주·군산 등지에서 300여 명의 내빈이 초대됐다. 개국식
실황을 중계 방송하였다. 이리방송국은 다른 지역의 방송국과는 달리
나무로 만든 안테나를 설치했는데, 철재를 절약하는 차원에서 한 조치
였다.74)

　전북에서 이리에 먼저 방송국이 세워진 이유는 첫째 일본인 등이
전주보다 이리에 많이 살고 있었고, 둘째 중일전쟁 발발로 중국 대륙
을 겨냥한 지리적 여건이 이리가 더 적합했으며, 셋째 호남지방의 미
곡을 비롯한 농산물 집산지이자 군산항과 근접해 있었기 때문이다.75)
이와는 다른 분석도 있다. 전주·군산지역에서도 유치운동을 맹렬히
벌였는데 조선방송협회 이사 박영철이 이리에 거주했기 때문이라는

---

73) ≪전북학연구 Ⅲ≫1997. 405~406쪽. ≪전주방송 50년사≫1988, 77~81쪽.

74) <동아일보> 1938년 10월 1일 조간 3면. <매일신보> 1938년 9월 30일 석간 2면.

75) ≪전주방송 50년사≫1988, 77쪽.

것이다. 박영철은 일본 육사를 나온 후, 일본군 소령으로 러일전쟁에 참전했고, 총독부 중추원 참의를 역임한 친일인사였다.[76]

전북지역 라디오 수신기 보급과 방송 가입자

이리방송국은 개국 직후 라디오 수신기 보급과 청취료 징수에 업무 태반을 할애하였다. 기구는 업무과와 기술과로 분리되어 각 과에는 5～6명의 직원이 배치됐다. 전주와 군산에 라디오 상담소를 개설해 수신기 보급과 청취료 징수에 전력을 기울이고 다른 지방에도 라디오 보급원을 1명씩 배치하였다.[77]

전라북도 지역의 라디오 방송 가입자 수는 [표 2]에서 보는 것처럼 1932년 711명에서 3년 여 만에 3배가 늘어 1936년 3월 말 2천 111명이었다.

전북의 라디오 가입자 수는 점점 증가해 1941년에는 9천658명이 었으며 1945년 6월에는 1만 2천472명으로 증가하였다. 세대별로 가입했다고 가정했을 때 1945년 6월 기준으로 전북 도내 세대수는 31만 9천743세대로 라디오방송 가입률은 3.9%였다. 이 중 일본인 가입자가 5천967명으로 일본인 8천58세대 중 74.1%를 차지했다. 한국인 가입자는 6천409명으로 31만 1천408세대 중 불과 2.1%에 불과 했다. 기타 외국인은 96명으로 277세대 중 34.7%였다.[78]

---

76) <전북일보> 2005년 4월 11일 2면.
77) ≪전주방송 50년사≫1988, 85쪽.
78) ≪전주방송 50년사≫1988, 111쪽.

[표 2] 1930년대 전북지역 라디오 가입자 수

기준 연월일	계	일본인	한국인
1932년 9월 30일	711	637	74
1933년	1116	966	150
1935년 2월 28일	1540	1282	258
1936년 3월 말	2111	1581	530

출처: 원자료는 ≪라디오연감(ラジオ年鑑)≫1933・1934・1935년도 판과 ≪조선방송협회 소하 10년도 사업보고서≫, ≪한국언론연표 1881~1945≫에 수록된 연대별 표를 재구성.

라디오를 취재원으로 활용한 신문

1930년대 중후반 확산된 라디오는 신문기자들에게는 새로운 취재원이 됐다. 전화와 같은 통신시설이 있긴 했지만 보급이 많지 않아 그렇게 신통하지 못했다. 일부 신문기자들은 라디오를 듣고 기사를 작성하였다. <전북일보> 편집국장 키노시타는 자기 책상 위에 라디오를 켜놓고 열심히 뉴스를 메모해 기사를 만들었는데 중앙지들 기사와 비교해 손색이 없다는 평가를 받았다고 한다.[79]

---

79) <전북일보> 1972년 6월 6일 3면.

제3장
일제강점기의 전북지역 언론인 활동

1. 전주기자단은 전국 최초 지역기자단으로 추정

출입처별·전국 지역별로 기자모임 결성

한국의 최대 언론단체는 1964년 8월 17일 창립된 한국기자협회로 전국의 신문·방송·통신사 소속 현직 기자들 1만여 명이 회원이다. 한국기자협회는 언론자유 수호, 기자 자질 향상, 기자 권익 옹호, 조국의 평화통일, 국제교류 강화 등 5대 강령을 표방하고 실천하고 있다.[1]

일제강점기에도 기자들은 각종 단체를 결성해 언론자유 신장이라는 대의명분을 천명하고 회원 간 상호 친목을 도모하였다. 이는 일제강점기 발행된 신문 기사들을 통해 알 수 있는데, 1910년대에는 모두 일본기자단이나 재조선 일본 언론인 기자단의 활동이고, 기사 내용은 총독부 초대연이나 환영회 참석 등이 주를 이루었다.[2]

---

1) ≪한국기자협회 홈페이지≫협회 소개.

민간지 창간이 잇따른 1920년대에는 조선인 기자들로 구성된 언론단체들이 많이 결성되었다. 경성에서 결성된 최초의 단체는 1921년 11월 27일 출범한 무명회(無名會)다. 경성 조선인 기자들이 중심이 된 무명회는 발행인, 편집인도 회원으로 참여할 수 있었다. 무명회는 문화 보급 촉진, 언론자유 신장, 여론 선도, 회원 명예와 권리 옹호, 회원 상호 간 친목도모 등을 목적으로 했다. 1924년 11월 19일에는 서울지역 신문사 사회부 기자 20여 명이 모여 철필구락부를 결성했다. 철필구락부는 1925년 2월 5일에는 우리나라 최초의 신문강연회를 개최했고, 1925년 5월에는 사회부 기자의 급료를 인상하라고 경영진들에게 요구하기도 했다. 무명회와 철필구락부는 1925년 4월 15일부터 사흘간 전조선기자대회를 개최했다.3)

1920년대 초 창간된 <조선일보>와 <동아일보> 등 민간지들은 전국의 지국·분국 조직을 통해 신문 유통을 좀 더 체계화 시켜 나갔다. 민간지들은 전국의 지국·분국망을 조직할 때 단순히 판매만을 위주로 해 조직하지 않고 각 지국·분국이 그 지역의 판매와 취재를 모두 담당하게 하였다. 때로는 본사 직영으로 바꾸어 기자를 지국장으로도 파견했다.4)

이렇게 전국 각 지역별로 신문사의 지국이 설치된 곳을 중심으로 기자단 또는 기자동맹이 결성되었다. 이들 기자단은 정례적으로 집행위원회나 월례회를 갖고 해마다 기자대회도 개최하면서 기자의 권익옹호와 언론 신장을 도모하며 동직자로서의 친목과 연대의식을 다짐했다. 구체

---

2) 장소연, 2011, 11쪽.

3) 강준만, 2007, 202~203쪽. 채백, 2015, 200~201쪽. ≪한국민족문화대백과사전≫검색.

4) 윤상길, 2013, 139쪽.

적으로 이들은 경찰의 언론 탄압과 일본어 신문의 조선인 모욕 등에 대해 성토했고 동양척식주식회사 문제, 민족적 차별 등의 사회적 문제에 개입했으며 농민과 노동자의 각성을 촉구하는 대중운동과 정치운동을 벌이기도 하였다.5)

전국 각 지역에서 기자단이 본격적으로 조직된 시기는 1924년 6월과 7월의 대규모 언론집회 압박탄핵대회 이후인 것으로 알려져 있었다.6) 하지만 저자들이 이 책을 준비하면서 검토한 자료에 따르면, 전주기자단은 알려진 시기보다 더 일찍 결성된 것으로 확인되었다.

전주기자단 창립 관련기사 두 차례 등장

전주기자단이 조직됐다는 기사는 <조선일보> 1920년 9월 5일 석간 3면에 게재되었다. 기사에 따르면, 8월 29일 <조선일보> <동아일보> <매일신보>와 <전북일일신문> 기자가 참석한 가운데 전주기자단이 조직되었다.7)

저자들이 1920년 3월부터 9월까지 발행된 <조선일보>와 <동아일보>에서 '기자단' 기사를 검색한 결과, 이 시기 기자단이 결성되었다는 기사는 '전주기자단 결성'이 유일하다. 이후 기자단 창립 기사로는 '강경기자단 조직' 기사가 있는데 1922년 8월 9일이었다.8) 1920년 3월과 4월에 각각 창간한 <조선일보>와 <동아일보>에 보도된 기사로만 한정할 때, 전주기자단은 전국 최초로 조직된 것으로 볼 수 있다.

---

5) 최민지, 1977, 109쪽.
6) 채백, 2012, 127쪽. 최민지, 1977, 108쪽.
7) 장소연, 2011, 11쪽. <조선일보> 1920년 9월 5일 석간 3면.
8) <동아일보> 1922년 8월 15일 4면.

전주기자단 조직 기사는 4년이 흐른 뒤에 또 등장한다. 1924년 6월 20일 <조선일보> <동아일보> <시대일보> <매일신보> 등 4개 신문사 전주지국 기자들은 전주기자단을 조직했다. 앞서 1920년 9월 5일 출범한 단체와는 구성원이 달랐다. 이날 참석한 기자는 <동아일보> 김철, <조선일보> 송영섭 김현섭, <시대일보> 정기용 김동선 장석기 등 6명이었다. <매일신보> 기자는 불참하였다. 간사는 정기용이 맡았다. 이들은 주의 강령으로 "우리는 언론계의 권위를 발휘하기 위해 기자의 태도를 천명하며 상호 협동적으로 우리의 진용을 하나로 하고 사회의 향상을 도모하기로 했다"고 밝혔다. 이어 8개의 단체 규정을 발표하였다. 규정에는 매일 번갈아 가며 기자단 업무를 집행하는 것과 매월 첫 번째 월요일 월례회를 개최한다는 것, 그리고 회비는 단원들이 수시로 내는 것으로 충당할 것 등을 명시하였다.[9]

전주에서는 조선문 신문 지국들이 모임을 만들었다. 1929년 7월 15일 <조선일보> <동아일보> <중외일보> <매일신보> 전주지국은 상호친목과 언론권위의 발휘를 목표로 덕진연못 취향정에서 '신우회(新友會)' 발회식을 거행하였다.[10]

---

9) <시대일보> 1924년 6월 23일 4면. <조선일보> 1924년 6월 24일 석간 4면.
10) <동아일보> 1929년 7월 4일 4면.

국립중앙도서관 소장 자료.

[그림 9] 전주기자단의 친목회 보도. <매일신보> 1931년 7월 26일 3면.

전주지역 신문기자들은 1931년 7월 19일 일요일에 시외에서 친
목회를 가졌다. 이날 친목회에는 <조선일보> <동아일보> <매일신보>
<전북일보> <동광신문> 등에서 13명이 참석하였다.[11]

전주기자단과 관련되어 전주지역 기자들로 구성된 필검회(筆劍會)라
는 조직이 1933년 4월 23일 간친회를 갖고 익산의 모범 위생촌을 시찰
했다는 기사와[12] 1939년 3월 2일 종군기자로 파견되는 <경성일보> 기
자가 전주에 인사차 내려오자 전주기자단에서 환송연회를 가졌다는 내
용이 있다.[13]

---

11) <매일신보> 1931년 7월 26일 3면.
12) <매일신보> 1933년 4월 28일 3면.
13) <매일신보> 1939년 3월 4일 4면.

2. 군산기자단 창립도 빠른 편

단원들끼리 '토론 배틀'도

군산기자단은 1923년 1월 초 창단되었다. 군산에 있는 <조선일보>와 <동아일보> 지국의 기자들은 5일 군산 우리기자단을 조직했는데 단장은 <동아일보> 차주상, 문예부장은 <조선일보> 이양복, 사교부장은 <동아일보> 최동길, 조사부장은 <조선일보> 구홍제가 각각 맡았다.[14] 군산 우리기자단은 창단 열흘 뒤인 15일 지식을 교환하기 위해 토론회를 개최하였다. 주제는 '사회발전은 정신이 승어물무(勝於物質)'이었고 찬반진영으로 나누어 일종의 '토론 배틀(Battle)'을 실시하였다. 찬성 측은 이양복 최동길 현제국 차영무, 반대측은 차주상 구홍제 장세환 정두현으로 구성해 진행하였다. 이날 토론회에서는 찬성 측이 승리했다.[15] 또한 군산기자단은 다음 달인 2월 1일에도 제2차 토론회를 개최했다. 주제는 '문승어견(聞勝於見)'이었고 이번에는 찬반 편을 1차 때와는 반대로 편성했다. 찬성측에 차주상 구홍제 장세환 정두현, 반대 측에 이양복 최동길 현제국 차영무가 참여했다.[16]

군산기자단은 군산부윤의 기자들에 대한 태도를 비판하였다. 1923년 12월 6일 군산부윤이 부협의에서 의원들의 질문에 모호하고 불친절하자 의원들이 부윤을 공격하니까 부윤이 당황해 비공개를 선언하고 방청하는 기자에게 퇴장을 요구했는데, 이에 기자들은 부윤의 언행에 유감을 표하고 부윤을 비판하였다.[17]

---

14) <동아일보> 1923년 1월 10일 4면. <조선일보> 1923년 1월 9일 석간 4면.

15) <동아일보> 1923년 1월 15일 4면. <조선일보> 1923년 1월 14일 석간 4면. <조선일보> 1923
    년 1월 17일 석간 4면.

16) <동아일보> 1923년 1월 26일 4면.

회원은 조선문 기자만으로 제한

전주기자단과 마찬가지로 군산기자단 조직과 관련된 내용도 신문기사에 두 차례 등장하였다.

1926년 7월 6일 군산기자단 발기회가 열렸다. 1923년 1월 5일 출범한 단체와는 달리 <조선일보> <동아일보> 외에도 <시대일보> <개벽> 등의 군산에 있는 조선문 신문·잡지 기자들도 참여하였다. 이들은 선언 규약 의안 작성 위원으로 이태로, 준비위원 윤훈금 등 3인을 선정했다.[18] 이어 이들은 7월 15일 창립총회를 열고 언론의 권위 발휘, 대중운동에 대한 적극적 원조, 동업자의 협동 친선도모 등 강령을 정하였다. 군산기자단은 이날 언론 집회 및 결사의 자유 구속·현행 신문 잡지 및 기타 출판 법규 개선 등 언론 권위에 관한 건, 공존공영에 반하는 정치문제·특권 계급 횡폭으로 인한 사회문제 등 중대한 기사의 통일에 관한 건, 대중운동에 대한 적극적 원조·반동 세력 발호 방지에 관한 건, 조선인 시가(市街) 문제·축항(築港)과 중국인 노동자 문제 등에 관한 건, 군산이리 간 버스 문제에 관한 건 등 언론의 대의명분 논의부터 지역사회 문제까지 광범위한 의안을 논의했다. 또 이들은 본사에 대우 개선·기사 게재 여부·각종 비품 설비 등을 요구하기로 결의하고, 대금 수납·독자 정리·각종 광고 취급 등 각 지국이나 분국 영업에 관한 건도 의견을 나누었다.[19]

군산기자단은 1926년 8월 21일 제1회 임시총회를 개최했다. 이날 임시총회에서 군산기자단은 <개벽> 잡지 발행 금지에 관해 총독부 당국에

---

17) <동아일보> 1923년 12월 11일 3면.

18) <동아일보> 1926년 7월 9일 4면.

19) <동아일보> 1926년 7월 17일 4면.

항의서를 제출하기로 의견을 모았다. 이날 기자단은 게재된 기사에 불만을 가지고 <조선일보> 군산지국을 고소한 의사(醫師)에 대해 사실을 확인하고 해당 의사의 죄악을 철저히 조사하며 일반인으로부터 그의 비행 투고를 모집할 것 등도 결의했다.[20] 이 사건은 군산에서 의원을 운영하던 한 의사가 왕진을 거절했는데 환자가 심장마비로 사망하자, 신문들이 그 의사를 비판적으로 보도한 사건이다.[21] 이어 군산기자단은 같은 달 29일 그 의사의 조사보고회를 겸한 제2회 임시총회를 개최했다. 군산기자단은 의사 고소 사건에 대해 책임자에게 경고문을 발송하며 일반 민중에게 사과하게 하고 만약 불응하면 성토 강연회를 개최할 것과 부산의 일본인 만행 사건에 대해 경고문을 발송함과 동시에 사회적으로 매장할 것을 결의하였다.[22]

군산기자단은 소속 신문사 지국 경영자들의 변경으로 모임을 갖지 못하다가 1927년 2월 23일 신춘 교례회를 열었다. 이날 <조선일보> 김영휘는 '의미 심각한 감상담'을 이야기했고, 참석자들은 서로 흉금을 파악하고 기자단의 문서정리 등을 결의하였다.[23] 군산기자단은 3월 13일 임시총회를 열고 규약 수정안, 예산 편성, 기자 채용 관례, <동아일보> 지국 대 고용인회에 관한 건 등을 논의하였다.[24] 군산기자단은 같은 해 6월 28일 미국 선교사의 언론보도에 대한 모욕적 망언에 분기해 결의문을 채택하기도 했다. 미국인 선교사의 언론보도에 대한 모욕적 발언 사건은 1927년 6월 26일 군산 기독교청년회 주최 강연회에서 중국에서

---

20) <동아일보> 1926년 8월 25일 4면.

21) <동아일보> 1926년 8월 13일 5면. <조선일보> 1926년 8월 12일 석간 2면

22) <동아일보> 1926년 9월 4일 4면.

23) <동아일보> 1927년 2월 27일 4면.

24) <동아일보> 1927년 3월 16일 4면. <조선일보> 1927년 3월 16일 조간 1면.

온 미국인 선교사가 중국 동란 실정을 소개하면서 '신문의 보도는 허위다'며 언론에 대한 모욕적 망언을 한 사건이다.[25]

군산기자단 모임을 경찰이 방해한 일도 있었다. 군산기자단이 혁신 총회를 열고자 했으나 경찰 당국의 간섭으로 부득이 총회는 열지 못하고 1927년 12월 19일 간담회로 대신하였다.[26] 또 군산지역 조선문 기자단은 1929년 11월 22일 간담회를 개최하고, 군산부의 행정 교육 상업 등에 관한 결의안을 작성하기도 했다.[27]

군산지역 기자들은 기자단 산하에 별도 모임도 만들었다. 1929년 9월 신문·통신 기자들이 상호 친목을 도모할 목적으로 군산기자단 '월명구락부'를 조직하였다.[28]

3. 고창기자단 신문배달 문제 적극 대처

우체소장 면담 우편물 업무 폐단 시정 촉구

고창기자단은 1924년 7월 6일 <조선일보> <동아일보> <시대일보> <매일신보> 지·분국기자들이 참석한 가운데 선운사 만세루에서 창립총회를 가졌다. 의장 이세봉의 사회로 단규를 통과시키고 간사에 김경렬을 선정하였다. 고창·무장·흥덕 3곳의 우편소장에게 신문을 늦게 배달하거나 분실하는 것을 주의하고 기사 발송 때 봉투를 열어보지 말 것을 충고한 뒤 만일 이에 불응하면 체신국장에게 책임을 묻기로 결의했다.[29]

---

25) <동아일보> 1927년 7월 1일 5면. <조선일보> 1927년 7월 1일 조간 1면.
26) <동아일보> 1927년 12월 22일 4면. <중외일보> 1927년 12월 23일 4면.
27) <동아일보> 1929년 11월 26일 7면.
28) <매일신보> 1929년 9월 7일 3면.

고창기자단이 중점을 둔 활동은 배달 지연과 관련해 우편소에 항의하는 것이었다. 당시 고창의 각 우편소에서 배달하는 우편물이 1~2주일 지연되고, 10여 명에게 가야 하는 우편물을 한 사람에게만 배달해 중간에서 잃어버리는 일이 종종 발생하였다. 이에 고창기자단은 1924년 10월 14일 월례회를 갖고 차후 방침을 결의한 뒤 대표자를 선정하고 무장 우편소장과 흥덕우편소장을 방문해 향후 이 같은 폐단이 없도록 하라고 강경하게 촉구했다.[30]

고창기자단은 정기모임과 임시회의를 수시로 갖고 다양한 행사를 기획하고 실행하였다. 이들은 1925년 5월 11일 정례회를 갖고 새로운 간사를 뽑았으며,[31] 같은 해 6월 14일 임시회의를 개최하고 기자단 창립 1주년인 7월 6일 고창청년회관에서 기념식을 열 것과 7월 4~5일 이틀 동안 고창고등보통학교 운동장에서 호남정구대회를 개최하기로 결정했다.[32] 고창기자단 1주년 기념식은 예정대로 1925년 7월 6일 열렸다. 기념식은 고창읍성 공북루에서 간사 이세봉의 사회로 각처에서 온 축전을 낭독한 뒤 내빈 축사 등이 이어졌고 참석자들은 1~10원씩 동정금을 냈다.[33] 고창기자단은 1925년 10월 4일 정례회에서 새로운 간사를 뽑고 고창고등보통학교 신축 낙성식 후원회 조직, 기자단 회비 의연금 결산 등을 의결했다.[34]

---

29) <동아일보> 1924년 7월 12일 3면.

30) <매일신보> 1924년 10월 22일 3면.

31) <동아일보> 1925년 5월 15일 3면.

32) <동아일보> 1925년 6월 18일 3면. <매일신보> 1925년 6월 20일 3면.

33) <동아일보> 1925년 7월 12일 3면.

34) <동아일보> 1925년 10월 27일 4면.

지역사회 문제에 적극 개입

고창기자단은 1926년 창립 2주년 기념일을 앞두고 6월 6일 임시총회를 개최하고 기념일 행사를 논의했다.[35] 같은 달 22일 기자단 월례회를 개최하고 기자단 창립 2주년 기념행사, 고창군 누에고치 공동판매소의 잘못된 도량형기 사용에 관한 진상 보도, 고창고보 분규 사건에 관한 군수 조정 책임 진상 보도 등에 관해 토의하고 이를 조사하기 위한 조사위원으로 은규선 오동균 김진황 등 3인을 선정했다.[36] 고창기자단은 같은 해 9월 30일 임시총회를 개최해 간사를 새로 선출하고 사망한 단원 김용성의 추도회를 열기로 하고 준비위원과 특파위원을 선정했다. 또 아편 방지·박멸에 노력할 것과 고창고보 사건이 중대화되는 때에는 긴급회의를 열고 선후 방침을 결정해 엄정히 보도하기로 의결했다.[37]

고창기자단은 지역사회 문제에 관심을 갖고 해결하려고 노력한 것으로 보인다. 임시모임과 정기 모임에서 고창고보 분규 문제를 계속 논의했다. 이들은 1926년 10월 3일 긴급총회를 열고, 고창고보에 또다시 분규가 발생해 점차 중대화됨으로 이를 엄정히 조사해 발표함과 동시에 일반 여론을 환기하기로 정하고 조사 위원 2명을 선정하였다.[38] 고창기자단은 1926년 10월 18일 월례회에서 고창고보 분규와 관련 제1기 조사 보도에 대한 보고회를 가졌으며, 추수기에 지주와 소작 간 쟁의가 발생하면 이를 엄정하게 취재해 보도하기로 결의했다.[39] 고창기자단은 1927년 7월 22일 경남 통영에서 벌어진 기자 폭행 사건에 대해서도 논

---

35) <동아일보> 1926년 6월 5일 4면. <동아일보> 1926년 6월 10일 4면.
36) <매일신보> 1926년 6월 25일 2면.
37) <동아일보> 1926년 10월 3일 4면.
38) <동아일보> 1926년 10월 6일 4면. <매일신보> 1926년 10월 7일 2면.
39) <동아일보> 1926년 10월 24일 4면. <매일신보> 1926년 10월 22일 2면.

의하고 연대해 대처하기로 의결했다.40)

고창기자단 해체와 부활

1929년 4월 2일 고창기자단 정기총회가 사정으로 연기됐다.41) 연기된 이유를 정확히 알 수는 없으나 기자단 운영과 관련해 내부적으로 갈등이 생긴 듯하다. 아마 기자단을 단독으로 계속 운영할 것인지 아니면 1925년 4월 창립된 전북기자단에 지부로 들어갈 것인지를 놓고 구성원 간에 의견차이가 있었을 것으로 추정된다. 결국 같은 달 29일 고창기자단은 정기총회를 열고 기자단을 해체하며 전북기자단 지부를 설치하기로 가결하였다.42)

이후 여러 사정으로 고창지역의 기자 모임은 오랫동안 침체상태로 지냈던 것으로 보인다. 그러다 <조선일보> <동아일보> 등 신문사 5개 지국 기자들은 1936년 8월 10일 기자단 부활 준비회를 열고 단규를 수정한 뒤 상호 친목과 언론계 권위를 신창하고 언론보도의 통일과 신속을 도모하기로 했다.43) 부활된 고창기자단은 정읍역에 도착하는 신문 등 우편물을 정읍우편소를 경유하지 않고 고창으로 바로 배송하도록 철도우편물 취급을 변경해달라고 당국에 진정하는 운동을 전개하였다. 고창기자단의 철도우편물 취급 변경 촉진운동은 1939년 9월 29일 총회에서, 10월 10일 회의에서 지속적으로 논의되었다.44)

---

40) <동아일보> 1927년 7월 27일 4면.

41) <조선일보> 1929년 4월 5일 4면.

42) <동아일보> 1929년 5월 6일 3면.

43) <동아일보> 1936년 8월 14일 조간 4면. <조선일보> 1936년 8월 14일 석간 7면.

44) <동아일보> 1938년 3월 17일 조간 7면. <동아일보> 1939년 10월 2일 4면. <매일신보> 1939년 10월 21일 5면.

4. 김제·이리는 일본어·조선문 신문 모두 포함

김제기자단 처음에는 조선문 신문만 참여

<조선일보> <동아일보> <시대일보> 등 3개 신문 김제 지·분국 기자들은 1925년 11월 6일 모임을 갖고 김제기자단을 조직하기로 했다. 이들은 선언, 강령, 규약 등의 기초를 마련할 준비회를 구성하고 위원으로 고용준 장준석 조판오를 선정하였다.[45]

이들 위원들의 준비로 같은 달 29일 김제기자단 창립총회가 열렸다. 김제기자단은 "우리는 일치한 보조(步調)로써 언론의 권위를 발휘하고, 상호 부조의 성의로써 동직자의 친목을 도모한다"는 강령을 발표했다. 결의사항은 언론의 기능인 정보제공과 감시 비판, 사회 계몽 등의 활동을 적극적으로 하겠다는 내용을 포함하였다. 또한 신문의 우편배달이 태만할 때는 체신당국을 문책하기로 했다.[46]

김제기자단은 창립 이듬해 1926년 1월 31일 임시집행위원회를 열고 "전주공립여자고등보통학교 위치는 이리가 최적이다"라며 전북도평의회에 이 뜻을 전달하겠다고 결의하였고, 2월 15일 집행위원회를 갖고 소작문제와 관련해 문제가 되는 사안을 조사 보도하는 등의 안건을 논의하였다.[47]

일제강점기 지방기자단은 지역마다 회원 구성이 조금 달랐다. 처음에 조선문 기자들만 참여했던 김제지역의 경우, 일본어 신문과 조선어 신문 기자 모두가 참가하는 기자단으로 재구성하였다. 1932년 1월 15일

---

45) <동아일보> 1925년 11월 9일 4면. <시대일보> 1925년 11월 10일 3면.

46) <동아일보> 1925년 12월 2일 4면. <시대일보> 1925년 12월 10일 3면.

47) <동아일보> 1926년 2월 2일 4면. <동아일보> 1926년 2월 18일 4면.

김제지역 일본어·조선문 기자들은 회합을 갖고 김제기자단을 재조직하였다. 이들은 언론계의 권위를 세우기 위해 활동할 것을 다짐하고 <동아일보> 조순식, <군산일보> 히라카와 다이스케(平川大助), <전북일보> 전영택, <매일신보> 이석목, <중앙일보> 고한승 등을 각 지국 대표로 선정했다.[48]

이리지역 기자들 공립여자고등학교 유치 온힘

이리기자단의 창립을 소개한 언론보도는 찾지 못했지만, 이리기자단은 1920년 중반 이전에 조직되어 지역사회 문제 해결에 참여했던 것으로 보인다. 이리지역 기자들은 일제강점기 전북여자고등보통학교 유치에 적극 나섰다. 이 문제에 대해 이리지역 신문기자 10인은 1926년 1월 25일 간담회를 열고 기자단으로서는 이를 등한시하며 묵과할 수 없으니 유치 주장 모임 측과 상호 연락해 보조를 맞추기로 하고 당국의 맹성을 촉구했다. 기자단은 결의문을 학무국장과 도지사에게 보내고 전북도평의회에 기자를 파견할 것을 토의했다. 결의문은 "이번에 전북에 설치되는 공립 여자고등보통학교는 교통의 주요지이며 또 장래에 진전 중심지인 이리에 설치해야 한다"는 내용을 담았다. 간담회에는 <조선일보> <동아일보> <시대일보> 등 조선문 신문뿐 아니라 <군산일보> <부산일보> <조선신문> 등 일본어 신문들도 참여하였다.[49]

이리 신문기자단은 1939년 7월 8일 가뭄이 심한 농산촌의 시설과 국가 총동원의 실제 상황을 탐견하자는 의미에서 관내 마을을 시찰하였

---

48) <동아일보> 1932년 1월 21일 3면. <매일신보> 1932년 1월 22일 3면.
49) <동아일보> 1926년 1월 29일 4면.

다.[50] 시찰에 참가한 기자들은 <전북일보> <군산일보> <경성일보> 등 소속이었다.[51]

이상의 내용을 통해 볼 때, 이리기자단에는 일문지 기자들도 가입해 활동했으며 이리지역에는 조선어 신문들로만 구성된 기자단은 존재하지 않은 듯하다.

5. 기자단 구성 늦은 순창·부안과 배달부 동맹

전북기자단 순창지부, 필화사건에 강력 대처

순창에서는 기자들의 모임이 전북기자단 산하 순창지부로 운영되었다. 1925년 4월 창립한 전북기자단은 각 지부를 설립하기 위해 나섰다. 순창지부 창립대회는 1929년 3월 26일 열렸다. 행사에서 임시 집행부로 의장에 손각, 서기에 이수형을 선출하고 무주지역 화재 이재민 구제 등에 관한 안건을 토의했다.[52]

순창지역 기자단체의 활동을 다룬 기사는 필화사건과 관련한 기자단의 대처에 관한 것이다. 1929년 5월 20일 순창군 내 1구(區)와 2구(區) 소방대는 춘계 소방훈련을 실시했다. 1구와 2구 소방대의 경연에서 2구 소방대가 연거푸 패배하였다. 훈련 뒤 회식을 마친 1구 소방대원들이 시장에서 만세를 부르자 치욕을 느낀 2구 소방대원들이 흥분해 마침내 쌍방 간 일대 격투가 벌어졌다. 이 내용을 <동아일보>가 보도하였다.[53]

---

50) <동아일보> 1939년 7월 8일 조간 제3판 4면.
51) <동아일보> 1939년 7월 11일 조간 제3판 4면.
52) <동아일보> 1929년 3월 29일 4면. <조선일보> 1929년 3월 30일 4면.
53) <동아일보> 1929년 5월 24일 5면.

그런데 기사에 불만을 품은 일부 소방대원들이 5월 27일 밤 <동아일보> 순창지국에 와서 난동을 부렸다. 이에 순창기자단은 전북기자단에 이와 같은 사실을 보고하는 등 선후책을 강구하였다.[54]

부안기자단 결성 기사 편집 오류

부안기자단 결성을 알리는 예고 기사를 게재한 <중외일보>는 편집과정에서 큰 실수를 하였다. 기사 제목과 기사 내용이 불일치했다. 이러한 실수는 신문제작 공정 중 편집부의 조판(組版) 과정에서 아주 드물게 일어나는 실수다.

<중외일보> 1930년 4월 16일 4면을 보면 '부안읍에 기자단 창립대회' 제목의 기사 내용은 "전북 옥구군 회현면 노리에 있는 영진 야학교는 지금으로부터 3년 전 1927년 3월경에 창설하여…"라는 내용이 편집됐다. 반면에 '3년을 1일 같이 농촌교육에 종사'제하의 기사 내용은 부안기자단 창립대회를 알리는 것이다.[55] 이를 보고 어떤 독자는 혀를 차고 어떤 독자는 웃고 넘겼겠지만 편집담당자는 마음이 무척 불편했을 것이다. 시말서를 썼을 지도 모른다. 이와 관련되어 지면에 사과내용이 게재됐는지 <중외일보>를 살펴봤지만 찾을 수는 없었다.

---

54) <동아일보> 1929년 6월 4일 5면.
55) <중외일보> 1930년 4월 16일 4면.

국립중앙도서관 소장 자료.

[그림 10] 부안기자단 결성 기사 편집 오류. <중외일보> 1930년 4월 16일 4면.

관련기사 편집이 잘못되어서였을까. 부안기자단은 예정된 날짜에 창립대회를 치르지 못했다. 1930년 4월 25일 부안기자단 창립대회가 열릴 예정이었으나 대회는 여하(如何)한 형편에 의해 무기한 연기됐다는 기사가 나중에 게재되었다.56)

부안기자단은 1934년 6월 26일에서야 창립되었다. 이날 부안 각 신문 지·분국원들이 참여해 창립총회를 개최하고 언론권위의 신장과 확보, 단원의 상호 친목 도모 등의 강령을 채택했다. <조선일보> <동아일보> <조선중앙일보> 등 민간지와 일본인 사주 지역신문인 <전북일보>도 회원으로 참가했다.57) 이들은 같은 해 11월 2일 정기총회를 갖고 시외 우편배달 등에 관한 내용을 토의했다.58)

신문배달부들 결사체 구성

신문배달부들의 조직체 결성은 1923년 경성에서 시작되었다. 2월 11일 경성시내 각 신문사 배달에 종사하는 사람들이 모여 경성신문

56) <중외일보> 1930년 4월 30일 4면.
57) <동아일보> 1934년 7월 2일 석간 3면. <매일신보> 1934년 7월 4일 5면.
58) <동아일보> 1934년 11월 7일 조간 3면. <매일신보> 1934년 11월 8일 5면.

배달조합 발기총회를 개최했다.[59] 이들은 2월 25일 조선노동공제회 주도로 창립총회를 거행하였다.[60]

조선노동공제회는 1920년 조선에서 최초로 조직된 대규모 노동단체로 신문배달부조합을 결성하는 것을 지원하였다. 경성 외 각 지역에서도 신문배달부조합이 설립되어 활동에 들어갔다. 1926년 2월 11일 전국 각지의 신문배달부조합이 연합해 전 조선신문배달조합총동맹 결성을 시도하였다. 신문배달부조합은 출범당시 표방했던 목표에도 불구하고 현실적 운영에서 여러 난관에 부딪혔다. 매번 모임이 있을 때마다 회비 미수금 문제, 회원 추가 확보 문제 등을 논의한 것으로 보아 재정이나 조직 확대에 어려움을 겪은 것으로 보인다. 신문배달부조합은 1927년 하반기부터는 활동이 매우 약화되었다.[61]

전북에서도 각 지역별로 배달부 동맹이 결성되었고 일부 동맹은 때때로 파업에 나서기도 했다. 1925년 1월 25일 전주지역 신문 배달부들은 동맹 파업에 나섰다. 이들은 급여를 인상하고 배달사원에게 수금을 시키지 말라고 요구하였다. <조선일보>와 <동아일보>는 이를 수용하였다.[62] 같은 해 2월 17일 전주지역 신문배달인 조합 정기총회가 열려 노농업(勞農業) 동맹회에 가입할 것과 야학회 설립의 건을 결정하였다.[63] 또 전주 신문배달인 조합은 8월 11일 임시총회를 개최해 임원의 사퇴와 조합원 탈퇴·가입으로 인한 내부 변동을 정리하고 전주청년회관에 임대 사무소를 설치할 것과 전조선배달인대회

---

59) <동아일보> 1923년 2월 12일 3면.

60) <동아일보> 1923년 2월 25일 3면. <조선일보> 1923년 2월 25일 석간 3면.

61) 채백, 2012, 144~148쪽.

62) <조선일보> 1925년 1월 27일 석간 2면.

63) <동아일보> 1925년 2월 20일 3면.

개최에 관해 협의하였다.[64] 9월 1일에는 임원회를 개최하고 조합 사무실에 각종 신문을 비치해 공개 열람하도록 했으며, 4일에는 전주 각 노동단체 간부 간담회를 개최하고 8일부터 일주일간 매일 밤 노동문제 강좌를 진행하기로 하였다.[65]

군산지역 신문 배달부회는 1925년 3월 25일 창립총회를 개최하고 상호 부조하는 친목회를 조직하였다.[66] 9월 4일 군산배달부동맹은 제1회 정기총회를 열고 명칭을 군산신문배달부친목회 대신 일반 배달부들도 망라하기 위해 군산배달부동맹이라고 바꾸었다.[67] 이들은 1928년 7월 15일에는 회원 가입 범위를 더욱 확대해 일본어 신문 배달부는 물론 우편물 배달부까지 포함하였다.[68]

이리에 있는 각 신문지국·우편국 배달부들은 1925년 6월 11일 각자의 상호부조와 친목을 도모하기 위해 이리 배달부조합을 창립하였다.[69] 7월 7일에는 창립 축하식도 거행하였다.[70]

6. 전북기자단 창립과 집행위원회

전 조선기자대회 직후 창립한 전북기자단

1925년 4월 15일부터 3일간 경성에서 조선문 신문·잡지 기자들이

---

64) <동아일보> 1925년 8월 14일 4면.
65) <동아일보> 1925년 9월 5일 4면.
66) <동아일보> 1925년 3월 31일 3면.
67) <동아일보> 1925년 9월 21일 4면.
68) <동아일보> 1928년 7월 16일 3면. <동아일보> 1928년 7월 19일 3면.
69) <동아일보> 1925년 6월 15일 3면.
70) <동아일보> 1925년 7월 11일 3면.

참가한 전조선기자대회가 성황리에 열렸다. 행사 직후 전북 도내에 산재한 조선인 신문·잡지 기자들은 전북기자단을 구성하고 5월 20~21일 전주에서 창립대회를 열었다. 전북지역의 <조선일보> <동아일보> <시대일보> <개벽> 등 28명의 기자가 행사에 참여했다. 창립대회 첫날인 20일 전주청년회관에서 무궁화 휘장을 붙인 28명의 회원이 착석하고 방청석도 입추의 여지없이 만원을 이루었으며 정·사복 경관이 다수 참관하였다. 대회 준비회를 대표해 김철의 개회사와 송주상의 경과보고가 끝난 뒤 의장에 김철이 선출되고, 김 의장이 김동선, 배헌을 서기로 임명하였다. 지역 청년회와 유지들은 무궁화 휘장 50개, 태극선·합죽선·미선 등을 기증해 축의를 표했다. 이튿날 행사 전 전주경찰서 간부가 기자 외 다른 방청객을 모두 쫓아내자 기자들이 반발하였다. 참석한 기자들은 이날 동직자 간 상호부조의 성의로써 친선을 도모할 것, 사회적으로 중대한 문제가 발생한 때는 기탄없이 공정 신속히 보도할 것, 소작인 대 지주 및 노동자 대 고용주 간에 분규가 생긴 때는 공정히 사실을 적발해 사회의 여론에 붙일 것, 농촌의 일반 상황을 실사해 향상·계발을 촉진시킬 것, 지방에 있는 각종 단체의 실정을 정밀히 조사해 선악 양방에 공정한 논평으로써 찬조 또는 박멸을 기할 것, 아편으로 인한 폐해를 적발해 일반의 각성을 촉진시킬 것, 풍기문란으로 인해 생기는 사회적 폐해를 적발해 일반의 자각을 촉구할 것, 경제상황의 추세에 대해 정밀히 조사해 보도할 것, 위정당국의 내부 외부에 대한 태도를 주의해 정의에 위반된 사단이 발견된 때는 기탄없이 비판할 것 등을 의결했다. 대회 본회를 마치고 즉석에서 전북기자단을 상설기관으로 존치하기로 하였다.71)

매월 집행위원회 갖고 현안 논의

1925년 5월 20일과 21일 창립대회를 마친 전북기자단은 곧이어 31일 제1회 집행위원회를 열고 규약 등을 결의했다. 규약에는 본 단은 전북기자단이라 칭하고 전북도내에 있는 조선문 신문·잡지 기자로서 조직하며 사무소는 이리 <동아일보> 지국 내에 설치한다는 내용을 담았다. 또 업무를 집행하기 위하여 집행위원 약간 명을 두고 모임은 정기총회·임시총회·위원회 3종으로 하되 정기총회는 매년 4월 중에, 위원회 회의는 매월 제1일요일로 한다고 명시하였다.[72]

전북기자단은 규약대로 매달 첫 번째 일요일 집행위원회를 개최하였다. 이들은 1928년 4월 이른바 '전북기자대회 사건'이 발생하기 전까지 매달 회의를 갖고 현안을 토의하고 결의했다. 전북기자단이 집행위원회에서 논의한 주 내용은 기자단 내부 운영, 언론 권위, 지역사회 문제 등으로 대별할 수 있다. 특히 전북기자단은 언론 권위나 지역사회 문제와 관련해서는 긴급총회나 월례회에서 조사위원 2~3명을 선정해 사실을 철저히 조사해 조치를 취했다.

전북기자단이 1차 집행위원회를 가진 뒤 10여 일인 지난 6월 11일 군산노동회장 조용관이 군산 정미업 종사 공동조합원 50~60명으로부터 폭행을 당한 사건이 발생했다.[73] 이 사건을 <시대일보>와 <조선일보>가 보도했는데 이 기사에 불만을 품은 폭행에 가담했던 조합원들이 두 신문사 기자를 모욕하고 위협했으며 지국을 습격해 난폭한 행동을 자행하였다.[74] 이에 분기한 전북기자단은 25일 긴급 총회를 열고 이 사

---

71) <동아일보> 1925년 5월 26일 3면.

72) <동아일보> 1925년 6월 3일 3면. <시대일보> 1925년 6월 2일 3면.

73) <시대일보> 1925년 6월 15일 3면.

건에 대해 철저한 조사에 나섰다.[75] 28일 전북기자단 조사위원들이 군산에 특파되어 신문지국을 방문해 조사한 뒤 공동조합 간부와 조합원들을 만났다. 이 자리에서 조합 간부는 "신문기사에 대해 조합원 중 일부가 오해하고 다소 불온한 행동을 했다"며 "다시는 기사를 오해하고 여하한 행동이 없도록 주의할 것이오, 언론에 대해서는 하등 이의를 말하지 않겠다"고 언명하면서 사건은 마무리됐다.[76]

이 와중에 경찰이 기자를 위협한 사건도 발생하였다. 6월 26일 전주경찰서 간부가 <조선일보> 전주지국 기자 김동선을 갑자기 호출했다. 혐의는 김 기자가 친우이자 현재 전주청년회 간부인 이희상과 금전상 부정 거래가 있었다는 것이다. 그런데 조사 도중 경찰 간부가 지난달 전북기자대회에서 자신에게 기자들이 반발한 행동으로 당장 유치장에 집어넣을 수도 있다며 모욕적 언사로 위협하였다. 이에 김동선도 강경히 항변하면서 논쟁이 계속되었다. 이 소식을 들은 전북기자단에서는 언론계에 심상치 않은 위협이니 그대로 방관할 수 없다며 7월 5일 집행위원 월례회에 이 안건을 부쳐 대응책을 강구하였다.[77] 이어 전북기자단 위원들은 9일 전북도청을 항의 방문하였다.[78]

전북기자단은 1925년 9월 8일 월례회를 개최하고 회원사 지국장 교체건과 관련해 비의적(非義的) 행위에 대한 조사와 본사에 경고문 발송하기로 하였다.[79] 10월 4일 집행위원회에서는 회원사 지국장과 기자의

---

74) <시대일보> 1925년 6월 24일 3면.

75) <동아일보> 1925년 6월 27일 3면. <시대일보> 1925년 6월 27일 3면.

76) <동아일보> 1925년 6월 30일 3면.

77) <동아일보> 1925년 7월 2일 3면. <조선일보> 1925년 7월 2일 조간 1면.

78) <동아일보> 1925년 7월 11일 3면.

79) <동아일보> 1925년 9월 10일 4면.

공갈취재 혐의를 조사키로 했고,[80) 11월 8일 월례회에서는 각 지역 상황 보고와 기타 의견을 교환한 뒤 순회 강연회에 대해 토의하였다.[81)

월례회에서 남조선기자대회 개최 결의도

전북기자단 창립 2년차인 1926년에도 집행위원회는 계속되었다. 2월 7일 월례회에서는 제1회 정기총회를 앞두고 도내 언론기관을 순방해 그곳의 특수상황, 당국·민간의 언론에 대한 태도를 조사하기로 했다.[82) 5월 9일 열린 집행위원회에서는 농민회와 동양척식주식회사 간 다툼과 동양척식주식회사 간부의 비행, 수리조합과 상조회의 분쟁 등을 토의하였다.[83) 8월 4일 열린 월례회에서는 회비를 개인이 아닌 지·분국 또는 지·분사의 단위로 걷기로 하고, 각 신문 본사에 갔다 온 조사위원이 교섭한 내용을 보고하였다.[84) 9월 12일 월례회에서 전북기자단은 전남·호서·영남 등의 기자단에게 공동으로 남조선기자대회를 개최하자고 제의하기도 했다.[85) 11월 21일 남원에서 열린 총회에서는 언론의 자유와 권위 신장에 대해 논의했다. 현행 법규가 언론 집회 결사의 자유를 억압 구속함으로 철폐되어야 한다는 것과 산간부에도 신문·잡지 분국을 설치해 문화보급에 앞장설 것을 결의했다.[86) 특히 이날 총회에서는 민간지 본사의 지방기사 및 지국경영에 대한 태도를 강력히 비판하기도 했다.[87)

---

80) <동아일보> 1925년 10월 7일 4면.
81) <동아일보> 1925년 11월 11일 4면. <시대일보> 1925년 11월 10일 3면.
82) <동아일보> 1926년 2월 9일 4면.
83) <동아일보> 1926년 5월 11일 4면.
84) <동아일보> 1926년 8월 6일 4면.
85) <동아일보> 1926년 9월 14일 4면.
86) <동아일보> 1926년 11월 24일 4면.
87) <조선일보> 1926년 11월 24일 조간 1면. 최민지, 1977, 114쪽.

전북기자단 창립 3년차인 1927년 1월 3일 집행위원회 월례회에서는 고창경찰서 고문사건의 사실 진상을 조사하고 대책을 강구하기로 했다.[88] 4월 7일 열린 집행위원회에서 고 월남 이상재 선생 호상에 관한 안건 등을 논의하였고,[89] 6월 3일에는 김제경찰서 고등계 주임이 기자에게 횡폭하게 행동한 사안과 무주군수 불신임 문제와 관련된 언론기관 비난에 관한 안건 등을 논의하였다.[90]

1928년 1월 8일 집행위원회에서는 옥구에서 발생한 소작 쟁의 사건을 조사하고 덧붙여 도내 각 지주급 착취상황 조사를 빨리 완료하기로 의결하였다.[91] 3월 3일 월례회에서는 순창군 당국을 위시한 몇 개 군의 전무후무할 '지게세' 시행에 대해 전북도와 총독부 당국에 엄중 항의하기로 했으며 도내 각 경찰서 유치장 시설에 대한 조사도 실시하기로 결의했다.[92] 4월 8일에는 4년차 정기대회 장소를 순창이 아닌 임실 읍내로 변경하고 준비위원을 추가로 선출하였다.[93]

전북기자단은 1928년 4~5월 이른바 '전북기자대회 사건'으로 인해 기자들이 고초를 겪고 기자단 서류까지 모두 검사국에 압수당해 큰 타격을 입었다. 이어 대사건 이후 처음 열린 6월 3일 집행위원회에서는 임시 집행부로 의장에 김동선, 서기 김지수를 선출하고, 전주지방법원 검사국이 압수해 간 서류를 돌려달라고 요구하는 등의 의안을 의결했다.[94] 8월 4

88) <동아일보> 1927년 1월 8일 4면.

89) <동아일보> 1927년 4월 11일 4면.

90) <동아일보> 1927년 6월 6일 4면. <조선일보> 1927년 6월 5일 조간 1면. <중외일보> 1927년 6월 6일 4면.

91) <동아일보> 1928년 1월 11일 4면.

92) <동아일보> 1928년 3월 6일 4면.

93) <동아일보> 1928년 4월 10일 4면.

94) <동아일보> 1928년 6월 6일 4면. <중외일보> 1928년 6월 5일 4면.

일 집행위원회에서는 전주로 이전했던 기자단 본부를 다시 이리로 정하고 연락체계를 강화키로 했으며, 규약을 새로 만들기로 했다. <동아일보>는 이날 행사가 무사히 종료했다고 작성하였다.[95]

전북기자대회 사건의 여파가 너무 컸는지 전북기자단은 침체에 있다가 5개월이나 지난 1929년 1월 24일 집행위원회를 개최했다. 그러나 이날 회의 안건을 보면 직전 집행위원회에서 의결한 내용과 유사한 단원 정리·단원 명부 작성·지부 설치·단비 징수·단원 복권 등 주로 기자단 업무 처리에 관한 것이다.[96] 전북기자단은 제5회 정기대회를 5월 15~16일 개최할 예정이었으나 당국이 이를 금지시켜 결국 무산되었다.[97] 활력을 잃은 전북기자단의 모습을 보여주었다.

전북기자단은 1930년 6월 조선반도를 뜨겁게 달군 '<전북일보> 조선인 모욕 사건'에 대해서도 힘 있게 대처하지 못하였다. 전북기자단은 <전북일보>의 폭언을 응징하고자 6월 24일 이리에서 긴급집행위원회를 갖기로 했지만 23일 경찰은 기자단 위원에게 전북일보가 지상으로 사의를 표했고 문제 인물도 퇴사했으니 더 이상 추궁할 필요가 없지 않느냐며 또 상부로부터 금지 명령도 있으니 허락할 수 없다고 말했다. 전북기자단은 이에 굴복해 집행위원회는 결국 열리지 않았다. 집회일인 24일 각 신문사 위원들은 경찰로부터 금족을 당해 참석하지 못한 것으로 알려졌다.[98] 전북기자단은 12월 8일 고창에서 간담회를 가졌는데, 예전과는 달리 신문에 2줄 기사로 간단하게 게재되었다.[99]

95) <동아일보> 1928년 8월 9일 4면.

96) <동아일보> 1929년 1월 31일 3면.

97) <동아일보> 1929년 5월 14일 5면. <매일신보> 1929년 5월 16일 3면.

98) <중외일보> 1930년 6월 27일 4면.

99) <동아일보> 1930년 12월 15일 3면.

7. 전북기자대회 전국적인 명성

전북기자단 2년차 대회 신문강연회 무산

전북기자단은 창립 2년차인 1926년 4월 24~25일 제2회 전북기자대회를 군산에서 개최하였다. 하지만 경찰은 대회 일정을 간섭하였다. 집회신청서 접수 뒤 일반인 방청을 불허하고 의안을 검열해 신문에 관한 것만 토의를 허용하고 다른 사항은 논의하지 말 것을 지시하였다.[100] 24일 행사 직전에 군산경찰서 소속 정·사복 경관들이 행사장에 들어와 기자단 준비위원 측에게 "이번 대회는 도(道)경찰부로부터 방청을 금지할 것과 신문 이외의 일은 절대로 토의를 불허하라는 통보를 받았다"고 밝히고, 이에 대한 서약서를 제출해야만 개회를 허가할 것이라며 행사를 저지했다. 이에 기자단은 교섭위원으로 배헌, 박정근, 송주상 등 3인을 뽑아 군산경찰서장과 담판에 들어갔다. 결과적으로 아무 제약 없이 본 행사를 진행하기로 하였다. <조선일보> <동아일보> <시대일보> <개벽> 등의 본사 직원을 초청해 개최하려 했던 신문강연회는 경찰이 금지시켜 열리지 못했다. 대회 이튿날인 25일은 오전부터 언론 권위, 신문잡지 및 기타 출판물에 대한 현행 법규 건, 언론 집회 및 결사 자유, 조선인 경제생활과 언론, 당국 대 기자, 특권 계급 대 언론기관, 기자 대 교통업자, 지방우편의 신문배달, 도내 특수문제와 언론, 본사 대 지분국에 관한 안건 등을 만장일치로 의결하고 실행 방법은 집행위원회에 일임한 뒤 행사를 마쳤다.[101] <시대일보>는 전북기자단 2년차 대회를 보도하며 "전북기자단은 언론계는 물론 각 분야 운동단체 중 가장 권위를

---

100) <동아일보> 1926년 4월 25일 4면.
101) <동아일보> 1926년 4월 29일 4면.

가지고 모든 박해를 배척하며 맹렬한 필설로써 꾸준히 직진하고 있다"
고 평가하였다.102)

전북기자단 3년차 대회 정읍 유지들이 환영

전북기자단 제3년차 정기대회는 1927년 5월 7일 정읍청년회관에서
열렸다. 1~2년차 대회 때와 다르게 경찰과의 충돌 없이 무난히 진행됐
다. 이날 행사에서는 언론의 권위 신장과 동직자 친선 도모, 조선민중의
해방운동 원조 등의 강령을 재차 확인하였다. 또 언론·출판·집회의
제한법령, 제령(制令) 제7호 및 치안유지법, 소위 명예훼손에 관한 건,
동척 및 불이회사 등의 이민, 민족적 차별 압박, 노동문제, 지주급의 착
취 상황 조사, 봉건적 악관 폐습과 허례, 인신매매, 자신귀(刺身鬼)에 관
한 건, 보천교와 무극교, 산업조사와 해방운동, 향교 재산, 보통학교 수
업료, 보통 교육 용어 등 다양한 안건을 토의하였다. 한편 정읍지역 유
지들은 대회 행사장을 장식하고 기자단에 자동차를 무료로 제공했으며
성대한 만찬회도 마련했다.103)

4년차 전북기자대회 일제강점기 뜨거운 이슈

일제강점기 '전북기자대회 사건'은 역사학계에서 널리 알려져 있다.
이 사건은 1928년 4월 28일부터 5월 21일까지 전북 임실에서 발생한
일본 경찰의 신문기자 검거 사건으로 일본경찰의 한국 지식인에 대한
탄압의 일환으로 꾸며졌다. 당시 각 도마다 기자대회가 잇달아 열리면

---

102) <시대일보> 1926년 4월 26일 3면.

103) <동아일보> 1927년 5월 10일 4면. <조선일보> 1927년 5월 11일 조간 1면.

서 광범위한 문제를 토의대상으로 들고 나왔으므로 일제가 이를 억누르기 위해 취한 조처라 할 수 있다.[104]

　1928년 4월 28일 오후 1시 임실 청년동맹회관. 전북기자단 4년차 정기 기자대회 사회자 배헌의 소개를 받은 손각은 개회사를 말하려 등단했다. 이때 일본 경관이 갑자기 "중지"를 연호했다. 경찰들은 곧바로 기자단 대표로 집회를 신청한 전영률과 사회자 배헌을 검속하였다. 이에 기자들은 경찰서장에게 검속 이유를 따져 물었다. 이유는 회의 순서와 토의안을 경찰에 제출하지 않았다는 것이었다. 토의안 제출여부를 놓고 옥신각신하다가 기자단은 경찰에 토의안을 제출했다. 이를 검토한 경찰은 23건 중 7건을 금지시키고 이에 합의한 기자단은 회의를 속개하였다. 사실 토의안과 관련해 이미 기자단과 경찰은 대회 시작 전 서로 양해가 있었다. 토의안은 각 지회원들로부터 제의된 것이기에 수집하는데 상당한 시간이 소요됨으로 토의 직전에 기자단이 경찰에게 보여주겠다고 했던 것이다. 이러함에도 경찰이 배헌과 전영률을 무리하게 검속해 회원들은 분개한 것이다. 경찰은 축전·축문 9통 중 5통도 압수했다. 경찰은 경과보고에서도 전주지방법원 관사 부지 문제, 전주경찰서의 무리한 압박, 순창 지게세 사건 등 일부 지방 상황은 보고하지 못하게 했다. 대회는 원래 이틀 동안 진행될 예정이었다. 그런데 29일은 천황의 생일인 천장절임으로 경찰은 회의를 당일 오후부터 시작하라고 요구했다. 회원들은 차라리 28일 밤 회의하는 게 좋겠다며 저녁 8시 40분부터 속회했다. 이들은 신문 제 법규, 신문업자의 특별 호위제도, 사이비 기자 박멸, 전국기자동맹 결성 촉진, 여성·백정·청소년에 대한 일체 차별 타

---

104) ≪한국민족문화대백과≫ 검색.

파, 언론·출판·집회·결사의 자유 획득, 일반 통계 조사, 호서·호남 연합기자 대회 등에 관한 안건을 토의했다. 한편 조혼과 공·사창 폐해에 관한 안건을 토의할 때 경찰은 발을 구르며 "중지"를 연발해 발제자의 설명을 중지시킨 뒤 한번 중지를 당한 사람은 다시 말할 수 없다고 겁박했다. 토의는 밤 11시 10분에서야 끝났는데 경찰은 밤이 늦었으므로 만세 삼창은 불가하다고 금지시켰다. 피검되었던 배헌과 전영률은 이튿날인 29일 석방됐다. 전북기자대회를 보도한 신문들은 '금지 일관'이라고 기사제목을 달았다.[105]

<동아일보>는 전북기자단 총본부가 이리에서 전북도 수부인 전주로 이전한다는 기사를 게재하며 전북기자단의 활약이 기대된다고 전망했다. 기사에서는 "전북기자단은 1925년 5월 조직 뒤 전북의 관문인 이리에 위치하면서, 언론의 권위 신장을 위해 참된 사명으로 혈루의 역사를 이어 오며 다대한 희생과 수확을 한가지로 하여 이제는 확호불발할 일대 권위의 기치를 날리며 용왕매진해 반도 조고계에 이채(異彩)를 방(方)하고 있다"고 평가하였다.[106]

4월 28일 행사가 '금지 일관'으로 진행된 뒤 경찰은 전북기자대회 관련자들을 이른바 치안유지법 위반 혐의로 잇달아 검속했다. 1928년 5월 7일 임실경찰서는 신문사 지국과 각 사회단체까지 압수수색한 뒤 기자대회 참석자인 전주·남원·김제·이리·순창 등지의 각 신문사 지국장과 기자, 임실청년동맹 간부 등을 구속하였다.[107] 전북기자대회 사건과 관련돼 구속된 10여 명은 순차적으로 석방되었고, 최종

---

105) <동아일보> 1928년 5월 2일 4면. <중외일보> 1928년 5월 2일 4면.

106) <동아일보> 1928년 5월 5일 4면.

107) <동아일보> 1928년 5월 10일 5면. <중외일보> 1928년 5월 10일 2면.

적으로 전주검사국에 송치됐던 6명도 5월 21일 불기소로 석방됐다.[108]

전북기자단 사건으로 구인됐던 이들이 모두 무죄로 석방되자 이들을 환영하는 행사가 열렸다. 1928년 5월 22일 군산 각 사회단체 주최로 군산청년동맹회관에서 위로연이 열린 것이다. 기자단 사건과 관련해 재감 중이던 전영률이 부인을 잃는 큰 아픔을 겪었음이 알려지자 위로연에 참석한 모두가 비애에 잠겼다.[109]

8. 언론인들의 수난

〈동아일보〉 이리지국장 폭행사건

일제강점기에도 언론 보도에 불만을 품은 이들이 언론인을 폭행하는 사건이 때때로 발생했다. 전북지역에서 기사에 불만을 품은 이들이 기자를 폭행한 널리 알려진 사건은 〈동아일보〉 1925년 7월 2일 3면 '자유종'란에 게재된 '인육상(人肉商)을 박멸하자'라는 기사 때문에 일어났다. 기사의 내용은 다음과 같다. "사람으로서 같은 사람의 피를 빨아먹고 살을 팔아먹는 자가 있다면 이를 인간계에서 용납하고 묵과 방임할 것인가. 이는 도깨비가 아니면 사갈일 것이니 인생으로 인생의 생존을 위해 마땅히 박멸을 기하지 않으면 안 될 것이다. 이리는 교통의 사통지역이 되어 추부(醜婦)의 유입 유출이 타지에 비해 심하다. 풍기 문란이 말할 수 없이 많다. 어느 날이나 역에 진하게 화장한 여인들이 없는 때가 없고 거리의 술집에 북소리와 노래가 끊일 사이가 없다. 숫자상 나타

---

108) 〈중외일보〉 1928년 5월 24일 2면.
109) 〈동아일보〉 1928년 5월 27일 4면.

난 작부의 통계만 해도 120여 명이라고 한다. 그 내용을 알아보면 모두가 양가부녀의 유인 매매 또 음분 등 각양각색이다. 이것이 과연 본 지방의 자랑거리요 영예라 할 것이랴? 아니다. 해독물이며 수치다. 그러면 이것을 그대로 발호하는 광경만 보고 말 것인가? 아니다. 우리는 인도의 날카로운 칼로써 이러한 비인간적인 인육상 무리를 모조리 목 베어야 할 것이다. 일본인, 중국인은 도외시하고라도 조선인 그중에도 모 회원이라는 미명을 가진 임 아무개와 김 아무개가 작부 소개반 겸 요리업 등 간판을 붙이고 생 지옥굴을 꾸미고 있으니, 이 얼마나 가증한가. 모두가 생활을 영위하는 직업이라며 또 현행 제도의 법률 보호하에서 부득이 그 존재를 허한다 하면 별 문제라 할지 모르거니와 우리는 모름지기 인도상 다소의 의식을 확집한 이상 이런 것 박멸은 그다지 어려운 일이 아닐 것이다. 지방 풍기를 높이려는 청년단체여 분기할 바이다. 금번 국제노동회의에서 인신매매를 국제적으로 금지하게 된 것을 우리는 기억한다. 청년 각개가 선봉이 되어 의분의 쾌도를 하여 도깨비의 요기에 홀려 음풍 습우(濕雨)가 종횡하는 이층 루상에서 혼을 잃고 잠자는 벽촌의 어리석은 남자들을 깨우치게 하는 동시에 인도상 용납하지 못할 비인간의 인육상배를 박멸해야 한다."[110]

이 기사는 앞서 살펴본 전북기자단 구성과 전북기자대회 개최에 핵심적 역할을 한 <동아일보> 이리지국장 배헌이 작성하였다. 1896년 4월 27일 이리에서 태어난 배헌은 1913년 만주로 망명을 떠나 독립군 양성을 위해 세워진 신흥학교에 입학해 군사훈련을 받았으며 1917년부터 신흥무관학교 간부를 맡아 민족의식을 고취하고 독립운동 활성화를 위한 군자금

---

110) <동아일보> 1925년 7월 2일 3면.

모금·조달과 총기·화약류의 무기구입 활동을 했다. 1924년 귀국 후에는 <동아일보> 기자, 신간회 활동을 했으며 해방 후 전북상공회의소 부회장을 지냈고, 초대 국회의원 등을 역임했다. 1991년 정부로부터 독립운동 당시 공훈을 인정받아 건국훈장 애국장이 추서됐다. 전북기자협회는 2009년 배헌을 기리기 위해 '배헌상' 제정을 논의하기도 했다.111)

신문이 배포된 당일에 기사에서 익명으로 언급된 예기·창기·작부 소개업자 임규철과 요리점 송백관 주인 김용근이 배헌을 폭행하는 사건이 발생하였다. 이들은 배헌을 만나 "네가 썼느냐. 이런 놈은 박살해도 좋다" "기자 놈은 모두 죽인다" 등 무수한 욕설을 하며 폭행을 가했다. 이 소식을 접한 이리지역 자유노동조합, 청년회, 배달부조합, 점원친목회, 인쇄 직공조합과 유지 등 200여 명은 당일 저녁 9시부터 자정까지 회합을 갖고 분기회(奮起會)를 결성한 뒤 대책을 강구했다. 분기회는 가해자 임규철과 김용근의 죄악을 성토하는 글을 작성해 일반사회에 배포할 것과 이들과 절교를 단행해 사회적으로 매장할 것 등을 결의했다. 전주·군산·김제에 있는 전북기자단 집행위원들도 이날 밤 이리에 집합해, 지역 사회단체와 유지들이 구성한 분기회의 경과 상황을 청취한 뒤 밤을 새며 임시 집행위원회 긴급회의를 열고 가해자에 대한 대응책을 강구하고 이리 분기회와 동일한 보조를 취할 것을 다짐하였다.112)

가해자 중 김용근이 반성한다며 일부 청년회원을 자신의 요리점으로 초청해 음주·유흥을 제공해 또 다른 물의를 빚었다. 분기회는 7월 8일 임시집행위원회를 갖고 회규를 무시하고 음주·유흥에 응한 청년회원을 성토하기도 했다.113)

---

111) <전북일보> 2009년 4월 7일 5면. ≪한국역대인물정보시스템≫ 검색.
112) <동아일보> 1925년 7월 5일 3면. <시대일보> 1925년 7월 6일 3면.

일제 경찰들의 한국인 기자 탄압

일제는 1929년 광주학생 의거를 계기로 해서 국내 민족운동에 탄압의 고삐를 더욱 조여 나갔다. 황국신민화·내선일체 등을 강조하며 한국 민중에 대한 선전활동을 활발히 하고 한국언론이나 기자에 대한 탄압의 기준도 더욱 강화하였다.[114]

1930년도 한 해 전북지역에서도 일본 경찰이 기자들을 잇달아 검속하는 사건이 발생했다. 군산경찰은 1930년 1월 14일 군산정미소 직공조합 정기총회 방청관계로 <조선일보>와 <중외일보> 군산지국 기자 2명을 피검했다. 두 기자가 총회를 취재하려고 행사장에 들어가려하자 경관이 신문기자는 2명까지 입장할 필요가 없고 1명만 입장할 수 있다며 저지하였다. 기자들이 항의하자 경찰이 기자들을 검속하였다.[115] 1월 20일에는 전주여자고등보통학교에서 발생한 학생운동을 취재하던 <중외일보> 전주지국장과 기자, <동아일보> 전주지국 기자를 경찰이 인치했다.[116]

8월 8일에도 <중외일보> 전주지국 기자 등을 전주경찰이 피검했으나 그 이유는 밝히지 않았다.[117] 10월 25일 군산경찰은 <조선일보> <중외일보> 군산지국 기자들을 인치하면서 구체적 이유를 비밀에 부쳤는데, 파업을 선동했다는 혐의를 씌우려한 것으로 보인다.[118] 군산경찰은 12월 9일 또 <중외일보> 군산지국 기자를 인치했다가 석방하였다.[119]

113) <동아일보> 1925년 7월 11일 3면. <시대일보> 1925년 7월 10일 3면.

114) 채백, 2015, 219쪽.

115) <중외일보> 1930년 1월 16일 조간 3면.

116) <중외일보> 1930년 1월 22일 석간 2면.

117) <중외일보> 1930년 8월 11일 석간 4면.

118) <매일신보> 1930년 10월 27일 2면.

1931년 3월 29일 <동아일보> 순창지국장은 순창에서 운전수 일단과 주민 간 난투 사건을 취재하던 중 현장에서 경찰에 검속되기도 했다.[120)

우편소로 온 조선문 신문의 기사 검열

일제강점기 우편소로 온 조선문 신문을 우편소장이나 경찰이 검열하기도 했다. 순창의 집배우편물은 원래 전남 담양을 경유해 자동차 편을 이용했는데 홍수로 인해 1926년 7월 22일자 <조선일보> <동아일보> 등이 24일 겨우 도착하였다. 배달이 시급함에도 불구하고 순창우편소장은 우편소에 신문들을 모두 풀어 놓고 기사를 일일이 검열한 뒤 배달하였다. 25일에도 23~25일자 <조선일보> <동아일보>를 쌓아 놓고 일일이 검열해 배달이 지연되었다. 이러한 행동에 분개하여 각 신문 지국 관계자들이 그 이유를 따져 물으니 우편소장은 경찰서의 부탁이라고 해명하였다. <동아일보>는 이 사건과 관련해 기사에서 "이것이 과연 경찰서의 의탁인지? 만일 경찰서의 의탁이라 할지라도 일개 지방경찰서로서 신문을 검열할 권능이 없음이 확연하거늘 이와 같이 우편소에서 검열함은 소위 오늘날 법치국가에 있어서 용서하지 못할 일"이라며 개탄하였다.[121) 이러한 검열은 군산에서도 발생했는데 옥구 소작문제로 인하여 농민조합 간부 검속사건이 발생한 뒤 1927년 11월 27일부터 매일 아침 군산역에 도착하는 <동아일보> 등 신문을 군산경찰이 일일이 검사하였다.[122)

---

119) <동아일보> 1930년 12월 12일 3면.
120) <동아일보> 1931년 4월 5일 3면.
121) <동아일보> 1926년 8월 3일 4면.
122) <동아일보> 1927년 11월 30일 2면.

1. 8 · 15 해방 직후 전주에서 창간된 〈건국시보〉

새로운 제호로 지역에서는 맨 먼저 발행

8·15 해방 직후 우리말 신문은 경성이 아닌 지역도시에서 먼저 시작되었다. 대전에서 일제강점기 <중선일보>에 근무하던 한국인 기자와 직원들은 숨겨두었던 한글 활자를 사용해 1945년 8월 15일 당일 해방 소식을 알리는 신문을 발간하였다. 제호는 <중선일보>이었다. 부산에서도 일문지 <부산일보>가 8월 16일 국문 판으로 발행됐다는 기록이 있다. 그러나 새로운 제호로 지역에서 해방 후 처음 나온 우리말 신문은 전주에서 8월 17일 창간된 <건국시보>이다.[1] 서울의 건국준비위원회(위원

---

[1] 박정규, 1997, 77~78. 안순택, 2014, 77~78쪽. 유종원·김송희, 2005, 279쪽. 최준, 1990, 312쪽. ≪한국신문백년:사료집≫1975, 263쪽. ≪한국신문백년지≫1983, 453쪽. ≪한국언론연표 Ⅱ 1945~1950≫1987, 1쪽.
한편 1945년 8월 17일 국한문 혼용으로 <독립신문>이 창간되었다. 이 신문은 2005년 8월 9일 공개되면서 알려졌다. 자세한 내용은 강준만의 책(2007, 300쪽) 참고.

장 여운형)가 발족되자 전주에서도 1945년 8월 16일 전북임시대책위원회가 창립되었다. 전주시 풍남동 최한규의 집에서 민족 구국지사와 혈기 왕성한 청년들이 모여 제반 대책을 논의한 끝에 신문을 발행하기로 하고, 제호를 <건국시보>로 결정했다. 신문 제작 경험을 가진 언론인들을 중심으로 시내 인쇄소에서 한글 활자를 확보해 전북신보사에서 편집하고 인쇄했다. <건국시보>의 판형은 타블로이드 크기로 16일 밤 인쇄해 17일 새벽에 배포되었다. 배달은 최한규의 아들로 훗날 연세대 교수(언론학박사)가 된 최정호와 그의 형이 맡았다. 편집 제작에 참여했던 이평권, 최정한, 오명순, 정중모는 모두 기자출신이었다.2) 이들 중 최정한은 1920년 8월 15일 전북 옥구에서 출생해 일본 와세다 대학을 졸업하고 1942년 <매일신보> 기자를 시작으로 <전라민보> 사회부장, <전북신문> 편집국장 대리를 거쳐 <전북일보> 업무국장과 상무이사 등을 지냈다.3) 오명순은 1912년 5월 10일 전주 출생으로 혜화전문학교·동국대학교를 졸업한 뒤 1939년 <만선일보> 기자를 시작으로 <전라민보> <전주일보> 기자를 거쳐 <전주일보> 주필, <전라신보> 편집고문, <전북일보> 상임고문·주필·부사장 등을 역임하였다.4)

<건국시보> 1면에는 '조선독립 당당 출족'이라는 제목을 가로로 크게 달고 "전주 임시대책위원회가 조직돼 향토보존에 주력할 것"이라는 기사를 게재했으며 '성명서' 전문을 실었다. 또 출감자 90여 명이 독립의 기쁜 소식에 감격의 눈물을 흘렸다는 기사가 편집되어 있고, 태평양함대 사령관이 부대원들에게 일본과의 전투를 정지하라는 명령을 내렸다

---

2) <전북문화> 2004년 8월 제18호 1면. <전북일보> 2004년 8월 17일 10면. <새전북신문> 2009년 8월 28일 13면.

3) ≪신문백년인물사전≫1988, 922쪽.

4) ≪신문백년인물사전≫1988, 517쪽.

는 내용, 원자폭탄의 위력을 알려주는 기사 등 외신을 통해 들어온 뉴스도 게재했다. 제호 바로 밑에는 "전북도에서는 민생의 안정을 도모하기 위해 현재 보유미를 전부 특별 배급하기로 했다. 전주부에서는 17일부터 각 정(町)별로 미곡을 배급하는데 1인당 하루 3합이 할당됐고 1개월분을 배급한다"는 생활정보를 눈에 띄게 편집하였다.[5]

<건국시보>에 참여했던 오명순은 1972년 언론과의 인터뷰에서 "해방 초창기 너무나도 마음껏 누렸던 자유로 인해 언론의 방종과 횡포 그리고 혼란 같은 것도 없지 않았으나 일제하 한국 기자들이 철저한 구국의 지사적 일념에 뭉쳤던 것처럼 해방 직후의 기자들도 그 전통을 이어받은 철저한 애국애족의 일념에서 필봉을 휘둘렀다"고 해방정국을 회고했다.[6]

<건국시보> 발간과 관련하여 다른 일화가 있다. 당시 <전북신보> 사장 마쓰나미는 관공서나 공공기관 등의 시설물을 분산해 대피시키라는 지시를 총독부로부터 받았다. 마쓰나미 사장은 당시 김남표 기자를 불러 완주군 소양면의 한 창고에 신문사 시설을 옮기는 문제를 상의하라고 지시하였다. 김 기자가 소양에 갔다 오는 도중 일본의 항복 소식이 전해졌다. 이에 마쓰나미 사장은 김 기자에게 "신문사는 너희들에게 넘길 테니 알아서 처리하라"고 말했다. 이리하여 <건국시보> 제작 때 전북신보사의 장비를 사용할 수 있게 됐다. 신문이 나가자 경찰이 전북신보사 관리인 격인 김 기자를 불러 권총을 책상 위에 놓고 협박했다. "신문을 만드는 건 좋은데 건국이란 말을 빼 달라. 간판도 내려달라. 그렇지 않으면 신문발행을 총독부의 다른 지시가 있을 때까지 보류해 달라"고 요구했다.[7]

---

5) 최준, 1990, 313쪽.
6) <전북매일> 1972년 4월 30일 3면.

미군정기 신문은 좌·우익 대립 심각

8·15해방 뒤 실시된 미군정은 초기에는 신문에 어느 정도 자유를 허용하는 정책을 펼쳤지만 후기로 가면서 통제를 강화했다. 이 시기 신문은 정치적 수단으로 기능했다. 신문이 구독료나 광고수입으로 제대로 운영될 수 있는 사회적 조건이 형성되지 못했다.[8] 신문제작 시설도 매우 열악했고 원자재 부족도 극심했다. 예컨대 해방 직후 당시 신문종이 원지를 생산하던 곳은 군산의 남한제지가 유일했다. 물론 곧 군소 제지 공장들이 설립됐지만 그래도 대부분 신문들은 극심한 원자재 수급난에 놓여 간행 신문들의 종이는 대부분 갱생용지로 일제강점기 간행된 신문들보다 질이 오히려 떨어졌다.[9]

미군정은 우선 신문발행 허가제를 폐지했다. 등록제로 바꾸면서 수많은 신문들이 창간됐다. 미 군정청의 자료를 바탕으로 한 1946년 10월 30일 현재 전국 정기간행물 발행 현황을 보면, 일간 신문이 서울 39종을 비롯해 전국에서 68종 발행됐으며 주간 79종, 월간 및 기타 127종으로 274개의 정기간행물이 발행됐다. 발행부수는 일간이 전국적으로 101만 5천 590부로, 신문당 평균 약 1만 5000부 정도였다. 그중 서울이 75만 7천 420부로 전국의 74.6%를 차지했다. 해방 직후 서울 인구가 100만 정도였음을 감안하면 엄청난 보급률이었다.[10]

이 시절 신문들은 대부분 좌·우익계열로 나뉘어 정파지로 정치세력의 도구로 활용되었다. 좌익계열 신문으로는 1945년에는 9월 8

---

7) <전북일보> 1973년 6월 9일 7면.

8) 박승관·강현두·조항제·박용규, 1996, 161쪽.

9) 윤덕영, 1995, 343쪽.

10) 채백, 2015, 258~259쪽.

일 <조선인민보>, 19일 <해방일보>가 각각 창간됐으며 1946년 3월 25일에는 <현대일보>, 1947년 3월 11일에는 <문화일보>가 1946년 7월 22일 창간한 <일간 예술통신>을 개제하였다. 1947년 3월 21일 창간한 <대중신보>는 6월 19일 <노력인민>으로 제호를 변경해 발간 했다. 우익계열 신문으로는 1945년에 9월 22일 <민중일보>, 10월 4 일 <동신일보>, 10월 5일 <자유신문>과 <신조선보>, 11월 23일 <대 동신문> 등이 각각 지령 1호를 발행하였다. 이들 신문들은 짧게는 몇 개월, 길게는 2년 정도를 발행하다가 모두 문을 닫았다. 한편 일제강 점기 폐간됐던 <조선일보>와 <동아일보>는 1945년 11월 23일과 12월 1일 각각 복간되었다.[11]

미군정 시기에는 단독정부를 지지하는 언론과 자주적 통일국가를 염 원하는 언론의 대립이 첨예했고 신문들은 이데올로기를 앞세워 주관적 으로 보도했다. 언론인에 대한 테러, 신문사 습격, 신문제작 시설 파괴 등이 속출했다. 이러한 혼란과 좌익언론의 발호를 막기 위해 미군정은 1946년 5월 29일에 군정법령 제88호를 공포하고 신문발행을 허가제로 환원시키고 1947년 3월 26일 공포한 공보부령 제1호로 정기간행물 신 규 허가를 중지하고 발행실적이 부진한 간행물들의 허가를 취소함으로 써 특히 좌익신문들이 자취를 감추게 됐다. 반면 미군정은 점령 직후부 터 적산 인쇄시설을 이용해 보수우익세력이 신문을 발간할 수 있도록 배려했는데 이는 우익언론을 비호하는 정책이었다.[12]

미군정 3년은 현대 한국언론의 기본구조를 형성하는 중요한 계기 가 됐다. 이 시기 역사 주체로 참여하려던 다양한 논의들이 미군정의 개

---

11) 정진석, 2013, 81~91쪽.
12) 채백, 2015, 255~289쪽.

입과 통제로 봉쇄되고 대신 미국의 전략적 이익에 부합되는 언론들만 건재할 수 있었다. 좌익언론은 각종 탄압에 문을 닫았고 우익언론만 살아남았다. 이로 인해 형성된 한국언론의 반공과 친미이데올로기는 오늘까지 이어졌다.[13]

2. 전주지역에 신문 창간 잇달아

〈전라민보〉 경영권 자주 바뀌며 신문 창간 부추겨

해방 뒤 한국인들에 의해 새로운 제호로 지방에서는 최초로 창간된 〈건국시보〉는 조선건국전라북도임시위원회의 기관지 역할을 담당하였다. 〈건국시보〉는 1945년 9월 12일부터 제호를 〈전북신보〉로 바꾸어 발간했으며, 10월 1일 〈전라민보〉로 개제하였다. 〈전라민보〉는 일제강점기 전북신보사에 근무했던 한국인 주주와 사원들이 참여해 만든 신문이었다. 〈전라민보〉는 타블로이드 판형에 활판인쇄기로 양면인쇄 제작 시스템을 갖추었다. 〈전라민보〉는 11월 1일부터는 제호를 〈남선민보〉로 바꾸어 발행하였다. 1946년 1월 3일 미 군정청이 회사 재산을 적산으로 확정해 접수하고 재산관리인으로 서울에서 온 김장각을 임명하였다. 이때 다시 제호를 〈전라민보〉로 환원했는데, 일부 직원들이 퇴사한 뒤 1월 31일 〈전주일보〉를 창간하였다. 〈전주일보〉는 타블로이드판 2면으로 신문을 발행하였다. 1면은 정치면으로 〈합동통신〉과 〈고려통신〉 발신의 외신을 중점적으로 편집했고, 2면은 사회면으로 지방 소식과 서울 발신 뉴스를 게재하였다. 주로 보도중심이었고 해설이나 논평이 없는

---

13) 채백, 2015, 289쪽.

[그림 11] <전라신보> 사장이 사기 당한 사건을 다룬 기사
<한성일보> 1948년 9월 7일 2면.

것이 지면의 특징이었다. <전라민보>는 1946년 3월 경영권이 새로 임명
된 정방현에게 넘어가고 미군정법령에 따라 발행인 정방현 명의로 <전
라민보>의 판권 허가를 받았다. 1947년 7월 재산관리인으로 정진희 김
정수 두 사람이 임명되었다가 11월에는 다시 새로운 관리인으로 인창섭
이 임명됐다.[14] 인창섭은 신문제호를 <전라신보>로 바꾸고 군정의 전라
북도 기관지로 간행하였다. 한편 인창섭 사장은 취임 뒤 12월 초 인사차

---

14) 김영선, 1983, 335쪽, 338쪽. 윤덕영. 1995, 371쪽. <전북일보> 1965년 10월 10일 4면. ≪전
북일보 10년사≫1984, 111∼112쪽. ≪한국신문백년:사료집≫1975, 265∼267쪽.

상경해 동아일보사를 방문했는데, 신문용지 대금으로 80만원을 서울 삼하무역공사에 전달했다가 사기를 당하기도 했다.[15]

전북신문사에 극우단체 테러

1946년 3월 <전라민보> 경영권이 정방현에게 넘어가면서, 잦은 주도권 분쟁에 불만을 가진 일부 사원들이 이탈해 <전북신문>을 창간했다.[16]

<전북신문>은 <건국시보> 제작에 참여했던 이평권 오명순 최정한 등을 중심으로 처음에는 군산에서 발행되었다. 이평권을 편집·발행인 겸 주간으로 타블로이드판 2면의 일간 신문을 1946년 6월 2일자로 창간하였다. <전북신문>은 3개월 만인 9월 25일 전주로 회사를 이전해 신문발행을 이어갔다. 1면에 외신과 서울발 기사를 싣고, 2면은 지방소식과 스포츠·연예·문예기사 등으로 지면을 구성했다.[17]

<전북신문>은 허위보도를 했다는 이유로 1946년 7월 18일부터 열흘 동안 정간처분을 당했다. <전북신문>에 게재한 '파쇼 경관의 통봉' '반민주주의 경찰을 일소'라는 보도가 허위였다는 것이었다.[18] <전북신문>이 현존하지 않아 내용을 파악하기는 어렵지만 경찰을 비판한 기사인 듯하다.

미군정기에는 좌우익 간 대립이 심했다. 심지어 우익단체는 자신의 이데올로기와 다른 논조를 펴는 신문사에 테러를 자행했다. 전북신문사도 타깃이었다.

---

15) <동아일보> 1947년 12월 10일 1면. <한성일보> 1948년 9월 7일 2면.
16) 김영선, 1983, 335쪽. ≪전북일보 10년사≫1984, 112쪽.
17) 윤덕영, 1995, 372쪽. ≪한국신문백년: 사료집≫1975, 297쪽. ≪한국신문백년지≫1983, 555쪽.
18) <독립신보> 1946년 7월 19일 2면.

이른바 극우단체인 서북청년회 전북지부가 발족한 것은 1947년 1월 하순경. 발족 약 2주 뒤인 2월 8일 서북청년회원 10여 명은 전북지부장이 기고한 '서북진상기'를 게재하지 않았다며 전주시내 전북신문사 편집국에 난입해 기자들을 무수히 난타하고 실내 집기를 파괴하였다. 이들이 휘두른 혁대·곤봉·철장 등에 맞은 기자들 다수가 중상을 입었다. 전북경찰은 가해자들에 대해 체포명령을 내리고 "서북청년회는 목적이 친목에 있을 터인데 그 목적을 떠나 사회의 공기이며, 목탁인 언론기관에 대해 이러한 폭력행위를 하였다 함은 심히 유감이다. 관계자를 즉시 체포하여 엄중히 처벌하겠다"고 밝혔다. 경찰은 일당 중 2명만 붙잡았다. 오히려 서북청년회 사무실을 취재차 방문한 전북신문사 기자를 경찰이 검속해 또 다른 비난을 자초했다. 이 사건을 보도한 신문은 "전북신문사는 테러에도 불구하고 계속 신문을 발간하는 한편 경찰당국과의 해결을 절충 중"이라며 "이 악질 단체의 이면을 폭로하는 동시에 모든 반동세력을 분쇄하고 민주국가 건설에 매진할 것을 성명했다"고 기록하였다.[19] 서북청년단은 3·1절을 전후로 전북신문사에 또 테러를 가해 신문제작시설을 심하게 파손해 <전북신문>은 임시 휴간에 들어갔다.[20]

---

19) <경향신문> 1947년 2월 11일 2면. <공업신문> 1947년 2월 15일 2면. <대한독립신문> 1947년 2월 11일 2면. <중외경제신보> 1947년 2월 15일 2면.

20) <독립신보> 1947년 3월 16일 2면. <민주중보> 1947년 3월 18일 2면. <중외경제신보> 1947년 3월 16일 2면.

3. 군산지역 신문 좌익·우익계로 나눠져

좌익계 〈신광일보〉 〈남선신문〉과 우익계 〈군산민보〉

해방 이후 군산에서 가장 먼저 출발한 신문은 신광사가 1945년 9월 5일 창간한 <신광일보>다. 처음 제호는 <신광>이었으며, 활판인쇄에 의해 발행하다 타블로이드 등사판으로 단면 인쇄하였다. 다른 등사판 신문과는 달리 사설란을 별도로 두었다. 국회 3선 의원과 보건사회부 장관을 지낸 김판술이 대표를, 박상철과 박경주가 편집·운영을 맡았다. 초창기에는 통신장비가 제대로 갖추어져 있지 않아 잘 들리지도 않는 라디오를 청취한 다음에 내용을 정리해서 중앙의 주요 뉴스로 다루었고, 군산지역 소식은 기자들이 취재하고 편집해 발행하였다.21)

등사 인쇄를 하던 <신광일보>는 기구와 공장 시설을 정비해 <남선신문>으로 제호를 변경하고 1946년 6월 1일부터 활자로 발행하게 되었다. 이때 사장은 김상술, 주간은 박상철이었다.22) <신광일보>가 <남선신문>의 전신이 아니라는 의견도 있다. 군산출신 언론인 나필성은 "<신광일보> 발행과 비슷한 시기에 차균향이 <남선신문>을 발간했다"고 밝혔다.23)

<남선신문>은 좌익지로 지목되어 1946년 8월 10일 미군 포고령 위반죄로 무기 정간을 당하였다가 그해 10월 22일 속간했으나 1947년 6월 1일 미군정당국에 의해 좌익성향의 신문이라는 이유로 폐간되었다.24)

---

21) 김영선, 1983, 335쪽. ≪한국신문백년:사료집≫1975, 430쪽. ≪한국신문백년지≫1983. 600쪽.

22) 김영선, 1983, 335쪽. <광주민보> 1946년 6월 1일 2면. ≪전북일보 10년사≫1984, 113쪽.

23) 조종안, 2013, 48쪽.

24) 김영선, 1983, 335쪽. ≪전북일보 10년사≫1984, 113쪽. ≪한국신문백년:사료집≫1975, 430쪽.

좌익계열인 남선신문사도 우익단체의 습격을 받은 사건이 발생했다. 1947년 2월 26일 밤 20여 명의 괴한이 남선신문사를 습격하고 정문에 돌을 던져 파괴한 다음 공장에 침입하고자 했으나 숙직직원의 반격으로 도주하였다. 이와 때를 같이 하여 남선신문사 사장 집 등을 괴한들이 습격해 가산도구를 파괴했다. 일부 괴한은 무서워 울고 있는 아이까지 구타한 뒤 도주했다. 경찰은 2명을 붙잡았는데 그들은 서북청년회 등 소속으로 예전에도 테러에 참가한 사실을 자백했다.[25]

<군산민보>는 해방 다음해인 1946년 5월 1일 발행 겸 편집·인쇄인 육복술에 의해 타블로이드판 2면제로 창간됐다.[26] 창간 뒤 초기에 사회적 혼란과 정치적 불안, 열악한 시설과 경영의 미숙에서 오는 운영난으로 발행인 교체가 빈번했다. 불편부당 정치적 중립을 지키면서 민족의식을 고취하고 향토민의 복지향상을 목표로 했으나 우익성향이었던 <군산민보>에는 좌익 무리의 테러가 잇따랐다. 9월 15일 좌익출판노조원들이 인쇄시설을 완전히 불태워 버려 사흘간 휴간하는 등 창간 초부터 고난과 시련을 겪었다. 그 후 온갖 역경을 물리치고 사세를 확장하였다.[27]

개천절에 창간한 〈군산신문〉

<군산신문>은 1947년 11월 9일 일간 신문 발행에 대한 허가를 받고 15일 타블로이드 판형으로 창간되었다. 초대 편집인 겸 발행인은 <한성일보> 부사장이었던 김종량(金宗亮)이다.[28] 김종량은 광복직후 정치적

---

25) <경향신문> 1947년 3월 2일 3면.
26) ≪전북일보 10년사≫1984, 113쪽.
27) <전북매일> 1968년 6월 2일 3면. <전북매일> 1969년 5월 1일 3면.
28) 김영선, 1983, 335쪽.

혼란기에 논객이자 매부인 안재홍과 손잡고 <한성일보> <세계일보> 등 한때 4개 일간지를 발행한 신문경영인이다. 이런 김종량을 그의 부인은 '신문광'이라고 푸념했다고 한다. 1901년 5월 전북 옥구군 나포면에서 태어난 김종량은 1946년부터 1949년까지 군산중앙여중 군산동중 군산 여자기술학교를 설립해 육영사업에도 앞장섰다. 1952년에는 다시 <한 성일보> 사장으로 자리를 옮기고 1955년 5월에는 <대동신문> 부사장에 오른다.[29]

<군산신문>은 '민족정기를 바로 세우고 사회의 양심을 바로잡자'를 사시로 내걸고 민족사회의 전위적 구실을 창간의 목적으로 삼았다.[30] 창간일도 음력 10월 3일 개천절이었다.[31]

창간사 전문은 다음과 같다. "오늘은 4279년 국조 단군께서 개국을 하시고 해방 후 3년을 맞이하는 감격의 개천절이다. 본보가 개천절에 뜻을 같이하는 이들의 힘과 마음과 정성을 다해 창간하게 된 것을 먼 저 기뻐하는 바이다. 1947년 5월 제2차 미·소 공동위원회의 실패로 조선 문제가 국제심판대인 UN에 옮겨지자 국제여론은 다소 호전된 듯 하나 철퇴기의 문제를 둘러싸고 양대 진영의 고집불양으로 앞날 예측 을 불허하고 있다. 회고하건대 5천년의 찬연한 역사를 가진 배달민족 으로서 과거 40년간 왜구에게 예속된 치욕이란 자손만대에 이를지라도 씻을 수 없을뿐더러 40년 동안 그 왜구 아래서 받은 설움이란 노예선 밑바닥에서 소리도 못 내고 흑흑 흐느껴 울던 흑인 노예의 설움 이상 의 설움으로 이 치욕은 배달민족으로 하여금 누구라도 할 것 없이 잊

---

29) 대한언론인회 편. 1993. 173~179쪽. 김종량이 1904년 5월 6일 서울 출생으로 소개된 자료도 있
    다(≪신문백년인물사전≫1988, 205쪽).

30) ≪한국신문백년지≫1983, 569쪽.

31) 1949년부터 양력 10월 3일이 개천절.

[그림 12] <군산신문> 창간사. 1947년 11월 15일 1면.

지 못하리라. 그러나 제2차 세계대전의 종언으로 해방은 됐으나 불과 한 뼘 밖에 안 되는 땅덩어리를 강대세력의 양단 분점으로 해방 뒤 2년 반 동안 독립을 못 본 것은 실로 통한한 일이다. 그런데 전술한 바와 같이 조선 문제가 국제적으로 양대 진영의 양보가 없어 앞날이 예측을 불허케 하며 국내적으로 또한 즉시 철퇴와 철퇴 유예의 양론이 대치된 이 때 본보가 발을 떼게 된 것은 본보의 사명이 가장 중차대하다 자부한다. 그래서 본보가 부담할 사명을 다하기 위해 능동의 기동성으로써 국제적 실정은 물론, 국정 및 사회의 사정을 또한 3천만 민족이 일일천추의 느낌으로 희구하는 민주주의적 조국 건립에의 정치여론을 좌경우고에 멈추지 아니하고 신문의 사도로서 시시각각 사상과 호흡을 같이 하는 한편, 정의의 필법으로 여론을 환기함으로써 애오라지 본보의 사명을 다하려 한다."32)

　<군산신문> 창간호는 4면을 발행했다. 1면에는 당시 민정 장관 안재홍의 창간 축사격인 칼럼 '언론의 민주성'이 게재되었고, '금일은 해방 후 제3년의 개천절'이라는 제목에 단군초상을 넣어 편집했으며 지면 하

---

32) <군산신문> 1947년 11월 15일 1면.

단에는 군산지역 회사 광고도 실렸다. 2면에는 군정장관 대리와 각 정당 군산지부 간부, 군산교육자협회 대표 등 각계 인사들의 축사와 일반 기사, 창간축하광고 등이 게재되었다. 3면에는 경마장 폭파사건으로 순직한 군산의용소방대원 17명의 추도식 기사가 톱기사로 게재됐고 외신 기사도 눈에 띈다. 4면에는 각계 인사의 축사가 편집되었다.[33]

<군산신문>은 창간사에서 좌도 우도 아닌 중립적인 필법을 내세우겠다고 주장하였다. 당시는 좌익이 힘을 잃고 남한 단독정부가 수립되기 일보 직전이었기 때문에 우파의 기사가 대부분이었다. 김구와 한독당 계열의 기사도 많이 실리기도 했는데, 1949년 1월 1일 1면에 김구의 기고문이 게재되었다. <군산신문>은 주로 2면을 발행했는데, 1면에는 사설과 서울발 기사나 외신을 실었고, 2면에는 경제나 사회 기사들이 게재됐는데, 군산 소식이 다수 편집되었다.[34]

<군산신문>은 사세가 확장되면서 시청·법원·검찰 출입기자, 학교(교육) 담당기자를 두었고 신년호 때는 가끔 타블로이드 판형 4면으로 늘려 발행했다. 하지만 신문제작 시설은 열악하였다. <군산신문>은 창간 기념으로 제1회 남녀문예현상 공모를 개최했다. 심사위원장은 소설 '탁류' 저자인 채만식이었다. 이 공모는 2회까지 열렸는데, 채만식이 심사평을 영어로 작성해서 주위를 놀라게 했다는 일화가 있다.[35]

<군산신문>은 일부 결호도 있지만 창간호 1947년 11월 15일자부터 1949년 6월 29일자 제509호의 원본이 국립중앙도서관에 보존되어 마이크로필름으로 제작되어 있고, ≪대한민국 신문 아카이브≫

33) <군산신문> 1947년 11월 15일 1~4면.

34) ≪대한민국 신문 아카이브≫신문 해제 검색.

35) ≪한국향토문화전자대전≫검색.

(www.nl.go.kr/newspaper)를 통해 누구나 열람이 가능하다. <군산신문>은 언론사나 향토사 연구에 귀중한 자료이다. 이제 인터넷을 통해 손쉽게 <군산신문> 원본을 접할 수 있기 때문에 <군산신문>에 대한 언론사나 향토사 학자들의 관심과 연구가 필요하다.36)

4. 전북지역 라디오 방송의 변화

방송기자 직종 처음으로 등장

미군정은 신문사, 인쇄소 등에는 한국인을 임명했으나, 방송국은 미군 고문관을 파견해 직접 관리하였다. 방송은 미군정의 정책 수행의 수단으로, 1946년 4월 군정청에 공보부를 설치해 방송국을 흡수하고 일종의 국영체제로 운영되었다. 일부 미국식 상업적 프로그램의 도입에도 불구하고 주된 내용은 미군정의 정책 수행을 위한 공보적 프로그램이었다.37)

앞서 미군정은 1945년 9월 14일부터 모든 서류에서 '경성'을 '서울'로 바꾸었다. 이에 따라 경성방송국도 서울중앙방송국이라는 새 이름을 갖게 됐다. 이때부터 KBS(Korean Broadcasting System)라는 영어명칭을 사용하기 시작했다. 이 시기에는 방송의 보도 기능이 도입됐다. 1945년 9월 16일 방송기자라는 직종이 처음 등장했다. 미군정기는 정치의 시대였기에 각 정당이 방송 시간을 할당받아 정치 매체 역할도 했다. 1947년 9월 3일 미국 애틀랜틱에서 개최된 국제무선통신연맹 회의에서

---

36) <군산신문> 내용을 분석한 연구로는 '미군정·정부수립기 군산·옥구지역의 사회와 경제' 논문이 있다(김민영, 1998).

37) 박승관·강현두·조항제·박용규, 1996, 168쪽.

한국은 무선호출부호 HL을 할당받았다. 미군정기 라디오 수신기 보급은
일제강점기보다 줄었다. 일본인들이 자국으로 돌아간 것과 수신기 가격
이 비싼 것, 등록 기피 등이 그 원인으로 분석된다. 1947년 8월 말 기준
으로 남한 전체 라디오는 18만 5천700대로 해방 직후 21만 5천951대에
비해 3만여 대가 감소했다.[38]

1948년 6월 1일 제헌국회의 개원으로 미군정이 폐지되고, 이에 따
라 군정 공보부 소속으로 있던 방송국은 조선방송협회로 돌아갔다. 1948
년 8월 6일 조선방송협회는 명칭을 대한방송협회로 변경했고, 1948년
8월 7일 정부기구가 확정됨에 따라 방송국은 공보처 방송국으로 흡수되
었다.[39]

〈이리방송국〉 전주 진출

해방당시 우리나라에는 서울의 경성중앙방송국을 비롯해 부산 대구
대전 광주 이리 목포 마산 춘천 청주 평양 청진 함흥 원산 해주 신의주
성진 등 16개 지방 방송국이 있었다.[40]

1946년 6월 3일 이리방송국은 이승만이 정읍에서 발언한 "남조선만
이라도 즉시 자율적 정부를 수립해야 한다"라는 소위 '단정론'을 특보로
중앙방송과 연결해서 전국에 방송했다. 이로 인해 '단정논란'의 불씨가
되기도 했다.[41] '이승만 박사 정읍 연설'은 정치사뿐만 아니라 언론사에
서도 주목받은 사건이다. 이 사건을 특종한 기자는 당시 합동통신 김성

---

38) 채백, 2015, 279~286쪽.
39) ≪전북학연구 Ⅲ≫ 1997. 406~407쪽.
40) ≪전주방송 50년사≫1988, 93쪽.
41) ≪전주방송 50년사≫1988, 96쪽.

락 기자다. 그는 3월 하순부터 남한일대를 순회하며 반탁운동을 벌이던 이승만을 줄곧 수행 취재했다. 이승만의 이날 '남한 단독정부수립'발언 기사는 서울의 주요 신문들이 출처를 명시해 일제히 보도했다. 1999년 《월간 조선》은 창간 19주년 특별기획으로 《한국언론 100대 특종》을 엮어 단행본으로 출간했다. 이 책은 전국 신문·방송·통신사에 재직 중인 부장급 이상 기자출신 간부 언론인과 퇴직 원로 언론인 230명에게 설문지를 보내 취합해 정리한 것이다. 여기서 김성락 기자의 '이승만 정읍 발언 보도'는 한국언론 특종 제1호로 꼽혔다.[42)

1946년 7월 이리 등 전국 10개소에 라디오 상담소가 설립되었다.[43) 1947년 5월 15일 이리방송국 전주연주소가 문을 열었다. 이리방송국으로부터 약 24㎞ 떨어진 도청 소재지 전주에 도정 홍보 등을 감안해 연주소를 세운 것이다. 전주와 이리 간에는 체신부 소관 전화국으로부터 전용방송중계 선로를 임차하고 연주실에는 간단한 방송 장비를 갖추었다. 전주연주소에서는 주로 전북경찰국 공보반원들이 중심이 되어 매주 수요일 경찰시간 15분을 할애 받아 불조심이나 교통안전 등 치안업무 계몽 방송을 실시했다. 또 전주연주소가 문을 열자 전주연주소 극회도 조직되었다.[44) 체신부는 1947년 10월 1일부터 이리방송국에 호출부호 HLKF를 지정했다.[45)

전북지역의 라디오 청취자는 1946년 1월 1만 2천629명으로 해방 직전과 비슷하였다. 청취자 수는 같은 해 4월 조선인 9천278명, 외국인 104명 등 9천382명으로 3천 명가량 감소했다. 전북지역 거류 일

---

42) <새전북신문> 2009년 8월 21일 13면.

43) 《한국방송 90년 연표》2017, 39쪽.

44) 《전주방송 50년사》1988, 106~107쪽.

45) 《한국방송 90년 연표》2017, 41쪽.

본인들이 귀국했기 때문인 것으로 분석된다. 라디오 청취자 수는 이후 조금씩 늘어 1947년 1월 1만 352명, 5월 1만 1천317명[46], 1947년 8월에는 내국인 1만 128명, 외국인 1천104명 등 1만 1천232명이었다.[47]

5. 미군정기 전북 언론인 활동

전북기자회, 회원 13명으로 결성되어 시작

1948년 3월 17일 전북기자회가 결성됐다. 회원은 <전라신보> 구연묵 한원규 강제천 진기풍, <전라민보> 송지성 이중구 김인수 김호일 최락인, <군산신문> 장윤귀, <군산민보> 정중모, <합동통신> 박용상, <조선통신> 강신재 등 13명이다. 이들은 "해방 후 정계의 혼선과 경제계의 공황으로 말미암아 우리 민족의 생활이 극도로 도탄의 구렁 속에 빠져 과거 일제 때 이상의 고통 속에 신음하고 있다"며 "언론계 역시 허다한 기관과 각종 애로에 봉착하여 도내 각 신문사는 신문사로서 역할을 다하지 못하고 또한 언론인이 가진 바 사명을 완전히 수행치 못함이 적지 않았으나 이번에 일선 기자들은 미온의 상태를 지양하고 언론인으로서의 사명을 다해 건국에 이바지하고자 기자회를 결성했다"고 밝혔다.[48]

---

46) ≪전주방송 50년사≫1988, 111쪽.
47) 채백, 2015, 285쪽.
48) <군산신문> 1948년 3월 20일 2면.

언론인 대량 피검과 재판 회부

1948년 5·10 제헌 국회의원 선거가 확정되자 이른바 반미투쟁인 2·7 구국투쟁 선언에 발맞춰 일부 언론들이 선거를 반대하는 논조를 폈다. 이로 인해 선거가 끝난 다음달 6월 1일 다수의 기자들이 경찰에 피검되고 일부 신문은 무기한 정간조치를 당했다.[49] 전북경찰은 이날 <전북신문> 편집국장 강신봉, <전라민보> 주필 신동길과 편집국장 대리 김용주, <조선통신> 전주지사장 대리 임병식과 지사 편집부기자 강신재 등을 검거했다. 전주의 3개 신문사와 3개 통신사의 일선 기자 10명도 지명 수배하였다. 경찰은 이들을 검거한 혐의를 정당 활동과 관련 있다고 밝혔다.[50] <전라민보> 편집국장 대리 김용주는 6월 13일 포고령 위반으로 기소되어 6개월 구형을 받았으나 나머지는 불구속 취조하기로 하고 모두 석방했다. 미군정은 16일에 또 <전북신문> 편집국 차장 정희남을 포고령 위반으로 검거하였다.[51]

<전북신문>은 이외에도 필화사건을 겪었다. 사건의 발단이 된 기사는 미 군정청이 초등학교 여교사를 미국으로 유학보내기로 결정했는데, 군정청이 선발기준도 없이 전북교육을 대표해서 해당 교사를 미국에 파견하는 것은 일방적인 처사 아니냐고 지적한 내용이다. 이 보도는 전북교육계 뿐만 아니라 전북사회를 발칵 뒤집어 놓았다. 여교사가 미 군정청에 의해 전북교육계를 대표해 도미 유학이 결정됐기 때문이다. 보수적인 전주지역의 풍토 탓이었을 수도 있지만, 궁극적으로 이 기사는 '미군

---

49) 윤덕영, 1995, 372쪽. ≪한국신문백년:사료집≫1975, 297쪽. ≪한국신문백년지≫1983, 555쪽.

50) <대동신문> 1948면 6월 6일 2면. <민주일보> 1948면 6월 6일 2면. <조선중앙일보> 1948년 6월 6일 2면. <현대일보> 1948면 6월 6일 2면. ≪한국신문백년: 사료집≫1975, 297쪽.

51) <조선중앙일보> 1948년 6월 19일 2면. <평화일보> 1948년 7월 4일 2면.

정청을 비방했다'는 죄목이 적용되었다. 이로 인해 <전북신문> 취재기자인 오명순과 편집국장 이평권이 불구속으로 미군정 재판에 회부됐다가 벌금형을 받고 방면됐다. 이에 오명순은 "이 사건은 해방과 함께 맞은 전북 언론의 기저가 국가와 민족, 나아가 사회정의 구현의 필봉으로써 그 사명을 다했다는 사실을 말해주고 있다"며 "이러한 숭고한 이념 아래 살았던 기자이기에 사욕이 있을 수 없었고 해방의 그 혼란 속에서도 언론만은 초연할 수 있었다"고 말했다.[52]

해방 뒤 첫 영자신문 창간한 전북인

8·15광복 이후 발행된 최초의 영자신문으로 알려진 <더 코리아 타임스(The Korea Times)>[53]는 전북 출신 하경덕이 창간하였다.[54] 1897년 6월, 익산 춘포면에서 출생한 하경덕은 전주 신흥학교를 나온 후 한국인으로서는 최초로 미국 하버드대학 정규과정에 유학했다. 그는 한국 최초의 하버드대학 박사(사회학)로 우리나라에 처음으로 사회학을 도입한 학자다. 귀국해 연희전문 교수로 재직한 그는 일제강점기 말기 사회학을 사회주의 학문이라고 하는 일본 경찰에 의해 강제 추방당했다. 해방 뒤 서울신문 사장을 지냈고, 한국전쟁기에 미국 국무성의 위촉으로 일본 주둔 맥아더 사령부 고문을 지내던 중 1951년 4월 신병으로 일본에서 세상을 떠났다.[55]

하경덕은 1945년 9월 5일 영자 신문 <코리아 타임스>를 창간하고 1

---

52) <전북매일> 1972년 4월 30일 3면.
53) 1950년 11월 1일 한국일보사에서 창간한 영자신문과는 제호는 같지만 다른 신문이다.
54) 《한국민족문화대백과사전》검색.
55) <전북일보> 2004년 9월 4일 12면.

면에 '연합군 환영사'라는 사설을 직접 집필했다. 사설은 "극동에서 전쟁이 발발한 이래로 우리 조선민족은 연합군을 해방 세력으로 인정하고 신속히 승리가 오기를 기원하였노라 …(중략) … 연합군의 사상자에 관한 보고가 답지할 때 우리는 비록 몸은 연합군 그대들과 떨어져 있었으나 마음은 그대들과 함께 전사한 장병을 위하여 애도하였노라 …(중략) … 연합군의 영웅적 정신은 우리 국가 재건 사업의 지주가 될지어다. 우리의 갱생 국가는 연합군의 견실고결(堅實高潔)한 원조가 필요하며 세계 신질서에 있어서 그대들과 우리는 인종의 차이와 국적의 구별에도 불구하고 친하게 서로를 돕기를 필요로 한다. 우리는 연합군 장병을 환영하노라"는 내용을 담았다.[56]

---

56) ≪전라문화연구≫2013, 36~37쪽. ≪한국신문백년지≫1983, 849쪽.

제5장
이승만 정권의 전북언론

1. 한국전쟁과 신문통폐합

정부수립 후 신문사 난립

정부수립 직후인 1948년 12월 1일 공포된 국가보안법은 막 시작된 언론의 자유를 심각하게 몰아세웠다. 1948년 9월과 1949년 5월 사이에 정부는 7개의 일간지 신문사와 1개의 통신사를 폐간 및 폐쇄시켰으며, 반공법으로 많은 기자들을 체포하였고 발행인 및 편집자들을 제거했다.[1] 그러자 국회는 신문을 창간하려면 허가를 받도록 하고 보증금을 예치해야 하는 언론탄압의 법적 근거로 악명을 떨쳤던 '광무신문지법'을 1952년 3월 19일 여소야대 구조 속에서 폐기하였다. 자유당 정권은 이에 그치지 않고 언론의 규제를 위한 새로운 제도적 장치를 마련할 목적으로 여러 차례에 걸쳐 입법을 시도하였다. 하지만 이러한 시도는 언론

---

1) 송광성, 1993, 278쪽.

계의 강력한 반발로 대부분 성공하지 못했다.

언론에 대한 규제법 제정이 여의치 않자 자유당 정권은 거의 사문화되었던 군정법령 제88호(언론 및 집회에 관한 미군정 법령) 같은 구 악법들을 동원하여 신문의 정간·폐간 조치를 강행하였고, 신문사에 대한 테러나 신문배포 방해 등 갖가지 방법을 동원해서 언론에 대한 탄압을 자행하였다.[2] 신문사는 한국전쟁이 일어나 경제적으로 설상가상의 심각한 타격을 입게 되었다. 그렇지만 어려운 경제적 사정이 신문의 감소로 연결되지는 않았다. 오히려 신문사를 설립하려는 사람들이 많아져 신문의 난립시대가 왔다. 해방의 덕택으로 언론의 자유를 얻게 되자 신문을 발행해서 명예와 지위와 돈까지 벌어보겠다는 공리적 타산에서 신문과는 거리가 먼 사람들까지 신문을 특권과 이익을 챙길 수 있는 권력기관으로 인식했기 때문이다.[3] 통계청이 집계한 제1공화국 시기의 정기간행물은 1948년에 일간 신문 54개와 주간 신문 53개를 포함해 전국 248개이었던 것이 1960년에는 404개로 수량 면에서 엄청나게 불어났다. 특히 1953년 정전 직후에는 일간 신문 40개를 비롯하여 통신 16개, 주간 신문 124개 등 총 411개에 달했다. 지역별로 보면 서울 277개, 강원 27개, 경남 24개, 경북 21개, 전남 16개, 전북 14개, 경기 12개, 충남 10개, 제주 7개, 충북 3개로 서울이 전체의 67.4%를 차지했다. 일간 신문은 서울에서 발행되는 중앙지가 13개였고 지방지는 27개로 나타났다.[4]

---

2) 채백, 2012, 321쪽.

3) 김을한, 1975, 296쪽.

4) 《한국통계연감》검색.

전쟁발발로 전주 3개사 통합

<전라민보>의 재산관리인 인창섭은 1947년 11월에 신문제호를 <전라신보>로 변경하여 전북도의 도기관지로 운영하였다. 1949년 12월에는 그 신문의 판권을 허가받아 민간지로 환원시켰다. 1950년 6월 한국전쟁이 발생하자 이 신문은 <전북신문> <전주일보>와 전시상황이라는 외부적 요인에 의해서 7월에 전주지역의 3사 통합형식으로 단일신문 <전북시보>로 발간하게 되었다. 그것은 잠깐이었고, 7월 20일 북한군의 도내 침입으로 <전북시보>는 모든 언론활동을 중단하였다.[5]

전북에서 1941년 일제강점기에 이어 두 번째 신문통폐합이 이뤄졌을 때 군산에서 <군산신문>, 이리에서 <삼남일보>가 발간되고 있었으나 전시에는 자체적으로 발행을 중단하여 전주에 불어온 통합대열에 들지 않았다. 통합 조치는 전주지역에서만 이뤄진 국지적인 현상이었다. 군산과 이리지역의 이들 신문은 9·28수복 후 복간해 독자적인 거점을 유지했다.[6] <삼남일보>는 통합된 <전북시보>보다 9일 앞선 1950년 10월 1일 타블로이드판으로 복간하였다.[7] 북한군이 군산에 침입하기 전날인 7월 18일까지 발행한 <군산신문>은 70여 일간의 피난에서 돌아와 역시 10월 1일 속간하게 되었다.[8]

수복 후 지리산 지구 공비 토벌 당시 남원 현지 언론인들은 공비 토벌의 전과 보도, 귀순 선무공작 홍보, 미담기사 발굴에 힘써 전시 계엄령하에서 비상사태를 극복하는 데 기여를 하였다. 1952년부터 1954년까지

---

5) 《전북일보 10년사》1984, 111~113쪽. 《전북일보 60년사》2010, 53쪽.

6) 《전북일보 60년사》2010, 55쪽.

7) 《전북일보 10년사》1984, 113쪽.

8) 《전북일보 10년사》1984, 121쪽. 《한국신문백년지》1983, 568쪽.

민-군-경 간 교량역을 담당한 가운데 지면을 메워온 기자는 <전북일보> 최용호, <삼남일보> 이치백, <경향신문> 고광길, <연합신문> 양재형, <평화신문> 김익서, <서울신문> 박수, <조선일보> 이문이 등으로 남원에서 활동하는 지사장 및 지국장들이었다. 이들은 서남지구 경비사령부(군) 및 서남지구 경찰전투사령부 출입기자로서 야간통행증과 특수지구 출입허가증, 국방부 종군기자의 표식장인 'WAR CORRESPONDENT'가 어깨에 부착된 군복착용증이 발급됐고, 경우에 따라서는 무기휴대도 허용되었다.[9]

전쟁 중인 1952년 말 전북지역에는 다음과 같이 기존의 <전북일보> <삼남일보> <군산신문>과 전주에서 새로 발간한 <태백신문> 등 4개의 일간 신문을 비롯해 주간지 6개와 월간지 6개 등 모두 16개 언론사가 운영되고 있었다.

[표 3] 1952년 말 전북지역 정기간행물 현황

언론사	간행 구분	발행인	발행지
전북일보	일간	박용상	전주시 고사동 1가 148
군산신문	〃	김갑영	군산시 중앙로
삼남일보	〃	육영술	이리시 호남동 53
태백신문	〃	손관배	전주시 중앙동 102
전북어린이신보	주간	박용상	전주시 고사동 1가 148
교육신보	〃	윤택중	전주시 중앙동 1
낭주신보	〃	신석신	부안읍
국민시보	〃	서홍선	군산시 중앙로 1가 6
전라상공	〃	김택술	전주시 진북동 17의 3
경제신보	〃	지연해	군산시 평화동 316
단청	월간	유환조	전주시 고사동 247

---

9) 《남원지》1992, 1427쪽. 이치백, 구술. 《한국향토문화전자대전》검색.

전북행정	〃	김학응	전라북도 지방과
전북경찰공보	〃	김종완	전북도 공보실
성서신앙	〃	인 돈	전주시 화산동 149
이리농대신문	〃	백남림	이리시 마동 319
남성학보	〃	윤제술	이리시 남중동 동도 259

출처: ≪전북연감≫1953, 253쪽과 김영선, 1983, 336쪽 재구성.

한국전쟁이 정지된 1950년대 중반 전북지역에서 발행되는 일간 신문
은 다 같이 조간체제로서 <태백신문>이 문을 닫고 <전북일보> <삼남일
보> <군산신문>이 발행을 하고 있었다. 이들 신문사들은 발행부수와 사
원 수 등을 감안해서 살펴보면 다음과 같이 중앙지와 어느 정도 균형을
유지하는 호황을 겪었던 것으로 알 수 있다.

[표 4] 1950년대 신문발행 및 사원 현황

(1955년 말 현재)

서울 발행 신문	발행부수	사원 수	지역 발행 신문	발행부수	사원 수
조선일보(조간)	80,000	152	전북일보(조간)	26,000	98
동아일보(석간)	170,000	120	삼남일보(조간)	25,000	61
경향신문(석간)	100,000	237	군산신문(조간)	4,500	46
한국일보(조간)	65,000	181	경인일보(조간)	12,000	57
평화신문(조간)	68,000	158	대전일보(조간)	30,000	71
중앙일보(석간)	40,000	70	부산일보(석간)	22,000	141
매일신문(조간)	20,000	30	강원일보(조간)	20,000	40

출처: 정대수, 2004, 307~308쪽 재구성.

포화 속 〈전북일보〉 창간과 전쟁보도

<전북시보>의 박용상 주간은 1950년 10월 10일 발행 겸 편집인으로
임명되었고, 10월 15일 제호를 <전북일보>로 변경했다.[10] 전운이 숱한

폐허 속에서 타블로이드판 2면부터 시작했다. 인쇄는 평판인쇄기에 의존하였다.11)

6·25 때 <전북시보> 기자였던 언론인 박권상은 수복과 신문 속간의 상황을 다음과 같이 회상했다.

"9월 21일은 전주시가 수복된 감격의 날이다. 아침부터 신문사 후배인 이윤수와 도피처를 나와 호외발간을 궁리했다. 여기저기 공산군 패잔병과 산으로 가는 공산당원들의 초라한 집결을 볼 수 있었다. 사옥에 가보았으나 인쇄도구 일체가 향교로 옮겨져 노동당 본부 간판이 붙어있는 도청산업장려관 앞을 지나 남문으로 와서 교동에 있는 향교까지 갔다. 10시 반부터 제트기 10여 대가 상공을 쉴 새 없이 돌고 있었다. 경찰서 등 중요기관은 태극기가 나붙기 시작했다. 오후 3시 호외를 찍어 접수한 차를 타고 다니며 시내에 뿌렸다. 그 후 10여 일간 매일 호외형식으로 발간했다. 첫날 원고지 크기의 신문이 차차 커져 요즘 신문지 반의 정도까지 자랐다."12)

<전북시보>는 1950년 10월 11일 1면에, 불과 3개월 동안 제호를 유지했던 <전북시보>의 해소 내막과 전북일보사로 거듭나는 과정을 '전북일보운영위원회'가 독자에게 알리는 사고(社告)로 실었다. 그 내용을 요약하면 다음과 같다.

"6월 25일 북한군의 불법남침으로 전주 3개 신문사는 부득이 자진휴간하고 항전의식의 앙양과 사상통일을 목적으로 전라북도 기관지 <전북시보>를 발간해 왔으나 공비의 전주 침범으로 이것마저 발간정지

---

10) 《전북일보 60년사》2010, 53쪽. <전북일보> 1970년 3월 27일 3면.

11) <전북일보> 1973년 5월 31일 1면.

12) <전북일보> 1965년 10월 10일 4면.

의 비운에 봉착하였다. 연합군과 군경부대의 결사적 투쟁으로 해방되어 <전북시보>는 속간의 기쁨을 맞게 되었다. 10월 10일 전북도 내무국장실에서 지방유지가 회합하여 신언론기관 창설에 대한 협의를 하고 그 자리에서 신일간지 전북일보운영위원회가 구성되어 <전북시보>는 14일 발전적 해소를 하고 15일 일간 신문 <전북일보>를 창간하여 도민의 공기로서 발족하기로 했다."13) 신생 신문인 <전북일보>를 육성해야겠다고 느낀 전북 각계의 50여 명 주주들은 주식회사를 구성하여 사시를 '도민의 이익을 위해서는 조건이 없다'로 설정하여 당당한 향토애를 보여줬다.14)

그러나 <전북시보>로 합쳐진 <전라신보>와 <전주일보>는 이러한 <전북일보>의 재출발이 확고한 것이 아니라 전시상황에서 관계당국에 의한 임시조치로 판단한 것으로 알 수 있다. 두 신문은 9·28수복과 함께 재기와 재건의 기회가 도래하였지만 각기 자립하여 종래대로 발행할 수는 없었기 때문에 하나의 신문이라도 착실히 발행하도록 합병지 <전북일보>의 발간 사업에 당분간 자진휴간 상태에서 동참했던 것으로 밝혀졌다.15) 이들 신문사는 <전북일보>의 1950년 10월 15일 1면에 "시국은 전체 복구와 민심안정과 실지회복의 중대 단계에 돌입하여 청신강력한 언론이 지극히 요청되어 종전의 <전라신보> <전주일보>는 도당국의 양해 밑에 금년 12월 말일까지 자진휴간하고 <전북일보>가 도당국의 협력지로서 단일지로 발간하게 되었다"고 분명히 입장을 밝혀 그 사실을 뒷받침하고 있다.16) <전주일보>는 <전북시보>로 발행되다가 다

13) ≪전북일보 60년사≫2010, 53~54쪽 재인용.
14) <전북일보> 1965년 10월 10일 3면.
15) <전북일보> 1956년 9월 15일 1면.
16) ≪전북일보 60년사≫2010, 화보 재인용.

시 환원되었지만 계속해서 발행할 능력이 없어 1955년 8월 16일, 일정 기간 간행실적이 없으면 발행허가가 자동 취소되는 공보부령 제1호 '정기간행물 허가 정지에 관한 건'에 의해 폐간되었다.17)

1951년 2월 적산관리체제에 놓여 있던 <전북일보>는 박용상이 귀속재산 관리인으로 정식 임명되면서 실질적인 관리인이 되었다. 그해 11월 5일 귀속주식 4천960주를 불하받아 11월 30일에는 판권허가를 획득했다.18) 1951년 12월 23일에는 임시 주주총회를 개최하여 임원을 선출했다. 이사 사장에 이승룡, 전무이사 편집국장에 박용상, 상무이사 총무국장에 최정한, 상무이사 영업국장에 은성후, 그리고 이사에 이우식 최승열 김원전 김승태 남궁현 이정수, 감사에 김영기 양만기 송방용을 각각 선출하여 경영의 진용을 갖추었다.19) 이듬해 8월에 미 군정청의 귀속재산인 전주시 고사동 1가 148번지의 건물을 사옥으로 불하받았다.20) 1958년 4월 30일 임시 주주총회를 열어 임원을 개선한 결과 이사 사장에 박용상, 부사장에 최정한 오명순이 선출됐다.21) 박용상이 경영의 2선에서 머물러 있다가 3사 통합 8년 만에 제2대 사장으로 선출된 점이 주목을 받는다.

전쟁 속에서 탄생한 <전북일보>는 전황을 알리는 도민들의 전령사였다. 생명을 담보할 수 없는 최전선과 공비토벌작전이 벌어진 지리산 일대에 기자들을 파견하여 생생한 전황과 국군의 활약상을 지면에 기록했다.

---

17) ≪한국신문백년지≫1983, 523쪽.
18) ≪전북일보 10년사≫1984, 118쪽.
19) <전북일보> 1965년 10월 10일 4면.
20) ≪전북일보 10년사≫1984, 118쪽.
21) <전북일보> 1965년 10월 10일 4면.

1952년 1월 6일 2면 톱기사는 '국군의 감투기록·본사 보도진 결사종군'이라는 제목 아래 파견내용과 종군기자 6명의 얼굴 사진을 실었다. 생명을 위협받는 극한적인 상황에서도 총 대신 펜을 들고 전후방 전장에 들어간 기자는 편집국장 박용상과 윤석호 조대식 구연서 이윤수 인주완 기자 등이었다. 박 국장은 두 기자와 함께 지리산지구 공비토벌작전에 종군하여 국군의 작전을 지휘한 백선엽 장군과의 단독 진중 회견담을 보도하여 독자들의 눈길을 끌었다.22)

그 후 보도반은 종군기와 강연, 사진전까지 기획하고 다시 긴장감 도는 전선을 찾아 나섰다. <전북일보>는 1952년 6월 11일 지면에서 "지난 11개월간 지루하게 나가는 판문점 정전회담으로 전선의 긴장도가 더욱 심각하여 6월 공세설이 널리 유포되고 있다. 박용상 편집국장이 조대식 사진부장, 이윤수 종군기자 등을 대동하고 판문점을 중심으로 전선 일대에 종군하여 처음부터 끝까지 궤변과 독설로 늘어놓는 적의 흉책을 폭로하려고 한다. 포성이 진동하고 초연이 자욱한 전투장면을 생생하게 보고하며, 귀환 후에는 6·25 멸공국민 궐기대회를 마련하여 현지보고 강연과 생사의 경지를 넘나들며 촬영한 조대식 기자의 종군사진전을 개최할 예정"이라고 밝혔다.23)

이들 종군기자의 전쟁보도 첫 기사는 1952년 6월 17일 1면에서 중톱 상자기사로 실렸다. 박 특파원이 중서부전선에서 보낸 이 기사는 '전북출신 장병 진중 좌담회-중서부 ○○기지서'라는 제목으로 영관 1명과 위관 2명에 대하여 각 사진과 함께 충천하는 사기를 곁들였다. 기사 끝에는 '군검필' 직인이 찍혀있다. 긴장감에 싸인 전선에서 보도 통제가 철

---

22) <전북일보> 2010년 6월 1일 38면 재인용. ≪전북일보 60년사≫2010, 163쪽.
23) <전북일보> 1952년 6월 11일 2면.

저했던 것을 알 수 있다. 그 때 박용상은 이승룡 사장 밑에서 발행 겸 편집인을 맡고 있었다.24) 신문이 인쇄될 때가 되면 시민들이 전쟁 소식을 접하려고 신문사 앞에 줄을 설 정도였다.

<전북일보> 기자를 했던 진기풍은 "중앙 일간지들을 볼 수 없던 상황에서 <전북일보>가 전황을 알려주는 유일한 통로였다. 신문이 나올 때쯤이면 사옥 앞에는 조금이라도 일찍 신문을 받아보려는 사람들로 인산인해를 이루었다. 시시각각의 전황을 알리기 위해 속보까지 내려고 10명도 안 되는 신문제작 인력이 밤샘 작업을 하는 것은 예사였다"고 회고했다.25)

전국 지방지 최초로 4면 증면

<전북일보>는 1953년 5월에 인쇄공장을 증·신축하여 지면을 종전의 타블로이드판 발행에서 배대판으로 키웠다. 시간당 2만 부 이상 발간할 수 있는 고속도 윤전인쇄를 시작하였다.26)

사옥 본관이 협소하여 인쇄공장을 별도로 착공한지 1년 6개월 만인 1954년 상반기에 준공했다. 총 건축 면적 330㎡(100평)에 2층 벽돌건물인 이 건물에 문선부 식자부 주자부 연판부 기계부 제본실 발송실 윤전기부 등 각종 설비가 들어섰다. 부속품 시설에만 50만 환이 투입된 신식 일본제 윤전기(TKS 기종)의 거치는 신문제작시간을 크게 단축하여 종전에 7, 8시간이 걸리던 신문인쇄가 1분에 600장, 1시간이면 3만 6천 장을 인쇄하게 되었다.27)

---

24) <전북일보> 1952년 6월 17일 1면.

25) <전북일보> 1999년 4월 6일 7면.

26) <전북일보> 1965년 10월 10일 4면.

1956년 10월 20일부터는 종전 2면제에서 매일 배대판 4면으로 증면하여 간행하였다. 신문은 이날 사설에서 "지면의 확장은 이미 서울에 있는 각 신문이 선행하고 있었지만 지역에 있는 신문으로서는 전국 효시를 이루어 당당히 선도를 구사하게 되었다"면서 "좁은 지면으로서 긁어주지 못했던 도민의 가려운 데를 넓은 지면으로 샅샅이 긁어주는 것은 물론, 종전에 신문이 표방한 지론(持論) 및 명제에 일보 전진하여 새로운 각도에서 모색을 시도하겠다"고 다짐했다.28) 신문의 증면은 1962년 9월 4일에 4면에서 6면으로, 1969년 9월 1일에는 일요일만 8면 발행하던 것을 목요일판도 8면으로 늘려 주당 28면에서 32면으로 발간하게 되었다.29)

2. 〈삼남일보〉로 거듭난 〈군산민보〉

제호 바꾸고 〈태백신문〉과 통합해 재발족

〈군산민보〉는 1949년 3월 1일 사옥을 군산에서 이리시 호남동 53번지로 이전하였다.30) 1950년 3월 경영진은 초대 사장인 육복술, 주간 육만술, 주필 전평배, 영업국장 현부남, 기획국장 배상철 등으로 구성되어 있었다.31) 5월 17일에는 2대 사장으로 육복술의 동생인 육영술이 취임하였고 신문의 제호도 〈삼남일보〉로 바꾸었다. 제호 변경에 맞춰 부사장

---

27) <전북일보> 1954년 5월 12일 2면.

28) <전북일보> 1956년 10월 15일 1면. <전북일보> 1956년 10월 20일 1면.

29) 《전북일보 10년사》1984, 118쪽.

30) 《전북일보 10년사》1984, 113쪽.

31) 《전북연감》1950, 448쪽.

임치성, 총무국장 정귀룡, 편집국장 전평배, 업무국장 송기환 등으로 개선하여 임원과 간부진에 변화를 주었다.[32) 제호를 고쳐 기호령(畿湖嶺)의 삼남지역에 군림하려는 웅지를 펼쳤지만 시운이 불리하여 6·25전쟁을 만나 테러 피습 이후 또 발간을 중단하지 않을 수가 없었다. 수복까지 만 3개월간의 휴간을 겪었다.[33)

두 번째 휴간을 거쳐 수복 후 10월 1일 속간 당시 신문사 임원 및 간부는 사장 육영술, 주필 및 편집국장 천길선, 편집부국장 이덕구, 편집부장 전사진이었다. 1951년에는 이덕구가 편집국장으로 이동하여 제작진에 변동이 있었다.[34)

1952년 3월 전주에서 창간된 자유당 산하단체인 대한청년단 전북도단 기관지 <태백신문>이 대한청년단의 해체로 폐간되면서 판권이 취소되었다. 도단 단장 손권배가 그 맥을 잇기 위해 <태백신문>의 인력을 기반으로 <삼남일보>를 인수했다. <태백신문>의 주간을 역임했던 자유당 전북도당 부위원장 손권배는 1953년 12월 <삼남일보> 제3대 사장에 올랐다. 지면은 대판 2면의 지형을 갖추고 있을 때였다.[35) <삼남일보>는 <태백신문>과 통합 재발족함에 따라 1954년 1월 12일 다음과 같이 편집업무 진용을 혁신 강화했다. 편집고문 신석정, 편집국장 정희남, 편집위원 이중구 김연택 이덕구 임철, 업무국장 김철수, 정치부장 서정태, 경제부장 오두선, 사회부장 안일, 취재부장 송완영, 지방부장 조병채, 정리부장 양동균, 사회부 차장 최성휴.[36) 앞서 <삼남일보>는 1953년 3월

---

32) <경향신문> 1950년 5월 17일 2면. 이치백, 구술.
33) <기자협회보> 1967년 9월 15일 8면.
34) 《익산시사》2001, 1989쪽.
35) <삼남일보> 1955년 12월 3일 1면. 《전북일보 10년사》1984, 113쪽. 이치백, 구술.
36) <삼남일보> 1954년 1월 12일 1면.

1일 육영술은 발행 편집 겸 인쇄인 자리에서 유임시키고 초대 사장 육복술은 고문으로 위촉했으며 이사 총무국장에 윤명섭, 이사 업무국장에 안홍양, 이사 전주지사장에 김지준, 이사 남원지사장에 서태식, 이사에 백석규를 배치하여 경영체제를 바꾸었다.[37]

　1954년 2월 18일 이리에 있던 사옥을 전주시 서인동(현 다가동 3가) 105번지로 이전했다.[38] 전주로 이전하면서 <전북일보>와 본격적인 경쟁시대에 돌입하게 되었다. 그동안 많은 신문들이 명멸하였으나 이때부터는 두 신문이 비교적 안정된 환경에서 경영과 편집의 우위를 놓고 경쟁을 치열하게 펼쳤다.[39] 사옥으로 쓰였던 전주시 서인동 구 한청회관은 그 위치가 도심에서 떨어진 변방에 있었기 때문에 업무에 지장이 막대하여 사옥이전 2개월 만인 4월 19일 도시 중심가인 전주시 문화동(현 경원동 1가) 104의 1번지의 전북도청 앞 옛 육군감찰부 자리로 사옥을 다시 옮겼다.[40]

　사무(社務)와 자유당 당무를 맡고 있던 손 사장은 1954년 4월 11일[41] 그동안 발행 편집 겸 인쇄인 육영술에 집중된 권한을 나누어 육영술은 발행인만 담당하게 하고, 편집인은 정희남, 인쇄인은 김철수로 분산했다.[42] 하지만 4일 동안 지면에서 보여준 보직 인물들의 변경을 보면 무엇인가 긴박하게 돌아가는 상황을 짐작할 수 있다. 4월 12일 1면 제호 하단의 판권에 보직이 없었던 정희남은 13일에 편집인으로 게재되었다

37) <삼남일보> 1953년 3월 3일 1면.

38) <삼남일보> 1954년 2월 18일 1면.

39) 《광복 50년 전북발전사》1996, 574쪽.

40) <삼남일보> 1954년 4월 21일 1면.

41) <삼남일보> 1954년 4월 12일 2면.

42) <삼남일보> 1954년 4월 13일 1면.

가 14일에는 보직이 해임되고, 16일에 편집국장으로 이동하는 등 숨 가쁘게 인사이동이 진행되었다.[43]

무기 정간 몰고 온 오식 사고

정부와 언론의 갈등이 심화되면서 언론의 비교적 단순한 실수도 정부의 제재는 엄혹하였다. 당시는 원고에 따라 활자판에 납으로 만든 활자를 하나하나 골라 꽂아서 신문을 제작하는 과정을 거쳤기 때문에 오식(誤植)은 거의 불가피한 점이 있었다.

어느 신문사나 교정부가 있었고 숙련된 부원이 재교, 삼교까지 교열하지만 오식은 흔하여 약방의 감초처럼 붙어 다녔다. 독자들은 웬만한 오식은 너그럽게 이해를 하는 것이 일반적이었다.[44] 그러나 정부의 강경한 대응은 평소 불만을 가진 언론에 대한 탄압의 의지를 드러낸 것과 다름이 없다.

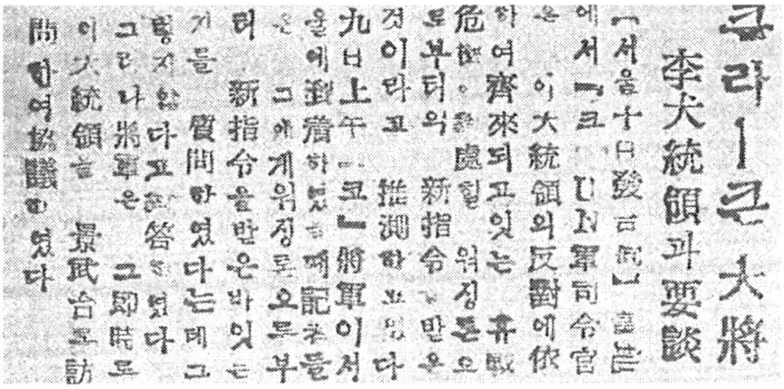
클라ㅣ크 大將
李犬統領과 要談

[그림 13] 대통령을 견통령으로, <삼남일보> 1953년 7월 11일 1면.

43) <삼남일보> 1954년 4월 12일 1면. <삼남일보> 4월 13일 1면. <삼남일보> 4월 14일 1면. <삼남일보> 4월 16일 1면.

44) 김영호, 2004, 205쪽.

<삼남일보>는 1953년 7월 11일 오식 사고가 발생하였다. 1면 1단 크기의 기사 제목에 [그림 13]과 같이 '이대통령(李大統領)'을 '이견통령(李犬統領)'이라고 오식한 것이다.45) 한자로 '대(大)'와 '견(犬)'이 형상이 비슷하여 일어난 사고였다. 점 하나에 지나지 않아 자칫 잘못을 저지를 수가 있지만, 그 말뜻은 '개대통령'이 되므로 고의성이 있다고도 보기 쉽다.

갈홍기 공보처장은 이와 관련하여 1953년 8월 12일, 공교롭게 역시 '대통령'을 '견통령'으로 오식한 <국민일보>와 함께 <삼남일보>의 무기 정간 처분에 대한 담화를 발표했다. 이 담화문은 "기사 중 대통령의 대(大)자를 견(犬)으로 오식함으로써 국가원수의 존엄을 모독한 중대한 과오를 범하고 사회적으로 커다란 물의를 일으키게 되어… 두 신문을 8월 5일 무기 정간에 처하는 단호한 조치를 취하였다"고 밝혔다.46)

이 사고로 사장 겸 편집국장 육영술, 문선부장 이태용, 교정부장 박종운 등 관계자들이 구속되었고, 경찰의 치안 재판을 통해 구류 처분을 받았다.47) 신문은 공보처의 무기 정간 조치에 따라 1953년 8월 13일부터 정간에 들어가 9월 21일 해제되었으나, 자체 내부 제작준비 과정을 거쳐 10월 1일 속간하게 되었다. 속간 날짜에 신문사는 한병선 이덕구 안일을 편집위원으로 임명하고, 안일은 편집부국장을 겸하게 하였다. 또 김용채를 편집부장으로, 전주분실에 있던 이치백 기자는 본사 근무를 하도록 하는 등 신문사의 면모를 일신하였다.48)

---

45) <삼남일보> 1953년 7월 11일 1면.

46) <동아일보> 1953년 8월 15일 2면.

47) 김민환, 1996, 457쪽.

48) <삼남일보> 1953년 10월 1일 1면.

[그림 14] 연이어 오식 사고 낸 <삼남일보>. 1953년 7월 30일 1면.

일련의 오식 사고가 활자의 점 하나 때문에 일어난 것으로 신문계에 알려지자 아예 '대통령'이라는 세 글자를 한데 묶은 활자를 만들어 쓰는 서글픈 촌극까지 벌어졌다. 오식으로 말미암은 필화사건을 예방하자는 뜻에서였다.[49]

<삼남일보>는 정전 직후였던 1953년 7월 30일에 1면 톱기사에서 위와 같이 '이대통령 휴전에 중대성명(李大統領 休戰에 重大聲明)'을 '이대통령에 휴전 중대성명(李大統領에 休戰 重大聲明)'으로 제목을 잘못 뽑아 오식 사고는 19일 만에 재발하고 말았다.[50] 대통령과 관련된 제목편집에서 글자 하나가 순서가 바뀌어 인쇄되었다.

신문은 8월 2일 1면에 '오식이었기에 삼가 정정한다'는 보도를 하고 제목을 올바로 잡았다.[51]

---

49) 김영호, 2004, 208쪽.

50) <삼남일보> 1953년 7월 30일 1면.

51) <삼남일보> 1953년 8월 2일 1면.

주주총회에서 빚어진 내부 파동

1955년 11월 28일과 30일 이틀간 속개된 제1기 정기주주총회가 열렸다. 손권배 사장이 취임한 1953년 12월을 기하여 법인체로 재발족했으나 2년 동안 주주총회를 한 번도 개최하지 못한 상황이었다. 이날 회의에서는 회사의 획기적인 발전을 위하여 전 임원이 총사직을 결의하였다. 그런 다음, 회사 정관에 의거하여 이사에 김원전 김철수 정희남 김삼만 윤기영 백남혁 오치술 김택술 이경수 원성호 박동근 등 11명을 선출하고, 감사는 박세경 김연택 김희수 등 3명을 선출했다. 주주총회의 결의에 의하여 1955년 12월 1일 개최된 이사회에서는 이사회 회장(육영술) 보류, 이사 사장 박동근, 대표이사 겸 주간 김철수, 전무이사 겸 편집국장 정희남, 상무이사 겸 업무국장 윤기영 등을 선임하였다.[52] 12월 3일 손 사장이 취임 2년 만에 물러나고 제4대 사장에 박동근이 취임을 하게 되었다.

손 사장은 퇴임사에서 "전북 정계의 거성인 박동근이 선출되고 <태백신문> 이래 신문사의 쌍벽 담당을 하여 공로가 많은 김철수와 정희남을 중심으로 중역진이 강화되었으니 <삼남일보>의 양양한 전도는 이미 보증을 받았다"고 밝혔다.[53] 박동근 김철수 정희남에 무게를 상당히 실어주는 발언으로 알 수 있다.

'대표이사 회장과 발행인 겸 편집인과 정기총회 의장' 육영술은 사장이·취임식이 있었던 다음날인 12월 4일 <삼남일보> 지면에서 "11월 28일 개최된 정기주주총회에서 주식행사권 문제로 법적 견해의 해명을 얻기 위하여 의장의 선언으로 잠시 휴회를 하였는데, 이를 이용하여 불

---

52) <삼남일보> 1955년 12월 3일 2면.
53) <삼남일보> 1955년 12월 3일 1면.

법적인 회의를 속개하고 비법결의를 감행하고 행사하려고 하는 것은 법적인 효력이 전연 성립되지 않는다"면서 회의결과를 일절 무효라고 선언하였다.[54]

주주총회 이후의 파동으로 1956년 1월 3일까지 발간하고 휴간에 들어간 신문은 10일이 지난 1월 13일 '발행 편집 겸 인쇄인 육영술' 체제로 복간을 하게 되었다. 신문사는 이날 "향후 개최될 주주총회에 의한 합법적이고 정상적인 운영체가 확립될 때까지 과도적인 기구로서 본보 전체 사원들로 운영대책위원회를 조직하는 한편, 중견사원들을 책임운영위원으로 선정하여 계속 신문을 발간하게 되었다"고 밝혔다.[55] 박 사장은 실질적으로 취임 한 달만인 1956년 1월 3일 그 자리에서 물러나고, 경영은 육영술 책임제로 돌아가게 된 셈이다.

<삼남일보>는 1956년 5월 24일 주주총회 소집을 이사회에 제의하였으나 이에 불응하여 7월 3일 전주지방법원 군산지원의 주주총회 소집 허가를 얻어 7월 20일 열었다.[56] 이날 총회에서는 신임 이사의 선출이 있었다. 이사는 정세환 김삼만 임동환 주강로 육영술 김영수 김원전 백남석 손권배였고, 감사는 이석천 임인영 서태식이 뽑혔다. 이어 7월 22일 개최된 이사회 회의 결과 대표이사 사장 정세환, 대표이사 부사장 김삼만, 전무이사 총무국장 주강로, 상무이사 편집국장 임동환 등으로 경영진을 다시 정리했다. 회장과 주필직은 보류되었다. 이로써 수차에 걸쳐 경영 문제를 둘러싸고 일어났던 잡음이 일소됐다.[57] 7월 25일 제5대 정 사장이 취임하였다.[58]

---

54) <전북일보> 1955년 12월 4일 2면.

55) <삼남일보> 1956년 1월 13일 1면.

56) <삼남일보> 1956년 7월 8일 1면.

57) <삼남일보> 1956년 7월 25일 1면.

이번 주주총회의 의결에 의하여 대표이사 겸 이사 박동근, 이사 김철수 김택술 정희남 백남혁 윤기영 이경수 원영희 김원전 오치술, 감사 박세경 김연택 김희수는 7월 27일 집단으로 해임되었다.[59] 한바탕 나타났던 소동이 잠재워진 것으로 알 수 있다.

정세환 사장과 발행 편집 겸 인쇄인 육영술의 경영 구도로 안정권에 들었던 것으로 보였던 신문사는 9월 4일 판권 소유자인 발행인이 중앙공보실장의 허가를 받아 종전의 육영술 명의가 대표이사 김삼만으로 변경됐다. 정 사장도 취임 한 달여 만에 단명으로 퇴진하고 제6대 대표이사(발행 편집 겸 인쇄인)에 김삼만이 취임하면서 신문사는 변환점을 맞았다.[60] 한동안 파란을 일으켰던 주주총회의 파동은 다음과 같은 사건을 살펴보면 자유당 전북도당의 일부 간부들이 저지른 난동에서 비롯된 것으로 알 수 있다.

자유당 전북도당의 〈삼남일보〉 몰수공작 사건

1955년 11월에 발생한 세칭 '자유당 전북도당 의옥(疑獄)사건'은 집권정당의 간부들이 신문사 인사권을 불법으로 강탈하는 등 전횡을 일삼아 세간에 일대파문을 일으켰다고 언론은 전하고 있다.

이 사건은 자유당 전북도당 간부들 사이에 당비와 공금을 횡령한 혐의 등이 드러나면서 발단이 되었다. 사건 초기에는 정상비(적성감위 축출 투쟁비)의 횡류, 사기, 횡령, 그리고 국가보안법 위반 혐의 등등 서로 얽히고설켰으나 마침내 조직부장 오치술, 선전부장 이경수, 사회부장 김

---

58) 〈삼남일보〉 1956년 7월 25일 1면.
59) 〈삼남일보〉 1956년 7월 29일 1면.
60) 〈삼남일보〉 1956년 9월 15일 1면.

철수 등이 검거됨으로써 문제가 중대화되었다. 여기서 정상비의 횡류액은 70여만 환에 달하였다. 이 중 30만 환은 앞에서 말한 1955년 11월 28일 주주총회부터 시작된 <삼남일보> 몰수공작비로 유용된 것이며, 나머지 40여만 환은 도당의 부족한 비용에 소비해버렸던 것이다. 이들은 공모를 하거나 단독으로 자유당이라는 '백'을 빙자하여 또는 부장 직위를 이용하여 전주에서 발간되는 모 일간 신문사에서 공갈하여 금품을 받은 사실도 있었다.[61]

<삼남일보> 불법 점유에 대한 혐의 내용은 <동아일보>가 1956년 1월 27일 지면에 다음과 같이 보도하였다.

"국가보안법 위반 혐의로 현재 전북경찰국에서 구속 문초 중인 자유당 전북도당 조직부장 오치술은 이경수 김철수 등과 결탁하여 '자유당 도당부 상집(常執)'의 결의를 운운하고 전주 <삼남일보>를 강권으로 불법 점유한 후 40여 일간이나 발간하였다. 더욱이 빨치산 출신으로 6 · 25 당시 '인민보' 총책을 겪은 정희남을 편집국장으로, 또한 6 · 25 당시 부안군당 인민위원장이었던 신석정을 편집고문 등으로 임명한 사실이 드러남으로써 '횡령' '사기' 혐의에서 다시 국가보안법 혐의로, 이 사건은 국면의 해부대에 올랐다. 이와 같은 자유당의 불법행위는 지난해 12월 24일 전주지방법원 군산지원에서 '가처분' 조치를 받게 되고 12월 31일에는 공보실로부터 '불법간행물'로 인정되어 지난 1월 4일부터는 휴간되고 말았다."[62]

수사를 진행한 전주지검은 2월 19일 이 사건의 관련자들을 기소했다. 이 가운데 오치술은 살인, 김철수는 업무상 횡령 및 사기 공갈, 정희남

---

61) <동아일보> 1956년 1월 26일 3면.
62) <동아일보> 1956년 1월 27일 3면.

은 업무상 횡령 공갈교사 등의 혐의로 기소했다.[63] 이들에 대한 판결공
판은 6월 7일 전주지방법원에서 개정돼 오치술은 징역 5년, 김철수는 징
역 1년 6개월, 정희남은 징역 1년의 실형을 각각 선고 받았다.[64] 10월
29일 광주고등법원에서 항소심판결 공판이 개정되어 전주지방법원의 1
심 판결보다 가벼운 선고가 있었다. 오치술은 면소(免訴), 김철수는 벌금
3만 환, 그리고 정희남은 병보석으로 분리 판결, 선고하지 않았다.[65]

3. 〈호남일보〉로 이어진 〈군산신문〉

전쟁으로 사옥과 시설 전파

1950년 3월 사장 김종량, 부사장 김준권, 영업부장 정찬구 등의 경영
진이 운영하고 있었던 〈군산신문〉은[66] 1년 전인 1949년 3월 이리지역
으로 옮겨간 군산시 금동에 있었던 〈군산민보〉의 사옥을 구입하여 발행
하던 중 6·25전쟁으로 사옥과 제작시설이 전파됐다. 그 후 다시 군산시
중앙동으로 이전하여 타블로이드판으로 발행했으나 경영난에 빠졌다.[67]

군산지역에서 기자직의 인기는 매우 높았던 것으로 볼 수 있다. 군산
출신 언론인 나필성은 "1950년 전쟁이 일어나 사회가 혼란했지만 〈군
산신문〉이 실시한 기자 공모에 60~70명이 응시했고, 5명이 합격하였
다. 기사작성 제목은 '소방서에 불이 났다'로 기억한다. 월급은 5만 원이

---

63) 〈삼남일보〉 1956년 2월 21일 2면. 〈전북일보〉 1956년 2월 21일 2면. 〈경향신문〉 1956년 2 월
    22일 3면.

64) 〈삼남일보〉 1956년 6월 8일 2면. 〈전북일보〉 1956년 6월 8일 2면.

65) 〈동아일보〉 1956년 11월 4일 3면.

66) ≪전북연감≫1950, 448쪽.

67) 김영선, 1983, 335쪽.

었다"고 말했다. 1951년 2월 <군산신문>에서 기자생활을 시작한 그는 "당시 사옥은 군산시 중앙로에 있었다. 나는 시청 출입을 맡았고 법원·검찰팀, 학교담당 출입기자가 있었다. 경영 및 편집진은 사장 김종량, 주필 김준권, 총무국장 현부남, 편집부장 김홍래, 사회부장 염태섭, 기자 원상식 등으로 짜여 있었다"며 언론계에 첫발을 내디딘 시기를 기억했다.[68]

앞에서 살펴본 것과 같이 전쟁으로 2개월 넘게 휴간했지만 9·28수복 후 1950년 10월 1일 속간된 <군산신문>은 경영을 김종량 사장의 아우이며 부사장인 김갑영이 주관하다가 1952년 3월 1일에는 김종량이 사장직에서 물러나고 그 자리에 김 부사장이 취임했다. 당시의 자본금은 1천만 원(圓)이었고 발행부수는 4천500부에 달했다. 1955년에는 편집강령을 '민주언론의 창달로써 국민의 민주적 발전에 기여함과 동시에 지방문화 향상을 도모함을 목적으로 한다'로 제정하였다.[69] 당시 사원은 46명이었으며, 지사 8개소, 총국 6개소, 지국 13개소, 그리고 분실이 3개소가 있었다.[70]

임금인상 요구하며 파업 돌입

군산시내에 있는 대한노총 군산출판노동조합과 군산신문사의 7개 인쇄업주 간에 임금인상문제로 야기된 노동쟁의사건은 전북도 당국의 알선으로 6개 사업장은 해결을 보았다. 그러나 군산신문사는 노동쟁의조정법에 의하여 1955년 12월 12일 전북도 노동위원회에 회부하게 되었

<hr>

68) 조종안, 2013, 47쪽.
69) 《전북일보 10년사》1984, 114·121쪽.
70) 《한국신문백년지》1983, 569쪽.

고, <군산신문> 공무국 근로자들이 12월 8일을 기하여 파업에 미리 돌입했다. 그해 처음으로 발생한 이 노동쟁의는 군산출판노동조합 측이 현행 노임으로서는 최저생계유지가 곤란하므로 1955년 10월 15일 <군산신문>에 대하여 임금을 인상 지급해 줄 것으로 요구하였으나 사업주 측이 업무수지 균형상 임금을 인상할 수 없다고 밝힌 데서 벌어졌다. 공무국 조합원들은 임금 최고액 1만 500환으로는 부수입이 없어 상승일로에 있는 물가지수에 비추어 인상이 필요하다고 주장하였다.[71)]

<군산신문>은 1955년 11월부터 공무국 종업원들이 임금인상 요구를 계기로 부사장 김갑영과 노동쟁의가 전개되어 파업과 직장폐쇄로 휴간 중에 있었다. 그동안 행정당국의 알선 및 도 노동위원회의 조정이나 중재판정이 있었지만 쌍방은 이에 불응하고 1956년 1월 13일 중앙노동위원회에 재심 요구를 한 바 있었는데 재심이 각하되었다. 각하된 이유는 원심 중재판정이 지역 실정을 참작하여 취한 것이 기록상 분명하다는 것이다. 따라서 이 노동쟁의는 일단락을 짓고 원심판정대로 3할 내지 4할이 인상되는 것으로 확정되었다. 사용자 측은 이를 전적으로 수락하여 곧 속간하게 되었다.[72)]

한 때 사옥을 이리로 옮기고 제호도 6·25 때 없어진 <전라신보>로 변경하는 방안을 정식 신청하여 전북도 당국의 부심을 거쳐 중앙에 전달함으로써 실천전야에 놓이게 되었다.[73)] 김종량 사장으로부터 김갑영이 일체 운영권을 위임받은 이 신문은 계속 운영난에 봉착하여 자진 폐간의 위험 수위에 있었던 시점이었다.[74)]

---

71) <전북일보> 1955년 12월 10일 2면.
72) <전북일보> 1956년 3월 15일 2면.
73) <전북일보> 1956년 1월 24일 2면.
74) ≪남원지≫ 1992, 1423쪽.

4. 〈이리방송국〉과 전시에 개국한 〈남원방송국〉

폐쇄위기 전주연주소의 새 청사 마련

방송은 정부수립과 동시에 국영으로 체질이 바뀌었다. 1948년 8월 7일 국회를 통과한 정부조직법에서 방송국이 정부의 하부 조직으로 흡수돼 '대한민국 공보처 방송국'으로 국영화되었다. 이러한 결정에는 북한과의 대립상황에서 전파 홍보매체를 직접 소유하려는 정부의 의지와 방송협회의 부실한 운영 형편 등이 작용한 것이다.[75]

<KBS>는 대북대일(對北對日) 방송을 하는 등 방송규모가 커지고 프로그램의 내용도 다양해졌다. 1950년 3월 24일 국회에서 통과된 지방 방송국 설치법이 4월 10일 공포되어 이날부터 <KBS>는 '공보처 서울방송국'으로, 각 지방 방송국은 '공보처 ○○방송국'으로 개칭되는 등 지방 방송국 조직이 정식으로 법제화되어 정부기구가 됐다.[76] <이리방송국>은 국장 김태식, 업무과장 구춘회, 방송과장 성기석 등이 이끌고 있었던[77] 1950년 7월 19일께 6·25로 북한군이 이리에 침입하기 전날 아침, 라디오 방송을 중단하고 방송기기를 방공호 밑에 따로 따로 묻어놓고 피난길에 올랐다. 그때 점령당한 국내 방송국이 전부 파괴된 반면 <이리방송국>은 청사 현관부분이 약간 파손되고 건물 여러 곳에 총탄 자국만 남아 있을 뿐이어서 수복된 다음 10월 5일부터 방송을 할 수 있었다. 전쟁으로 송신소가 철수한 마당에 모든 지방 방송국이 그랬던 것처럼 <이리방송국>도 자국에서 레코드음악으로 약 20여 일 동안 방송

---

75) 최창봉·강현두, 2001, 77~78쪽.

76) ≪전주방송 50년사≫1988, 105~106쪽.

77) ≪전북연감≫1950, 446쪽.

시간을 채웠다.[78] 방송 프로그램은 대민 선무공작반으로 활동하던 전북 경찰국 공보계 직원들이 중심이 되어 제작된 반공드라마가 매주 수요일에 배정된 경찰시간에 방송되었다. 해방 직후에는 교통안전, 불조심, 위생 계몽극 등이 주로 방송됐었다.[79]

전주연주소는 1955년 9월 운영난으로 폐쇄의 위기까지 처했다. 피아노나 녹음기 한 대가 없는 시설의 악조건에서도 행정치안기관을 비롯하여 전북에 있는 각 기관의 공보선전사업에 최대한 이용되고 있었던 것이다. 이같이 향토방송업무량에 비해 공간은 협소하였고 그 시설은 형편이 없어서 주요 기술자가 잇달아 이직을 하는 등 계속운영이 불가능하여 폐쇄설이 나돌고 있었다.[80]

전북도 기관장들은 여러 차례에 걸쳐 전주연주소의 운영방안을 결의했지만 추진에 진전이 없었다. 1955년 9월 15일 회의를 열어 연주소 현안을 집중적으로 거론했다. 이날 회의에서는 적절한 대책과 추진을 기하기 위해 박동근 도의회 의장, 전북도 심상대 내무국장, 박용상 <전북일보> 편집국장 등 3인을 새로 추진위원으로 결정하였다.[81] 그 결과 1958년 9월 29일 전주시 고사동 430의 1번지 구 전주시 보건소가 있던 대지 1,584㎡(479평)에 296㎡(89.38평)의 본관과 93㎡(28.1평)의 부속건물이 들어서는 방송국 청사를 새로 건립하여 이리에 있던 방송의 기능을 옮기고, 전주시 고사동에서 운영해 왔던 전주연주소를 이곳으로 이전했다.[82] 제반시설을 갖추고 일제 이후의 구각을 벗고 그 기능과 역

---

78) ≪전주방송 50년사≫1988, 114~115쪽.
79) ≪전주방송 50년사≫1988, 109쪽.
80) <전북일보> 1955년 9월 2일 2면.
81) <전북일보> 1955년 9월 16일 2면.
82) ≪전주방송 50년사≫1988, 123~124·252쪽.

할을 발휘하게 되었다. 연주소는 소장을 비롯하여 아나운서 3명, 기자 3명, 기사 4명 등 11명이 운영하였다.[83]

전주연주소는 1958년 6월 전속단체인 극회를 조직하였다. 작가진으로는 연극인 김구진 김진욱 조진구 전환, 시인 신근, 시나리오 작가 김종환 등이 드라마를 집필하였고, 출연진으로는 정경수 이종호 박길추 최동욱 최선자 최훈 유정순 고영은 이현 등이 활약상을 보였다.[84] 작품은 농촌을 배경으로 삼은 단막극으로 1주일에 1회씩 15분간 방송되었으며, 제작된 단막극은 전주연주소에서 유선으로 <이리방송국>에 송출, 방송되었다.[85]

전주에서 〈전주방송국〉으로 새롭게 탄생

1959년 3월 27일 지방 방송국 명칭, 위치 및 관할구역 개정에 관한 대통령령 제1464호의 발효에 따라 <이리방송국>이 <전주방송국>으로 명칭이 변경됐다. 연주장비 일체를 전주로 옮긴 다음 호출부호 HLKF, 출력 10kW, 주파수 570㎑를 그대로 인수하여 그해 4월 11일에 정식으로 개국하였다. 종전의 <이리방송국> 건물은 <전주방송국> 송신소가 되었다.[86]

방송국의 이름이 개칭되면서 처음 모집한 보도기자에 조남민 김홍기 김갑식 등 3명이 채용됐다. 이들 기자들은 전북도청, 전주시청, 전북교육위원회, 전북경찰국 등 각 기관을 출입하면서 지역개발사업과 농어

---

83) <전북일보> 1959년 1월 1일 5면.
84) 김종환, 1993, 305쪽.
85) ≪전주방송 50년사≫1988, 109~110쪽.
86) ≪전주방송 50년사≫1988, 124 · 252쪽.

촌 소득증대사업, 그리고 각종 사건사고 등을 뉴스 시간에 보도하였다. 영국제 휴대용 녹음기가 배정되어 한층 현장감 있는 보도가 가능해졌다. 그 동안은 방송국의 아나운서 등 1,2명이 각 관공서나 기관의 공지사항 등을 수집해서 알려주는데 그쳤지만 보도기자가 취재활동을 전개함으로써 방송국이 활기를 띠었다. 이어 기자를 정재형 이재현 강호경 등 7명으로 증원해 뉴스 보도가 로컬 프로그램의 17.2%를 차지하게 되었다.[87]

1959년 9월 25일 방송의 시민화를 위해 전주방송국 자문위원회가 처음으로 조직됐다. 자문위원회 위원은 진기풍 유승국 유기수 차철훈 김종환 임인영 임동환 유성근 전한상 송경진 등이었다. 이 위원회는 시민과 호흡을 같이 하기 위하여 전주시민의 날 제정을 추진하여 오늘날 행사의 초석이 되었다.[88]

공비 토벌작전의 선무공작 담당

한국전쟁이 한창이던 1952년 10월 25일 남원지역에 최초로 <남원방송국>이 개국하였다. 공비의 출몰지구인 지리산에 가까운 지역에 선무공작을 담당하게 할 목적으로 라디오 방송국이 세워졌다. 남원군 남원읍 동충리 305번지의 대지 3천659㎡(1천109평)에 건평 177㎡(53.7평) 규모의 단층건물과 부속 건물인 콘셋트 막사 2개 동의 국사(局舍)에서 전파를 발사하였다. 호출부호 HLKL, 출력 500W, 주파수 1천30㎑를 가지고 하루 평균 2시간 30분씩 방송을 했다. 1953년 11월 5일에는 송신용 높이 45m의 안테나와 수신용 높이 15m의 안테나가 목제로 세워졌다.[89]

---

87) 《전주방송 50년사》1988, 136쪽.
88) 김종환, 1993, 303쪽. 《전주방송 50년사》1988, 130쪽.

개국 당시 직원은 초대 국장에 윤치호, 방송과장 김봉완, 기술과장 유병은, 아나운서 김경배 등 국장을 비롯하여 방송과에 6명, 기술과에 5명, 사환 1명 등 모두 13명이 있었다.[90] 1959년 11월 8일 출력을 1㎾로 증강하고, 그로부터 1개월 후인 12월 12일에는 송신용 안테나를 높이 70m의 수직형 철탑으로 대체하였다. 이즈음에는 하루 평균 16시간이 방송되었는데 HLKA(서울방송국)의 중계가 13시간, 나머지 3시간은 자체 프로그램이었다. 보도방송은 거의 HLKA의 뉴스를 그대로 중계하고, 하루 네 차례에 걸쳐 지역 소식이 전파를 타고 나갔다.[91]

<남원방송국>은 공지 사항과 입체 해설극 또는 방송 문예, 국악, 기타 건강문제, 농촌문제 등을 대담이나 녹음구성 등으로 엮어 방송했다.[92] 본사의 일반적 방송 목표에 따른 정규방송 프로그램 이외에 남원 지역의 특성을 살리기 위해 독자적으로 개발한 국악문예방송에 주력하였다. 초창기에는 방송국의 설립 취지에 맞게 지리산 일대에서 준동하는 공비 토벌작전과 맞추어 선무공작 방송에 힘썼다. 남원의 전통가락인 국악과 판소리를 널리 알리고, 자국 프로그램을 위한 문예창작에 노력한 결과 향토문화 발전에 관심 있는 애청자들을 많이 확보하였다. 이처럼 주목을 받게 된 것은 남원방송극회, 전속악단, 어린이합창단 등의 활발한 활동과 높은 예술성이 뒷받침했다. 방송극회는 남원에서 활동하는 문학청년들이 매주 1회씩 단막극을 꾸며 30분씩 방송을 하였다. 작가 조종사 오찬식, 언론인 이승기 김익서, 방송인 김정숙 등이 주요 역할을 해주었다. 이승기 연출의 입체 해설극이 방송될 때 성우는 박정희

89) ≪전주방송 50년사≫1988, 117쪽.

90) ≪남원지≫1992, 1433~1434쪽.

91) ≪전주방송 50년사≫1988, 117~118쪽.

92) <삼남일보> 1966년 10월 2일 4면.

박태규 윤영창 이광세 이쌍옥 최선자 등이 참여하였다. 전속악단이 발족된 것은 개국 3주년을 맞은 1955년 10월 25일이었다. 다음해 6월 30일에는 어린이합창단이 창단되었다.[93]

5. 각 기자단의 사이비 기자 대응

지국 발행 기자증은 무효

한국전쟁의 어수선한 분위기를 틈타 각 지역에 신문·잡지사의 지국이 발행하는 기자증이 남발되면서 사이비 기자들에 의한 사회적 물의가 적지 않았다. 전국 시도 공보과장들은 1952년 11월 회의를 갖고 "우후죽순 격으로 나타난 수많은 지국기자를 비롯한 사이비 기자들에 대하여 자가 숙청과 진실한 기자도의 앙양을 위하여 관계 언론인들의 냉정한 자기비판과 고도의 수양이 사회적으로 요청되고 있다"면서 철저히 단속할 것을 다짐했다. 이날 공보당국이 지시한 단속내용은 "이후 신문·잡지사의 지국에서 발행한 기자증은 전적으로 인정하지 않는다. 이들 기자증을 유세하고 기자행세를 하는 자는 단속하여 신문사 잡지사의 위신을 높이고, 이들 난잡한 사이비 기자들의 행패로 인하여 야기되는 민폐는 제거할 것"이라고 하였다. 각 통신사 지국의 기사취재는 앞으로 지국이 판권을 가지지 못한 만큼 지국자체로는 할 수 없기 때문에 이들의 취재행동을 단속할 것이고 지역에서 야기된 사건의 기사라도 일단 본사에 송신한 후 본사의 타전을 받아야 된다는 것이다.[94]

---

93) ≪남원지≫1992, 1433~1434쪽.
94) <삼남일보> 1952년 11월 29일 2면.

전북중앙기자단은 1955년 7월 25일 전주시청 회의실에서 회의를 갖고 사이비 기자들의 탈선을 방지하기 위한 조치의 하나로서 감찰위원회를 두어 수시감찰을 이행하여 사고 및 탈선행위의 미연방지에 노력할 것을 다짐했다. 기자단은 일간 통신 및 주간 신문 등을 신규로 가입시켜 통합 37개 지사를 총망라하는 명실상부한 전북중앙기자단으로 강화 개편하였다. 새로운 임원은 다음과 같다. 상임고문 주강로(합동통신), 단장 강춘봉(신문의 신문), 부단장 김영상(연합신문) 유시철(사법신문), 총무부장 유인석(한국일보), 감사 원종문(경향신문) 유성영(국제신보).[95]

한국신문기자협회 전북지부 결성

전북지역 일간 신문사에 종사하고 있는 편집국 소속 기자 및 통신기자 80여 명의 회원은 1953년 7월 26일 전북도의회 의사당에서 한국신문기자협회 전북지부 결성대회를 가졌다. 신문제작의 기술 향상과 민생언론의 창달을 도모하여 전쟁의 승리와 북진통일에 이바지하기 위해 발족한 한국신문기자협회의 목적에 따라 전북지부가 출범하게 됐다. 전북지부의 결성은 당시 사이비적인 무자격 기자들의 일소에 역할을 할 것으로 기대를 모았다.[96]

전북지부 결성 준비위원회는 이에 앞서 7월 초에 정회원, 특별회원, 준회원 등 3개 부문으로 나누어 회원의 지원서를 받았다. 자격규정을 보면 정회원은 일간 신문과 통신의 재직자로서 전문학교 대학교 졸업자는 1년 이상, 중학 졸업자는 3년 이상을 신문기자로서 종사한 자로 규정하였다. 단, 신규로서 기술 및 경험이 탁월한 자는 이런 규정에 제한

---

95) <전북일보> 1955년 7월 27일 2면.
96) <삼남일보> 1953년 7월 26일 2면.

이 없었다. 특별회원의 경우 다년간 신문기자로서 종사하여 자타가 공인하는 자였고, 준회원은 정기출판물 편집관계 재직자로 그 기술경험이 탁월했을 때 자격을 인정하였다.[97] 남원기자협회가 남원 최초의 신문기자단체로 1957년 창립되었다. <전북일보> 최용호, <군산신문> 김광식, <중앙일보> 전 기자 양재형, <조선일보> 양영표, <한국일보> 고광길 등이 창립을 주도했으며, 초대 회장은 고광길이 맡았다. 이 협회는 사이비기자의 행패를 막고 어두운 성향의 보도보다는 밝은 미담기사 발굴에 힘썼다. 이 기자협회에 가입하지 않은 일부 언론인들은 남원기자구락부를 결성하였다.[98]

김제신문기자협회도 1957년 3월 23일 김제교육구청 회의실에서 전북 각 일간지 및 주요 중앙지의 지사대표들이 참석한 가운데 회의를 개최했다. 회의에서는 규약이 통과되고 10명의 임원이 선출되었다. 위원장 최봉호, 부위원장 조정룡 정두삼, 총무부장 유양훈, 재무부장 조찬문, 섭외부장 김동기, 취재부장 정진형, 사업부장 조순기, 조사부장 손광언, 선전부장 이재진, 문화부장 임병조 등이다.[99] 1960년 3월에는 김제신문구락부가 구성되었다. 이 구락부는 지역사회 발전과 향토문화 창달에 기여하고 기자의 품위향상과 사이비 기자의 행패를 막는데 힘썼다. 이때부터 김제지역에 기자들이 등장하고, 여러 언론단체들이 출범하는 계기가 되었다.[100]

전북지역 차원에서 지방 및 중앙 각 신문 지국지사, 통신 지국지사 등 관계자 40여 명은 정당한 언론창달을 저해하는 사이비 기자들의

---

97) <삼남일보> 1953년 8월 2일 2면.
98) ≪남원지≫1992, 1425쪽.
99) <삼남일보> 1957년 3월 27일 2면.
100) ≪한국향토문화전자대전≫검색. ≪김제시사≫1995, 1484쪽.

행패에 대한 단속방안 등을 논의하기 위해 1957년 1월 19일 전북도청 소회의실에서 간담회를 개최했다. 이날 가칭 '전북언론협회'의 결성 발족을 합의하고 준비위원 9명을 선출하였다. 위원은 중앙지 은성후 한장희 이대형, 지방지 박용상 임동환, 중앙통신 송강로 김상두, 타도 지방지 정종원, 중앙주간지 조영선 등이다.101) 장수신문기자단은 1월 30일 언론창달을 재강화하는 의도에서 기존의 기자단에 대한 발전적인 해체를 추진하는 동시에 '언론인협회'로 재발족을 하였다. 임원은 회장 조주환, 간사 윤영민이 선출되었다.102)

전시상황에서 기자 상호 간의 친목을 도모하고 취재면에서 행동통일을 기하기 위해 지역별로 각 기자단의 활동이 활발하게 이루어졌다.

전북도청 출입기자단은 1952년 8월 26일 임시총회를 열고 임원을 개편하였다. 기자단의 가입사로는 <전북일보> <태백신문> <삼남일보> <군산신문>의 4개 신문사와 <합동통신> <동양통신> <대한통신> <시사통신> <중앙통신>의 5개 통신사로 구성되었다. 대표간사는 윤석호, 총무간사 오두선, 섭외간사 안일 등이었다.103)

전북에서 발간하고 있는 지역신문 일선기자로서 조직을 구성한 이리기자단은 발족 1주년을 맞이하여 1952년 8월 23일 이리시 회의실에서 정기총회를 개최하였다. 지역에서 발간하는 일반통신사까지 합류하게 되어 이 기자단은 더욱 강화되었다. 단장 최성휴(삼남일보), 부단장 김진욱(전북일보), 총무 김백주(태백신문), 조사부장 마덕식(삼남일보), 사업부장 문형선(합동통신), 정보부장 최성근(군산신문), 선전부장 정영복

---

101) <전북일보> 1957년 1월 20일 3면.
102) <전북일보> 1957년 2월 3일 3면.
103) <삼남일보> 1952년 8월 29일 2면.

(전북일보).104)

　오래전부터 태동하던 이리지구 기자단 결성식은 9월 5일 <삼남일보> 이리총국에서 14개 총지국과 22명의 기자가 참석하여 추진되었다. 이날 선임된 임원은 단장 김길선(삼남일보), 부단장 장남수(서울신문) 구봉서(조선일보), 총무부장 윤기연(전북일보), 문화부장 박병호(삼남일보), 사업부장 나만용(군산신문), 조사부장 최병진(대동신문), 연락부장 김형삼(민주신문) 등이다.105)

　9월 30일 정읍기자단은 정기총회를 갖고 임기 만료된 임원을 개선했다. 단장 유태희(삼남일보), 부단장 서정민(경향신문), 총무부장 채형묵(태백신문), 사무부장 권덕금(조선일보), 선전부장 유상규(대동신문), 감찰부장 김기철(전선신문), 조사부장 이태연(군산신문).106)

　부안군에 주재하는 기자들 또한 10월에 부안지방기자단을 결성하였다. 간사 신기원(태백신문) 양만기(전북일보) 신기창(삼남일보) 김형규(군산신문), 총무 홍성규(삼남일보) 허중환(전북일보), 기획 이석우(태백신문) 임석준(삼남일보), 문화선전 이존익(태백신문) 신향근(삼남일보), 취재 양병직(전북일보) 오경옥(태백신문).107)

　10월 7일에는 남원 읍내 9개 일간 신문 지국언론인이 <경향신문> 남원지국 사무실에서 남원기자단을 결성하였다. 기자단은 단장에 최용호(전북일보), 부단장 서태식(삼남일보) 고광길(경향신문) 등으로 구성됐다.108)

　정읍기자단은 1953년 3월 19일 정기총회를 개최하고 언론창달의 건

---

104) <삼남일보> 1952년 8월 26일 2면.

105) <삼남일보> 1952년 9월 7일 2면.

106) <삼남일보> 1952년 10월 7일 2면.

107) <삼남일보> 1952년 10월 5일 2면.

108) <경향신문> 1952년 10월 12일자 2면.

설적인 토론과 임원개선 등을 실시했다. 선출된 임원은 단장 유태희(삼남일보), 부단장 김준희(삼남일보), 총무 최현식(비판신문), 사업 권덕금(조선일보), 선전 최기남(군산신문), 감찰 최봉래(서울신문), 조사 홍관(전북일보) 등이다.109)

정전 이후에는 임실기자단이 1955년 4월 28일 임실면 회의실에서 결성식을 갖고 출발을 하였다. 임원진은 단장 문명근(동아일보), 부단장 문창은(서울신문), 총무부장 이금철(동아일보), 취재 제1부장 김채곤(국도신문), 취재 제2부장 김금남(경향신문), 섭외 제1부장 진계현(삼남일보), 섭외 제2부장 박종년(전북일보), 감사 김상진(한국일보) 강기조(중앙일보) 박세순(삼남일보) 등으로 구성했다.110)

언론활동제한 법안에 반발

선거기간 중의 언론활동을 제한하는 조항을 포함시킨 선거법 법안이 1958년 1월 1일 국회에서 통과됨에 따라 이의 삭제를 요구하며 언론의 자유를 호소하는 전북언론인대회가 1958년 1월 25일 전주시내 전주극장에서 열렸다. 전북 언론인 문화인 및 시민 등이 참석한 가운데 열린 이 대회에서는 <삼남일보> 편집국장 임동환의 경과보고가 있은 다음 <전북일보> 부사장 박용상의 인사말이 있었으며, <군산신문> 편집국장 원상식이 낭독한 결의문을 만장일치로 채택하였다. 이어 재전 중앙일간신문기자단 대표 오재엽과 재전 한국신문평론협회 대표 홍진표의 격문낭독이 있었다.111)

---

109) <삼남일보> 1953년 3월 27일 2면.
110) <삼남일보> 1955년 5월 1일 2면.
111) <전북일보> 1958년 1월 26일 3면.

1월 25일 열린 전북언론인대회에서 채택된 결의문은 다음과 같다. "전북언론인은 '신문의 자유를 제한 또는 간섭하는 법률은 있을 수 없다'는 신문강령 제1항과 언론인으로서의 지성 및 기본자유의 억압을 반대하는 국민의 여론에 입각하여 선거기간 중 언론활동을 제한하는 이 조항의 철폐를 주장하며 다음과 같이 결의한다. 첫째, 1957년 12월 14일 한국신문편집인협회 협상 회원인 재경 각 신문, 통신사 주필, 편집국장이 채택한 성명 및 결의와 12월 18일 이 협회장이 대통령에게 보낸 건백서와 1958년 1월 5일 편집인협회가 채택한 성명, 그리고 1월 11일 전국언론인대회에서 채택된 결의문과 1월 14일 재경 7개 신문 및 통신사 명의로 된 공동성명을 지지한다. 둘째, 이 언론조항 반대를 위한 전국 각지 언론인단체 및 간행물발행단체가 채택한 성명 또는 결의를 지지한다. 셋째, 국민이 향유하는 기본 권리를 직접 행사해야 할 선거기간에 언론을 제한하려는 선거법안 중 제72조, 제73조, 제155조 및 제167조의 삭제를 강력히 주장 요구한다. 넷째, 제3항의 주장과 요구의 관철을 위하여 가능한 모든 수단을 동원하고 이것이 실현될 때까지 합법적 투쟁을 전개할 것을 재확인한다. 다섯째, 이 언론조항을 입법화한 입법부에 대하여 그 책임을 추궁하며 국가의 헌법정신과 국민의 의사에 입각하여 차기 국회에서 언론조항 삭제안을 제출하여 의결 통과시키기를 요구한다. 여섯째, 언론자유를 제한 억압하는 이 언론조항의 입법화에서 비롯되는 민권의 침해를 반대하는 모든 국민의 묵연한 분기를 요망하며 이의 삭제요구의 관철을 위한 경향 각지의 모든 단체 및 개인의 합법적 행동 및 주장을 지지성원 호응할 것을 이에 선언한다."112)

---

112) <전북일보> 1958년 1월 26일 1면.

1960년 3·15부정선거를 규탄하는 시위가 마산에서 시작하여 전국적으로 확산되면서 4·19로 민심이반이 정점에 달하자 4월 27일 이승만 대통령은 하야를 발표하고 자유당 정권은 붕괴되고 말았다. 언론인들은 이 정권이 언론활동을 제한하기 위해 추진해 왔던 개헌안을 저지하는데 다시 힘을 모았다.

전북언론인은 1960년 5월 10일 국회가 추진하는 언론자유의 기본권을 침해하는 개헌안을 강력히 규탄했다. 이날 전북도청 공보관 2층에서 전북언론인대회를 개최하고 국회에 구성된 헌법개정기초위원회가 성안한 개헌헌법 중의 언론제약 조항(제28조)을 반민주적이라고 규탄하고 이의 삭제를 강력히 주장했다. 이 자리에서 대회준비위원장에 <삼남일보> 문동리 편집국장의 선출, <전북일보> 전영래의 경과보고가 있은 다음 임시의장단 선출에서는 문동리 신동길 이철수 등이 뽑혔다.[113]

---

113) <전북일보> 1960년 5월 12일 3면.

제6장

장면 정권의 전북언론

1. 출판물 등록제는 규제 구실을 제공

극심한 용지난과 언론사의 '된서리'

자유당 정권이 붕괴되고 설립된 외무부장관 허정의 과도내각은 신문 발행의 허가제를 없애고 등록제를 실시하였다. 1960년 7월 1일 미군정 법령 제88호를 폐지하는 대신 법률 제553호로서 '신문 등 및 정당 등의 등록에 관한 법률'을 공포함으로써 생긴 변화다. 윤보선 대통령과 8월 23일 출범한 장면 내각은 이러한 과도정부의 자유주의적 언론정책을 그대로 승계하였다.[1] 정기간행물 출판이 등록제로 전환되면서 각종 출판물은 홍수사태를 빚었다. 4·19혁명 전에 41개였던 일간 신문의 등록수가 제도가 바뀐 8개월 만인 1961년 2월 28일 124개로 격증하였다.[2]

---

1) 강준만, 2007, 385쪽.
2) <신문편집인협회보> 1961년 4월 5일 5면.

그러나 언론은 수적으로 증가했을 뿐 미처 질적으로 방종 상태에서 벗어나지는 않았다. 장면 정권도 언론에 관해 방관하며 자유방임으로 일관하였다. 언론계에 새롭고 자유로운 판이 열렸지만 사이비 언론과 공갈기자의 발호는 결국 외부의 자극과 충격을 불러올 수밖에 없었다.

한국신문편집인협회는 1960년 6월 8일 언론정화특별위원회를 구성하여 대응책을 강구했지만 속수무책이었다. 새로 발행되는 신문·통신사의 기자들은 자체 회원이 아니었기 때문에 그 힘이 미치지 못했다.[3] 이렇게 빗나간 증상은 1961년 5·16쿠데타 이후 군사정권에게 언론계 정비와 언론규제 구실을 제공하게 되었다. 군사정권은 통치권을 확보한 쿠데타 당일부터 언론정화에 나서 1962년 6월 22일까지 공갈, 사기, 협박 등의 혐의로 960명의 언론인을 구금했다. 1961년 5월 23일에는 '신문·통신사 시설 기준령'을 발표하고 언론사에 대한 일제 정비를 단행하였다. 당분간 신규 등록도 접수하지 않았다. 정부의 언론기관 정리에 따라 시설 기준을 갖추지 못한 신문은 중앙지 49개, 지방지 27개 등 76개가 폐쇄될 수밖에 없었다. 통신 가운데 지방에서 발행하던 64개사는 하나도 남김없이 모두 정리되었다.[4]

1960년 4·19 이후 전북에서도 언론의 자유라는 물결을 타고 신문 등이 넘쳐났다. 일간 신문 11개, 통신 5개, 주간 신문 11개, 월간지 8개 등 35개의 언론사가 있었다. 언론적폐라는 원성의 소리를 들어야 할 정도였다.[5] 1961년 5·16쿠데타 직전에 운영되었던 전북지역 11개 일간지의 등록 현황은 다음과 같다.

---

3) 《한국신문방송편집인협회 50년사》2007, 133~134쪽.
4) 김민환, 1996, 470~471쪽.
5) 《전북일보 10년사》1984, 115~116쪽.

[표 5] 5 · 16 직전 전북지역 일간지 등록 현황

(1961년 5월 1일 현재)

지역	언론사	등록일	발행인	발행지	계
전주	삼남일보	1960. 7. 1.	김삼만	전주시 문화동 104	6
	전북일보	1960. 7. 1.	박용상	전주시 고사동 148	
	호남어린이신문	1960. 8. 2.	육병두	전주시 중앙동 3가 68	
	호남어린이	1960. 12. 2.	육상순	전주시 전동 3가 76	
	어린이실력	1961. 3. 17.	육상기	전주시 전동 107	
	전라신문	1960. 12. 23.	서정태	전주시 중앙동 3가 97	
군산	호남매일	1960. 8. 12.	홍문길	군산시 중앙로 1가 76	3
	군산매일신문	1960. 11. 15.	정우준	군산시 중앙로 1가 64	
	호남일보	1961. 1. 25.	원상식	군산시 금동 5	
이리	호남매일신문	1961. 1. 10.	김병기	이리시 중앙동 3가 59	2
	삼남매일신문	1961. 2. 14.	이승신	이리시 주현동 60	

출처: ≪전북일보 10년사≫1984, 115~116쪽과 ≪군산시사≫2000, 1089쪽 재구성.

전북지역의 통신사도 이 시기에 난립했다. 전주는 3개, 군산과 남원에 각 1개씩 운영되고 있었다.

[표 6] 5 · 16 직전 전북지역 통신사 등록 현황

(1961년 5월 1일 현재)

지역	언론사	등록일	발행인	발행지	계
전주	호남통신	1960. 7. 19.	강춘봉	전주시 중앙동 2가 48	3
	전북일일통신	1960. 3. 17.	김상균	전주시 중앙동 2가 48	
	전북중앙통신	1961. 4. 20.	김형조	전주시 중앙동 72	
군산	전라통신	1960. 10. 27.	윤석호	군산시 월명동 117	1
남원	남원통신	1960. 3. 13.	전병림	남원군 남원읍 하정리	1

출처: ≪전북일보 10년사≫1984, 115~116쪽 재구성.

이런 언론자유의 꽃은 오래가지 못했다. 신문업계는 극심한 용지난과 함께 군사정권이 언론기관의 정비에 들어가 언론은 된서리를 맞아야 하

는 시련을 겪었다. 혁명정부는 1961년 5월 24일 '신문 발행시설 기준을 갖춘 신문사만 발행할 수 있도록 한다'는 조치를 내렸다. 5월 28일에는 신문과 통신에 대하여 대폭적으로 정리한 결과 전북지역에서는 전주의 <전북일보> <삼남일보>, 군산의 <호남일보>의 일간지만 살아남고 나머지는 도태되었다. 혁명 군사정권의 사이비언론기관 정비 조치는 언론장악 조치의 일환이었다.[6]

4·19 이후에 창간되었다가 5·16 직후 공보부령 제1호의 시설기준 미달로 허가가 취소되어 폐간한 일간 신문이 전북에서는 5개사에 달했다. 전주의 <호남어린이신문> <호남어린이>, 군산의 <호남매일> <군산 매일신문>, 이리의 <호남매일신문> 등이다. 이들 신문은 등록만 하였을 뿐 제대로 발행을 하지 못한 경우도 있었다.[7]

'군사 쿠데타' 표현 못한 살풍경

<전북일보>는 이승만 정권의 말기인 1960년 2월 자유당 정부가 정·부통령선거를 앞당기려고 했을 때 조기선거의 흉계를 비판했다. 이 비판은 자유당 정권의 비위에 거슬려 곧 폐간조치를 강구하는 가혹한 보복을 받아야 할 운명에 처하였다. 그러나 4·19혁명으로 폐간문제는 불발탄이 되었지만, 5·16 직후의 사회질서의 동결상태에서 온 운영난, 계엄령하의 가지가지의 필화사건, 화폐개혁 직후의 현찰이 귀한 데에서 온 운영난 등 많은 수난을 겪어야 했다.[8]

1961년 5월 17일 조간을 내지 못하고 2면의 석간을 호외 형식으

---

6) ≪전북일보 60년사≫2010, 198쪽.

7) ≪한국신문백년지≫1983, 1420~1421쪽.

8) <전북일보> 1965년 10월 10일 3면.

로 발행하였다. 쿠데타의 급박한 사태 때문에 신문을 정상적으로 발행할 수 없어 5월 17일부터 19일까지 임시 조석간체제로 전환하고 2면으로 축소하여 임시로 조간과 석간을 발행했다. 17일 신문에서 5·16 사건을 '군사 쿠데타'로 표현했다가 곧바로 '군사 혁명'이라고 사건 명칭을 바꿔 사용하였다. 당시 군부에 의해 언론이 장악됐던 살풍경을 짐작하게 한다.9)

군사 쿠데타 후에는 지면 구성이 크게 흔들렸다. 1961년 5월 19일부터 재개된 1면의 사설과 칼럼 '파열탄'을 제외하고 2면의 '간조 만조'를 비롯해 '서울통신'(2면), '월요논단'(1면), '월요스토리'(3면), '말하는 영상'(3면), '들은 대로 본 대로'(3면) 등 대부분의 고정란이 한동안 자취를 감추었다. 그 후 '월요스토리'가 5월 29일부터, '월요논단'은 6월 5일부터 재개되는 등 일부 본래의 지면을 되찾았지만 쿠데타 후 감면 조치로 비좁아진 지면 때문에 본래 지면을 회복하는 데에는 많은 시간이 소요되었다.10)

1960년대의 어려운 국가적 경제사정은 언론사의 신문용지 확보에 직격탄을 날렸다. 힘든 경제여건에서 4면을 발행하던 신문사들은 신문용지난 타개에 정부가 앞장서 줄 것을 촉구했다. 국내 모든 신문들은 극심한 용지난을 더 이상 견디지 못하고 1961년 5월 22일 신문부터 부분 감면에 들어가야 했다. <전북일보>도 이날부터 종전의 4면을 매주 월요일과 목요일 신문을 2면으로 부분 감면을 하게 되었다.11)

9) ≪전북일보 60년사≫2010, 201쪽.

10) ≪전북일보 60년사≫2010, 202쪽.

11) ≪전북일보 60년사≫2010, 198쪽.

보도에 불만 품은 고교생 신문사 습격

1960년 5월 16일 군산 모 고교 학생 100여 명이 석전(石戰)을 하지 않았는데도 이를 한 것으로 보도했다고 불만을 품고 군산신문사에 몰려와 일부는 사옥에 들어가 시설 기물을 파괴하여 당분간 신문발간이 곤란하게 되었다. 이들은 또 전북일보사 군산분실에 몰려가 실내 비품 기물을 파괴하고 사무실을 빌려준 안집에 들어가 가구 등을 부수고 학교로 돌아갔다.[12]

<전북일보>는 5월 15일 지면에서 다음과 같이 보도했다.

"5월 12일 군산 모 고교에서 상급생과 하급생 사이에 석전이 벌어진 충돌이 생겼다. 이날 아침 두 시간의 수업을 마친 후 3학년 학생이 1,2학년 학생을 강당에 모아놓고 상급자에 대한 불순한 행동을 삼가라는 내용의 주의를 하던 중 일부에서 구타를 하자 2학년 일부 학생이 너무 심하다고 불만을 품고 반발한 것이 도화선이 되어 이 학교 후정에 몰려 나와 석전이 벌어졌는데 잠시 후 이 학교 전 교사들이 동원되어 진압시켰다."[13] <군산신문>과 <전북일보> 군산분실의 시설파괴 주모자 6명은 1960년 8월 31일 기물 및 가옥파괴 특수손괴 혐의로 전주지검 군산지청 지휘에 의해 군산경찰서에 구속, 수감되었다.[14]

<군산신문>은 이들 학생들이 사옥을 습격, 시설 기물을 파손하여 8개월이 지난 1961년 1월 15일까지 휴간 중에 있었다. 재간을 하게 되면 신문사 명칭을 바꾸고 시설을 일신하여 보다 나은 신문을 발간할 계획이었다.[15]

---

12) <전북일보> 1960년 5월 17일 3면.

13) <전북일보> 1960년 5월 15일 3면.

14) <전북일보> 1960년 9월 1일 3면.

군산신문사의 편집국장이었던 원상식이 경영난에 처한 자사 신문사를 인수하여 1961년 3월 1일 <호남일보>로 개제하고 새 걸음을 하였다. 인쇄체제도 대판 4면제로 거듭났다. 사시는 '반공·시시비비주의·불편부당·정확신속'으로 내걸었고, 이를 위해 3개 항의 강령을 채택하였다. 즉, '사시에서 명시된 노선을 충분히 실천할 것을 편집의 기본원칙으로 한다. 정치·문화 건설과 산업경제 부흥에 공헌하여 민족의 영세존영(永世存榮)을 기한다. 지방지로서의 특색을 강력히 반영시키고 향토발전에 기여한다' 등이다. 주요 공장시설은 윤전기 1대, 자동주조기 2대, 연판시설, 동판시설, 각종 활자 일체 등을 갖추었다.16)

군산지역에는 6·25 이전에 <군산민보>와 <군산신문> 2개 일간 신문이 있었다. <군산민보>가 이리지역으로 이전한 후 <군산신문>만 남게 됐다. 그 당시 일부 시민들은 경쟁사가 있으면 좋겠다는 희망에 따라 시민병원장 안형재와 중앙인쇄소 정우준, 언론계의 이병훈 등 3인이 1960년 11월 15일 <군산매일신문>을 창간하였다. 신문은 10개월간 발행하다가 1961년 8월 자진 폐간하였다. 초대 사장 안형재에 이어 2대 사장에 정우준이 경영을 이끌었다. 편집국장 이병훈, 총무국장 현부남, 업무국장 이한서, 편집부국장 김용채, 공무국장 이순근이 재직하고 있었다.17) 1960년 8월 12일 홍문길 명의로 군산시 중앙로 1가 76번지에서 출발하였던 <호남매일>도 창간 1년을 넘기지 못하고 자진 폐간하게 되었다.18)

15) <전북일보> 1961년 1월 15일 3면.

16) ≪전북일보 10년사≫1984, 121쪽. ≪한국신문백년지≫1983, 713쪽.

17) ≪군산시사≫2000, 1089쪽.

18) ≪한국향토문화전자대전≫검색.

2. 경제적 근대화에 방송 참여

〈전주방송국〉의 전문직 세분화

군사정권은 방송에 대해서는 그 잠재성을 인식하고 정권의 근대화 정책 개발에 방송을 효율적으로 운영하였다. 국민적 통합과 절대 빈곤으로부터 탈피와 경제적 근대화라는 명제 아래 방송을 동원하였다. 1961년 12월 31일 있었던 〈KBS〉 TV의 개국은 근대화 작업의 상징으로 여겨질 만하다. 12월 2일 서울에서 〈한국문화방송주식회사〉(MBC)가 라디오 방송국으로 탄생하여 언론계는 이 해를 '방송계의 황금시대'로 기록하고 있다.

이리지역에서 전주로 이전하여 개국한 〈전주방송국〉은 로컬 프로그램을 활성화시키기 위해 방송과에 프로듀서와 기자 등 전문직을 세분화해서 뉴스 취재와 프로그램 제작을 전담시켰다. 전주연주소 극회에서 활동하던 조인환이 1962년에 프로듀서로 입사하여 〈전주방송국〉의 첫 번째 프로듀서로 기록되었다. 그는 고교생을 대상으로 하는 라디오게임, 단막극인 KBS 무대, 음악, 좌담, 논설 등 하루에 3시간씩 방송되는 프로그램을 제작하였다. 이 때 사용한 녹음기는 자동차 배터리로 충전하여 사용했다. 인기프로그램은 공개방송으로 진행된 '스무고개'였다. 공개방송 출연자는 유승국 진기풍 정재인 김광수였으며, 담당MC는 이기우 박종열이 담당했다.[19]

전주방송국 극회는 1958년 창립초기에는 농촌생활상을 소재로 한 단막극이 고작이었으나 1960년대에 들어서 일일방송국을 방송하였다. 드라마 소재도 농촌문제와 행정홍보를 탈피해 순수 문예물로 구성하여 청

---

19) ≪전주방송 50년사≫1988, 131쪽.

취자의 인기를 모아갔다. 작가 겸 연출자는 조인환 최호영 박용운 이봉섭 등이었고, 성우는 최선자 정경수 박길추 이현 고영은 이종호 문치상 최동욱 박난경 박진 등이 주요 멤버로 활동했다.[20]

인원 및 시설 부족으로 청취자 불만

1962년 12월 개국 4년이 되도록 임시 마련된 청사 및 시설 등으로 인해 변화가 나타나지 않자 방송내용에 대하여 청취자들의 불만이 고조되었다. 전북의 방송영역은 무주 등 일부 산간 구역이 <대전방송국>에 청취자를 빼앗기고, 남원과 임실구역은 <남원방송국>으로 분할되어 있으며, 이리와 군산 등에 미약하기는 하나 <이리기독교방송국>이 침투하고 있었다. 어떤 획기적인 대책이 없이는 <전주방송국>의 효과는 감퇴 내지 답보의 상태를 벗지 못할 것으로 보였다. 직원은 이리송신소를 합하여 20여 명에 그쳤다. 이 가운데 사무계 및 고용원을 제외하면 본국에 아나운서 3명과 기자 2명 및 편성 1명, 기술자 3명이 많은 업무를 맡고 있어 의욕적이고 창의적인 내용과 활동을 기대하기는 무리가 따랐다. 중앙방송국의 1개월분 예산에 불과한 1년 예산과 협소한 단층 건물에 공개방송실 하나 없는 규모로는 모방에 그친 방송내용을 더 이상 값있게 하기가 어려운 실정이었다. 항구도시의 어업발전을 위해서도 군산연주소 설치도 시급해졌다.[21]

이에 비하여 1960년 8월 18일 실시된 성우선발시험에는 234명이 응시하여 방송국 측이 당황하였다. 성별로 보면 남자 150명과 여자 84명이며, 연령은 13세부터 36세까지 분포되어 있었다. 응시자격이 중학교

---

20) ≪전주방송 50년사≫1988, 139쪽.
21) <전북일보> 1962년 12월 23일 3면.

졸업 이상이었으나 중학교 재학생이 많았고 고교생도 적지 않았다. 고정된 취직이 아니라 1주일에 1회의 방송극에 출연함으로써 불과 몇 천 환밖에 되지 않은 출연료만 받는 데도 응모자가 몰려드는 원인을 두고 분분한 해석들이 관심을 모았다. 그것은 성우라는 직분이 무엇인지도 모르는 채 방송국에 취직을 하려거나 인기직업으로 예술세계를 동경했을 것이라는 양극단의 시각이 나왔다. 아니면 실업자가 많은 사회적 분위기로 보아 이 두 가지가 모두 적용될 수 있었다. 문제는 방송국 측이 성우라는 직분에 대한 광고나 설명이 부족했다는 것이다.[22] 방송국은 성인역 18명과 아동역 6명 등 24명을 선발했다.[23]

성우를 대거 합격시킨 <전주방송국>은 신입 성우들의 출연기회가 막연해지고 방송국 책임자의 합격자 탈락을 기대하는 발언 등으로 보아 이번 모집이 방송국의 이익만을 위한 농락 처사라는 논란에 처하게 되었다. 비난의 증거로서는 방송국에 숙련된 성우가 충분하고, 이미 출연한 성우와 극작가에게 출연료 및 원고료가 체불되었으며, 업무 성격상 전주 거주자에게 적절하지만 전북 전체 지역에 선전하고 모집했다는 점 등이 제기되었다.[24]

---

22) <전북일보> 1960년 8월 19일 3면.

23) <전북일보> 1960년 8월 21일 3면.

24) <전북일보> 1960년 9월 1일 3면.

3. 민간방송 〈이리기독교방송국〉 설립

실마리 찾게 한 캐나다 선교부

 〈이리기독교방송국〉을 설립하려는 첫 움직임은 1959년 9월께였다. 그 무렵 방송국의 설립을 위해 한국의 캐나다 선교부를 방문한 조원곤, 최희섭 목사는 적극 찬성하는 얘기를 듣고 개국 발기인대회를 갖게 되었다. 발기인대회 참가자는 조원곤 최희섭(이상 목사), 김병소 박종근 박신애 도득선(이상 장로), 산두일(캐나다) 구미혜 백의덕 변기대 박매륜(이상 선교사) 등이다. 설립 추진을 위해 캐나다 선교부가 1만 달러를, 남장로 선교부가 500달러를 기부하였다. 힘을 얻은 발기인대회는 가칭 '이리기독교방송국 설립추진위원회'를 결성했다. 몇 개월 후에는 기구의 명칭을 '이리기독교방송국 운영위원회'로 개칭했다. 이 위원회는 이사회를 소집하여 〈이리기독교방송국〉 초대 국장에 윤부병 호남병원 원장을 임명하는데 동의했다. 1960년 11월 22일에 기구를 전북으로 확대해 명칭을 '전북지방기독교방송국 운영이사회'로 바꾸고 기구도 개편하였다. 방송국 설치라는 막중한 사업을 놓고, 특히 재정 문제를 해결하기에는 한 지역의 교계만으로는 감당하기가 어려웠던 것이다. 대폭적 기구개편에서 임원들은 전주 이리 군산의 3개 도시에 걸쳐 고루 안배되었다. 이사장에 이진우(이리성결교회 목사), 부이사장에 장은동 최종영, 서기 최희섭, 부서기 유흥만, 회계 권순봉, 부회계 김상균, 감사 한완석 황염규, 이사에 유흥춘 최영선 백의덕 도득선(이리지역), 이용승 최종석 이옥환 보요한(전주), 김원천 김현장 안상용(군산) 등이 참여하였다.[25]

 기공식은 1961년 5월 2일에 있었다. 전주 군산 이리 각 교회의 교역

---

25) ≪CBS 50년사≫2004, 96쪽. 〈전북일보〉 1962년 10월 30일 4면.

자들과 선교사 및 일반 교인들이 참석한 기공식에는 이리신광교회 조원
곤 목사의 설교와 윤부병 장로의 경과보고가 있었다. 방송국은 미국 선
교부로부터 방송기계 일체를 원조 받았으며 기독교방송국 중앙본부로부
터 350만 환의 보조를 받았다.[26]

전북 최초 민간방송의 첫 전파

1954년 12월 15일 우리나라 최초의 민영방송으로 개국한 <기독교
방송>은 서울에 이어 대구(1959년 3월 26일) 부산(1959년 12월 23일)
광주(1961년 8월 1일)에 지역방송의 네트워크를 설치했다.[27]

이들 지방국의 네 번째로 1961년 11월 1일 이리에도 <기독교방송
국>을 세워 첫 지역 라디오 전파를 발사했다. 이리시 인화동 1가 20번
지에 둥지를 튼 <이리기독교방송>은 호출부호 HLCM에 주파수는 640
㎑였으며, 출력은 1㎾의 규모로 출발하였다. 전주와 군산의 중간지점으
로 교통의 요충지인 이리에 세워짐으로써 충남의 논산과 부여, 서천군
일대까지 가청지역을 넓혀 많은 청취자를 확보할 수 있었고 호남평야
의 중심지에 자리 잡아 농촌을 대상으로 한 전원방송을 할 수 있게 되
었다.[28]

<기독교방송>의 지방국 설치 계획은 창사와 더불어 이미 세워져 있었
다. 당초에는 전국의 10여 개 지역에 지방국을 설치할 것을 구상했었다.
처음의 계획은 호남지역의 전주와 이리, 광주와 목포, 영남지역의 부산과
대구 혹은 안동, 중부지역에 대전이나 청주, 영동지역은 강릉이나 춘천,

---

26) <전북일보> 1961년 5월 4일 2면.

27) ≪CBS 50년사≫2004, 32·56~59·95쪽. <삼남일보> 1966년 10월 2일 4면.

28) ≪CBS 50년사≫2004, 98쪽.

제주지역의 제주시에도 방송망을 설치할 것을 구상하고 있었다. 그러나 많은 지방 방송국 설치는 재정적인 어려움이 있어 그때로서는 거의 불가능한 일이었다. <대구기독교방송>이 가장 먼저 창립한 것은 대구지역의 교회들이 기독교방송의 지방국 설치 계획을 사전에 감지하고 유치활동을 적극 펼쳤기 때문이다.29)

사시는 '한국사회의 도의심 향상과 기독교적 교양을 육성시키며 그리스도의 복음을 널리 선교하는데 있다'고 못 박았다. 편성의 기본 방침도 사시에 맞춰 방송 본연의 복음 선교 사명을 위하여 방송 3대 목표를 '교회방송' '농어촌방송' '청소년 선도방송'으로 정했다. 지역사회가 필요로 하는 바람직한 로컬 프로그램의 개발을 원칙으로 내세우고 시국사태 등에 대한 날카롭고 과감한 논조를 펼쳐 라디오 방송의 청취율을 높였다.30)

전북의 지역적 특성을 감안하여 지역 농촌사회의 개발과 농어민의 인권 및 복지 증진, 청소년 선도와 지역 복음화를 선도하는 것을 방송의 주된 목적으로 삼았다. 개국 초기의 방송 프로그램은 비교적 단조롭게 편성되어 1주일 동안 고정 프로그램이 계속되었다. 그것은 프로그램의 개발을 위한 인적·재정적 뒷받침이 부족했기 때문이다. 프로그램을 보면 음악이 절대적으로 많은 비율을 차지하였고, 다음은 선교 프로그램과 지역뉴스 등으로 편성되었다.31)

주요 프로그램은 오전 6시30분 VOA(Voice of America. 미국 국제방송 '미국의 소리') 중계, 6시58분 스포츠 뉴스, 7시50분 뉴스, 8시50

---

29) ≪CBS 50년사≫2004, 56쪽.

30) ≪전주문화방송 30년사≫1995, 246~247쪽.

31) ≪CBS 50년사≫2004, 452쪽.

분 CBS 게시판, 11시45분 뉴스 등 오전에 네 차례 지역 소식을 보도했다. 오후에도 1시50분, 3시50분, 6시50분, 7시50분, 9시50분 등 다섯 차례의 지역뉴스를 전하였다. 매주 목요일 오후 7시부터 7시20분까지 진행된 '화제를 찾아서' 프로그램에는 이리지역에서 취재활동 중인 일선기자들의 취재 뒷얘기가 방송되었다. 출연자는 <삼남일보> 김성기, <전북일보> 노진근, <조선일보> 박형보 기자였다.[32] 1962년에 들어 초대 국장 윤부병이 사임하면서 김상호가 2대 국장에 취임했다. 자체 방송프로그램을 늘려 향토발전에 일익을 하게 되었다. 8월1일부터 방송시간을 확대하여 주간 방송이 1시간40분에 이르렀다. 하루에 독자적으로 3시간을 방송하게 되어 '재건의 새아침' '멜로디의 선물' '의료 상담' 등을 편성하였다.[33]

---

32) ≪전주방송 50년사≫1988, 157쪽.
33) <전북일보> 1962년 10월 30일 4면.

제7장
박정희 정권의 전북언론

1. 통제와 특혜를 결합한 '채찍과 당근'

'1도 1사제'로 향한 언론사의 통폐합

1961년 5월 쿠데타에 성공한 박정희 군사정권은 국가 개발에 언론을 동원하기 위해 언론 통제를 강화하는 한편, 언론사를 대자본으로 육성하려는 전략을 적극적으로 추진했다. 이런 정책은 1962년 6월 28일 발표한 언론의 윤리와 책임, 언론인의 품위와 자질, 신문체제의 혁신, 언론 정화, 언론기업의 건전화 등 5개 항의 기본 정책과 20개 항의 세부 방침에 잘 반영되어 있다. 주요 내용은 반공주의에 근거해 언론 통제를 강화하지만 언론의 기업적 성장은 적극 지원한다는 통제와 특혜를 결합하는 '채찍과 당근'을 함께 사용한 것이다. 이 정책으로 말미암아 신문 발행에 필요한 요건이 까다로워져 사실상 신규 언론사의 출현이 불가능해졌다. 법령이 아닌 권장형식으로 내려진 이 조치는 타

율적인 언론규제를 선언하였다.[1]

집권 세력이 언론의 자율적 규제를 강화하기 위하여 상정한 '언론윤리위원회법안'이 1964년 8월 2일 국회에서 통과하여 언론계의 집단 투쟁을 불러 일으켰다. 사태가 악화되자 결국 이 법의 시행은 자율적 규제의 책임을 다하겠다는 언론계 대표들의 건의를 받아들여 9월 9일 보류에 처하게 되었다.[2]

그 연장에서 정부와 언론의 유착 현상은 1960년대 말에 이르러 노골화되었다. 언론은 비판 기능을 자제하는 것은 물론 사실 보도조차 외면했다. 정치권력의 외적 압력과 경영주의 내적 압력이 언론의 전통적인 비판 기능과 계도 기능을 잠재운 사실은 당시 언론의 가장 두드러진 특성의 하나로 꼽힌다. 이에 항의하여 대학생들의 언론에 대한 규탄과 반독재 자유언론 시위가 연일 계속되면서 언론계 내부에 무기력을 자성하는 움직임이 1971년 4월 양심적인 기자들을 중심으로 광범하게 퍼져갔다. 이른바 제1차 언론자유수호 운동이다.[3]

정부는 태반이 운영자금에 쪼들리고 심각한 신문 용지난을 겪고 있는 일간 신문사들의 발행여건을 타개하기 위하여 수입 신문용지의 관세율을 대폭 인하해 주어 국산 용지 값보다 싼 값으로 구입하도록 했다. 신문사의 운영자금 및 시설자금의 은행이자도 크게 인하 조치하는 식의 특혜를 베풀었다. 그 대가로 1971년 12월 한국신문협회가 '자율정화에 관한 결의'라는 허울 좋은 명분을 앞세워 대대적인 언론 통폐합을 단행하도록 정부에 칼자루를 쥐어 주었다. 또 사이비 기자의 존재를 근절시

---

1) 김민환, 1996, 475 · 575~578쪽.

2) 강준만, 2007, 421~423쪽.

3) 김민환, 1996, 479~480쪽.

킨다는 명분 아래 '프레스카드제'를 실시함으로써 실제로 그것이 기자의 관급 허가증 노릇을 하게 했다.4)

10월 유신체제를 선포했던 1972년 3월부터 1973년 9월에 이르는 약 1년 6개월 동안 언론사는 다시 정비에 들어갔다. 이 시기 언론기관의 통폐합은 대체로 지역신문의 '1도 1사제'라는 방향으로 진행되었다. 그 결과 전국적으로 22개에 달했던 지역신문은 14개로 감소되어 전북 충남 경기는 지방지의 통합으로 한 도에 하나의 일간지만이 남게 되었다.5)

언론자유수호 결의와 프레스카드제

앞에서 말한 것처럼 언론규제 특별법인 '언론윤리위원회법안'이 국회에서 통과하면서 전북언론계가 집단 투쟁을 일으켰다. 전북언론인 32명은 1964년 8월 7일 전북일보사 회의실에서 회동하고 '언론윤리위원회법안' 철폐투쟁위원회 전북지부를 구성, 정부는 위헌적이며 반민주적인 악법을 즉시 철폐하도록 강력히 요구하는 성명서를 발표하였다. 이 회합에서는 8일 0시부터 72시간에 걸쳐 모든 정당 활동에 관한 취재와 공공기관장의 담화보도를 일절 거부한다는 결의문을 채택했다. 선출된 투쟁위원회 실행위원회의 임원은 다음과 같다. 위원장 강제천(전북일보), 부위원장 박재섭(삼남일보) 박주민(동아일보), 간사 이치백(전북일보), 실행위원 김호섭(전북일보) 유연수(삼남일보) 안용옥(호남일보) 송종인(동아일보) 김한봉(대한일보) 송종호(서울신문) 김득순(한국일보) 최순범(경향신문) 신정호(조선일보).6)

---

4) 김영호, 2004, 414~416쪽.

5) ≪기자협회삼십년사≫1994, 207쪽.

6) <전북일보> 1964년 8월 9일 1면.

전국 언론계가 유신체제의 선포에 따른 통합과 폐간의 진통을 겪으면서 돌파구 찾기에 부심하였다. 1974년 7월 24일과 25일 전국 29개 신문·방송·통신사와 각 시·도 기자협회들은 언론자유수호를 결의하고 외부압력을 배제하기로 했다. 한국기자협회 전북도 지부는 10월 11일 성명을 발표, 회원사의 언론자유수호 선언을 전폭 지지한다고 밝혔다. <전북신문> 기자들은 10월 26일 편집국에서 회의를 갖고 '언론자유수호 선언과 실천강령'을 채택하였다. 기자들은 언론이 본연의 자세를 지키지 못하고 정부의 홍보수단에 지나지 못했던 현실을 부끄럽게 생각하며 깊이 반성한다고 자성하고 '언론자유는 타인에 의해 쥐어지는 것이 아니고 스스로 지키는 데서 비롯된다'고 주장하면서 3개 항의 결의문을 채택했다.[7]

1973년 6월 1일 전주의 <전북일보>와 <전북매일>, 군산의 <호남일보> 등 3사의 통합은 자유언론의 기본권을 유린하는 정책의 실례라고 할 수 있다. 언론통합은 전국을 대상으로 행해졌으나 전북은 정부요구안을 그대로 수용하여 이행하였다. 타시도의 경우 이를 전면 이행하지 않은 곳도 있음으로써 전북은 정부안을 전폭적으로 수용한 꼴이 되었다.[8]

신문사 통합에 이어 1979년 말 전북에는 모두 80개의 프레스카드(보도증)가 발급됐다. 신문사 1개와 방송국 5개가 있었을 때다. 전북에서 활동하면서 프레스카드를 소지하지 않은 기자는 1980년 7월 13일 기준으로 보면 총 25명으로서 지방지 10명, 중앙지 9명, 방송 4명, 기타 특수지 2명으로 나타났다.[9]

---

7) <전북신문> 1974년 10월 26일 1면.
8) ≪광복 50년 전북발전사≫1996, 575쪽.
9) 한국기자협회·80년 해직언론인 협의회, 1997, 546~547쪽.

[표 7] 전북 언론사별 프레스카드 발급현황

(1979년 12월 31일 현재)

언론사	본사	주재		합계
		지방	서울	
전북신문	22	14	2	38
KBS전주	7	2	-	9
KBS남원	3	-	-	3
CBS이리	3	3	-	6
전주MBC	10	3	-	13
SBC서해방송	5	6	-	11

출처: 한국기자협회·80년 해직언론인 협의회, 1997, 546~547쪽 재구성.

2. 경영책임자 바뀌는 〈전북일보〉

취약지대를 위한 '이동편집국' 운영

〈전북일보〉는 '이동편집국'을 설치하여 보도의 기동성과 입체성을 발휘하고, 교통이 불편한 취약지대를 중심으로 취재활동을 펼쳤다.[10] 교통과 통신이 발달한 디지털시대인 오늘날은 쉽게 찾아 볼 수 없는 제도이지만 생활환경이 불편했던 당시는 산간오지를 중심으로 취재기자와 데스크를 현장에 파견하여 그곳의 생생한 모습과 주민의 목소리를 전달하는 것이 중요하고도 의미 있는 일로 받아들여졌다. 현지에서 기관장 좌담회를 개최하여 각계의 의견을 수렴해서 보도하고 지역개발에 대해서는 대안을 제시하는 등 공론장 조성과 해결책 마련에 기회를 주었다. 취재진은 편집부국장급을 반장으로 구성하여 1969년 7월 1일부터 1971년 11월 9일까지 2년 4개월 동안 1,2차로 나누어 모두 14개 지구

---

10) 〈전북일보〉 1969년 8월 22일 2면.

를 대상으로 실시하였다. 1973년 6월 3개 신문사의 통합으로 출범한 <전북신문>은 이 제도를 도입하여 1974년 10월 29일부터 1976년 11월 6일까지 8개 지역을 돌아가며 운영했다.

첫 번째 이동편집국은 1969년 7월 1일부터 정읍에 설치하였다. 취재진은 문치상 기자를 비롯해 박인경(정읍주재) 진영웅 기자 등이 참여하여 일손이 달리고 노임체불로 인한 '동진도수로 통수 어려울 듯' 등을 보도했다.[11]

사장 내쫓은 '쾌속정 건조 모금 의혹 사건'

전국에서 최초로 무장공비의 해상 침투를 막기 위하여 전북도민의 성금으로 건조된 서해안 경비용 쾌속정 2척이 1968년 11월 15일 군산부두 광장에서 '전북도민호'와 '전북학생호'로 이름을 붙이고 인수 및 취역식을 통해 국가에 기증되었다. 이 사업은 1·21 무장공비 침투 이후 2월 12일 당시 반공연맹 전북지부(지부장 박용상, 전북일보 사장)의 제창으로 전북쾌속정건조추진위원회가 추진하였다.[12]

그러나 성금 모금에 대한 의혹이 제기되면서 이 사건을 수사 중인 전주지검이 1969년 2월 8일 전북쾌속정건조추진위원회 사무국장을 업무상 횡령혐의로, 위원회 간사를 업무상 횡령 또는 장물을 취득한 혐의로 각각 구속기소했다. 사무국장은 1968년 5월부터 학생과 교사들이 모금한 방위성금을 비롯하여 기업과 <전북일보> 등에서 접수한 모금액 등 모두 166만 원을 횡령했다는 것이다. 간사는 전북 시·군에서 기탁된 방위성금 중 6만 9천 원을 횡령하고 사무국장이 횡령한 33만 원을 받아

---

11) <전북일보> 1969년 7월 4일 1면.

12) <전북일보> 1968년 11월 17일 1면.

유흥비로 써버린 혐의를 받았다.13)

추진위원회 위원장을 맡았던 박용상은 이에 앞서 경찰이 구속수사 내용을 발표한 1969년 1월 16일 즉각 사과문을 발표하고 "추진위원회를 대표하여 250만 도민에게 진심으로 사과를 드리는 동시에 도의적인 책임을 느끼고 일체의 공직에서 사임할 것을 아울러 천명한다"고 밝혔다.14)

신문사는 이날 오후 긴급 이사회를 열고 박용상이 사장직에서 물러나는 집행부의 경질인사를 1월 17일자로 단행하였다. 인사 내용은 이사회 회장에 박용상 이사, 부사장에 진기풍 이사와 박원상(서울주재 겸무) 이사, 상임고문 은성후(사장실 근무) 등이다.15)

다음날 1월 18일에도 인사가 이어졌다. 사장 서리에 진기풍 부사장, 공무국장 겸무에 원영상 상무이사, 상무이사에 김한갑 이사 총무국장, 그리고 편집국장에 강제천 편집국장대리, 편집부국장에 김경섭 제1정치부장(부국장 대우), 정치부장(부국장 대우)에 이치백 제2정치부장, 편집부국장에 박규덕 편집부장, 편집부장에 정종규 편집부차장, 편집부차장에 권태익 기자, 사회부차장에 진병주 기자, 총무국장에 이정수 총무국차장 등이 이동하게 됐다.16) 1월 24일에는 진기풍이 대표이사로, 박용상이 발행 편집 겸 인쇄인으로 옮기는 인사가 있었다.17)

---

13) <전북매일> 1969년 2월 9일 7면.

14) <전북일보> 1969년 1월 17일 3면.

15) <전북일보> 1969년 1월 18일 1면.

16) <전북일보> 1969년 1월 19일 1면.

17) <전북일보> 1969년 1월 24일 1면.

박용상 사장의 퇴진과 서정상 사주의 등장

<전북일보> 사장 박용상은 1972년 4월 22일 사장 겸 발행인 자리에서 물러서게 됐다. 그는 퇴임사에서 "신문과 관련을 맺은 지 45개 성상이 됐다. 꼭 한 가지 강조하고 싶은 일은 <전북일보>가 전북도민의 것이라는 것"이라고 말했다.[18]

전북대학교 교수 서정상은 1972년 3월 박 사장으로부터 회사 전권을 인수받아 임시주주총회를 열고 신문사의 면모를 일신하였다.[19] 이윽고 사주를 새롭게 맞은 전북일보사는 4월 10일 제22기 정기주주총회를 개최했다.[20] 이 자리에서 선출된 9명의 이사진은 채영철 박용상 최낙초 서정복 강제천 서주연 강익수 하경철 김종오 등이다. 4월 18일에는 이사회를 갖고 대표이사에 채영철을, 이사회 회장에 박용상을 선출했다.[21]

그러나 채 사장이 1973년 2월 27일 실시된 제9대 국회의원 선거(군산 옥구 이리 익산)에 민주공화당 후보로서 당선되어 이사와 사장 자리를 그만 두어야 할 상황이 발생했다.[22] 5월 6일 23기 주주총회는 공석 중인 이사에 이형연을, 또한 임기 만료된 감사 후임에 정환(공인회계사)과 임종태(동산 중·고교 서무과장)를 각각 선출했다.[23] 이날 오후에는 이사회를 개최하고 채 사장 후임에 사실상 6월 1일 출범할 통합신문의 초대 대표이사 사장이 될 <전북일보> 출신의 이형연을 추대하고, 부사장에는 문동리(전북매일) 이사와 원상식(호남일보) 이사까지 선

---

18) <전북일보> 1972년 4월 22일 1면.
19) 《전북일보 10년사》1984, 119쪽.
20) <전북일보> 1972년 3월 28일 2면.
21) <전북일보> 1972년 4월 20일 1면.
22) <전북일보> 1973년 2월 28일 1면.
23) <전북일보> 1973년 5월 7일 1면.

임하였다.24)

전북일보사는 1973년 5월 22일 주주총회를 소집하고 신문사 해산을 결의했다. 이 신문은 통합신문사가 발족하기 전날인 5월말까지 발행되어25) 출범한 지 23년 만에 지령 7천384호를 종막의 장으로 남기며 폐간하였다.26)

3. 악전고투하는 〈전북매일〉과 〈호남일보〉

제호 변경하고 '그날 신문은 그 날짜' 제작

〈삼남일보〉는 4·19혁명과 5·16쿠데타가 발생하면서 운영난이 극도에 달하였다. 번번이 자진 휴간하는 등 쓰러져가는 신문사를 자금투자와 시설의 쇄신을 통해 살려야 한다는 도민들의 여망이 형성되었다.27) 이런 가운데 1965년 2월 15일에 이응우가 제7대 사장으로 취임했다.28) 1968년 6월 1일에는 지령 6천981호를 맞아 제호를 〈전북매일〉로 변경하였다. 신문은 이날 사설에서 제호 변경 이유를 다음과 같이 설명했다. "시기적으로 하나의 뚜렷한 선을 긋고 사내적으로 제작내용과 경영태세를 재정비하는 한편, 사외적으로는 250만 전북도민과 더불어 이 고장의 낙후성 극복에 우리 모두 총궐기할 수 있는 새로운 기풍을 환기 진작시켜보자는 것이 제호 변경에 이르기까지의 집약된 동기이

---

24) ≪전북일보 10년사≫1984, 125쪽.

25) 〈전북일보〉 1973년 5월 23일 1면.

26) 〈전북일보〉 1973년 5월 31일 1면.

27) 〈전북매일〉 1969년 5월 1일 3면.

28) ≪현대전북인명사전≫1970, 99쪽. ≪전북일보 10년사≫1984, 119쪽.

고 목적이다."29) '삼남'의 제호가 너무 광범한 영역이었기 때문에 전북 도민과 영합하는 제호를 구상하던 끝에 친근감이 감도는 제호를 선택했다는 의견도 있었다.30)

1968년 11월 17일 사옥을 전주시 경원동 1가 104번지에서 인근에 있는 경원동 3가 32의 6번지 4층 건물로 이전하였다. 1973년 6월 <전북신문>으로 통합되기까지 <전북매일>은 사시를 '정확한 보도로 사회공익에 봉사한다. 시시비비로 건전한 여론을 조성한다. 지역사회의 복지향상을 촉진한다'는 3개 항을 기반으로 운영됐다.31) 1972년 12월 28일 고속윤전기를 도입해 인쇄에 들어갔다. 숙원 속에 시설혁신을 서둘러 새로 도입한 고속윤전기는 시간당 10만 부를 인쇄하는 성능을 지니고 있었다. 이 윤전기는 지면이 보다 선명할 뿐 아니라 동력이 50마력으로 가동소리가 우렁차고, 높이가 지상 3m63㎝로서 웅장하였다. 통신 시설로써 1분에 360자를 쌍방 동시에 송·수신할 수 있는 프린터와 세계 각국 사건을 직접 수신하여 10분이면 완전히 사진으로 제작하는 전송 사진기는 지면의 쇄신을 앞당기게 됐다.32)

고속윤전기 가동과 함께 1973년 1월 신년호부터 신문제작시간을 단축시켜 '전 독자, 당일 배달'에 전력하였다. 신문발행일도 종전처럼 우편배달 등을 감안해 하루 앞당겨 인쇄하지 않고 명실공히 석간 신문으로 '그날 신문은 그 날짜'로 발행했다.33)

29) <전북매일> 1968년 6월 1일 2면.

30) <전북매일> 1972년 4월 30일 4면.

31) ≪전북일보 10년사≫1984, 119~120쪽. <전북매일> 1968년 6월 2일 3면.

32) <전북매일> 1972년 12월 29일 1·3면.

33) <전북매일> 1973년 1월 11일 1면.

지역 문화영화사 '매일필름' 창설

전북매일신문사는 1969년에 신설된 부설 향토개발연구소에 문화영화 제작을 목적으로 한 영화사 '매일필름'을 창설했다. 1972년 4월 29일자 문화공보부 제66호로 등록된 '매일필름'은 전국에서도 지역에 소재하는 최초의 영화사로서 시청각에 의한 향토문화의 소개 및 선양으로 향토개발의 일익을 맡게 되었다. 전북출신만으로 최초로 제작했던 영화 '너와 나의 고향에 자신을 얻은 조진구 감독 등 스태프들은 향토개발연구소와 제휴하여 영화사 설립을 추진하기 위하여 약 1년의 준비기간을 거쳤다. 기록·보도·학술연구·교재·일반문화 등 모든 비상업적인 영화를 제작하며, 독자와 도민들에게 시청각을 통한 문화적 정보를 제공하게 되었다.[34]

신문통합으로 가는 길목에서 회장 추대

신문사 통합으로 가는 길목인 1972년 9월 13일 편집국에서 전북매일신문사 제3대 회장에 박관수가 100여 명의 사원들이 참석한 가운데 취임하였다.[35] 이미 통합하려는 분위기에서 대세가 전북일보사 쪽으로 기울어 통합준비 회의에서도 표결이 있을 때마다 3대 2로 전북매일신문사와 호남일보사는 판정패를 겪었던 시기였다. 더욱이 사주 이응우가 갑작스러운 발병으로 전의를 상실하게 됐다. 이 사장 동생들이 궁여지책으로 박정희 전 대통령의 대구사범 시절의 은사인 박관수를 회장으로 추대하여 불리한 통합 국면을 모면하려고 안간힘을 썼지만 소용이 없었다.[36]

---

34) <전북매일> 1972년 5월 3일 1면.
35) <전북매일> 1972월 9월 14일 1면.
36) 임병찬, 1989, 272쪽.

<전북매일>은 1973년 5월 31일 창간 27년 만에 8천530호를 종간으로 윤전기를 멈추었다. 신문은 이날 '종간사'에서 신문통합에 대한 입장을 다음과 같이 밝혔다.

"독자 여러분께서 그토록 성원을 보내주어 왔고 때로는 물적으로 때로는 심적으로 그처럼 아껴주어 왔는데도 사세를 탄탄한 반석 위에 올려놓지 못하고 오늘로서 종간이란 숙명을 감수하게 된 것에 대해 <전북매일>은 통한의 자기반성을 반추하게 된다. 역사는 언제나 전진하는 것이며 전진하는 역사는 때때로 구질서를 제물로 요구하기도 한다."37)

3사 통합 직전인 1973년 5월 11일 사설에는 '향토신문들의 통합-근대적 경영의 회사 되도록'이란 제목으로 통합이유를 제시하였다. 다음은 요약한 내용이다.

"꼭 통합해야 할 이유는 첫째 각 사의 경영이 전근대적이어서 적자투성이고 적자보전방법이 비합리적이고, 따라서 소위 언론인들인 사원대우가 너무 낮다. 둘째는 <호남일보>는 개인소유이고 <전북매일>과 <전북일보>는 주식회사 형태이지만 사실은 51% 이상의 주식을 가진 과점주주로 개인소유나 다름없다. 셋째는 원목 국제시세의 폭등으로 용지난이 심각하여 신문용지를 절약해야 되겠다. 넷째 지사형-특권형 언론인상에서 봉사형 언론인상으로 바뀌어야 하는데 그러기 위해서는 건전한 회사설립이 필수불가피한 것이다."38)

악재 겹치는 〈호남일보〉

<호남일보>는 1960년대 후반에 들어서면서 사세가 갈수록 약화되어

---

37) <전북매일> 1973년 5월 31일 1·3면.
38) <전북매일> 1973년 5월 11일 2면.

현장에 나섰던 취재기자들이 직접적으로 영향을 받게 되었다. 전북도 청 소재지인 전주에 기자들이 파견되었지만 출입처뿐 아니라 기자실에 서도 동료기자들마저 외면하여 출입기자 명단에서 누락되는 지경에 이 르렀다.[39]

사장 원상식이 1971년 7월 말께 모 기관 요원과 도지사로부터 자진 폐간 종용을 받았으나 단호하게 거부한 것이 화근을 불러들였다. 며칠 후 자연마을에 집단으로 보급해 온 이른바 '계도지'의 구독이 끊기고 기 관과 각 기업 대상의 광고물 등이 중단됐다. 광고주들에 대한 간접적 압 력이 결과적으로 신문경영을 어렵게 만들었다. 이 무렵 신문경영은 구 독료와 광고비가 각각 50%의 비중을 차지하였다. 전국적으로 실시된 신문사의 통폐합 속출현상, 다음과 같은 <호남일보> 사장과 편집국장의 구속충격, 직간접적인 외부 위협은 전북 지방지에 어두운 구름을 몰고 왔다.[40]

1972년 3월 20일 전북경찰국 수사과는 사장 원상식을 기부금품모집 금지법, 건축법, 조세범처벌법, 법률사무취급단속법 등 위반혐의로, 편 집국장 안장석을 기부금품모집금지법과 공갈, 업무상횡령 등 혐의로 각 각 구속하였다. 이들은 1970년 윤전기시설을 설치하면서 군산시내 18 개 기관장으로부터 79만 3천여 원을 거두어 들였고 사옥을 개축할 때 한국합판 등 3개 업체로부터 36만여 원을 거둔 혐의다. 또 직원들의 봉 급 중 근로소득세 17만 7천여 원을 포탈했으며 영업세 등 각종 세금 35 만여 원을 체납하고, 1971년 12월에는 문화공보부의 '프레스카드' 발급 을 미끼로 전주지사장과 기자들로부터 100여만 원을 받은 혐의다.[41] 전

39) 서승, 구술.
40) 임병찬, 1989, 270~271쪽.

주지방법원 제1항소부는 1972년 4월 10일 <호남일보> 편집국장 안종환이 신청한 구속적부심사 기각결정에 대한 항고심에서 '항고의 이유 있다'고 석방을 결정했다. 이날 재판부는 "범죄의 혐의가 희박하고 증거인멸 및 도주우려가 없다"고 이같이 결정했다.[42]

이래저래 악화일로를 걷던 <호남일보>는 결국 1973년 5월 지령 4천 575호를 종막으로 신문사의 문을 닫았다.[43]

4. 경쟁시대 접고 3사의 단일화

구 〈전북일보〉 주식의 양도계약 체결

전북 지방지들의 통합설은 <전북일보>가 소생할 수 없는 재정적자 구조에 침몰하면서 결정적인 발단이 되었다. 박용상 대표이사 사장은 1971년 5월 21일 <전북일보> 사장실에서 개최된 임시 이사회에서 신문사 매도에 관한 교섭이 들어왔다는 것을 처음으로 확인해 주었다. 이 자리에는 박 사장을 비롯해 박원상 진기풍 김한갑 김경섭 최진호 정희남 원영상 등 이사 8명이 참석하고, 홍종팔 오명순 은성후 고서진 이용일 신형구 김기철 이사는 불참했다. 참석 이사들은 심기일전하여 신문사의 체질개선과 인력관리에 중점을 두고 전체 간부들이 희생정신으로 밀고 나갈 것을 다짐했다. 심지어 인력감축과 중역의 무보수를 주장하고 사채에 시달리는 회사를 재건하자는 데 의견을 모았다. 그런 노력은

---

41) <전북일보> 1972년 3월 22일 7면.

42) <전북일보> 1972년 4월 12일 7면.

43) 《남원지》1992, 1424쪽.

1년을 버티지 못했다. 1972년 3월 16일 사장실에서 소집된 긴급 이사회는 한국신문협회의 결의사항인 '언론계 자율정화운동'에 적극 호응하기로 결정하고, <전북매일> <호남일보>와의 통합에 무조건 찬성하기로 했다. 이 이사회에는 재적이사 11명 중 박용상 박원상 진기풍 강제천 김경섭 최진호 정희남 문승한 등 8명이 참석했다.[44)]

그 다음 날 지체 없이 관련자 간의 주식양도가 벌어져 전북 신문 시장의 경영구도는 급변하게 됐다. 3월 17일 <전북일보> 대주주인 박용상 사장과 전북대학교 교수 서정상 간에 주식양도 계약이 체결됐다. 이 날 작성한 주식양도 계약서에서 박 사장은 자신의 소유주식 4천345주, 박원상의 소유주식 1천740주, 진기풍의 소유주식 530주 등 모두 6천 615주를 서 교수에게 1억 3천만 원에 매도했다. <전북일보>의 총 주식 1만 2천 주 가운데 55.12%로서 실제경영권이 넘어가게 된 셈이다. 이 계약서의 부칙은 신문사의 통합문제는 정부 시책에 순응한다는 내용이 있어 당시 정부의 언론정책과 함께 통합을 전제로 한 주식양도란 것을 분명히 하고 있다.[45)]

'3사 통합준비위원회' 구성과 주식배분율

전북일보사(사장 박용상)와 전북매일신문사(사장 이응우) 호남일보사 (사장 원상식) 대표는 1972년 3월 21일 전북지역에서 발행되는 3개 신문을 하나의 신문사로 통합할 것에 합의하고 이 사실을 전북 도지사를 경유하여 문화공보부 장관에게 통보했다. 신문사 통합설은 5월 16일 현실화하기에 이르렀다. 도지사 이춘성과 유관기관장, 3사 대표가 회동하

---

44) ≪전북일보 10년사≫1984, 122쪽.
45) ≪전북일보 10년사≫1984, 122~123·150쪽.

여 합병약정서를 체결하였다. 3사는 약정 내용에 따라 합병추진위원회를 만들기로 하고 윤용섭 변호사, 조선웅 전북대학교 교수, 김종오(전북일보), 이종근(전북매일), 원상식(호남일보) 등 모두 5명으로 구성했다. 그들은 5월 27일 공식 명칭을 '3사 통합준비위원회'로 변경하고 위원장에 윤 변호사를 선임하였다.[46]

　　3사 통합준비위원회가 한국감정원에 감정을 의뢰한 결과를 보면 3사 출자재산은 전북일보사가 출자가액 6천111만 2천615원에 평가액은 8천384만 2천615원, 전북매일신문사는 출자가액 3천807만 4천750원에 평가액도 그대로이고, 호남일보사도 출자가액 1천171만 3천615원 그대로 평가액이 나왔다. 이를 집계하면 3사 출자총액은 1억 1천90만 980원의 출자가액에 1억 3천363만 980원의 평가를 받았다. 3사 통합준비위원회는 1973년 5월 2일 윤용섭 원상식 김종오 이정우 조선웅 최낙초 등 6명이 참석한 가운데 열린 제3차 회의에서 발기인 인원수 등을 논의하고 발기인을 전북일보사 3명, 전북매일신문사 3명, 호남일보사 1명, 기타 2명으로 결정했다. 각 사가 제출한 발기인 명단은 전북일보사의 서정상 최낙초 김종오, 전북매일신문사의 이응우 이성우 남궁용, 호남일보사의 원상식, 그리고 윤용섭 조선웅 등 9명이었다. 준비위원회는 네 차례 회의를 가진 끝에 5월 7일 통합신문 설립을 위한 첫 발기인회의를 개최하였다. 이날 회의에서 윤용섭 '3사 통합준비위원장'을 발기인회 대표로 선임하고, 주식회사 설립계약서 심의에 착수했다.[47]

　　1973년 5월 8일 열린 제2차 발기인회의에서는 설립과정을 효과적으로 운영하기 위해 김종오 남궁용 원상식과 윤용섭 조선웅 등 5명을 집

---

46) ≪전북일보 10년사≫1984, 120・125~126쪽.
47) <전북매일> 1973년 5월 10일 1면. ≪전북일보 10년사≫1984, 126・128쪽.

행위원으로 선출했다.[48] 5월 9일 가칭 <전북신문사>의 설립을 위한 발기인회에서 각 사 대표는 설립계약에 서명하였다. 3사 통합준비위원회는 이에 따라 5월 23일까지 각 사 주주총회에서 해산결의를 얻어 6월 1일 통합된 신문을 발간하기로 했다. 각 사의 주식배분율은 전북일보사 51.90%, 전북매일신문사 33.34%, 호남일보사 14.76%로 나타났다.[49]

기자 63명으로 〈전북신문〉 창간

전북신문사 발기인회는 1973년 5월 21일 주주총회를 열고 합병신문사를 이끌어갈 9명의 이사와 2명의 감사를 앞에서 말한 대로 5월 6일 실시한 인사내용을 확인하는 형식으로 진행했다. 이사는 이형연(전북일보 사장) 서정복(전북일보 편집인) 최낙초(전북일보 상무이사) 김종오(전북일보 기획관리실장) 김현종(전주 통일주체국민회의 대의원) 이응우(전북매일 사장) 문동리(전북매일 부사장) 서정태(전북매일 편집국장) 원상식(호남일보 사장) 등이며, 감사는 임종태 정환이다. 임원 선임을 위한 이사회가 5월 22일 열려 초대 대표이사 사장에 <전북일보> 사장 이형연을 예상대로 선출했다.[50]

1973년 5월 30일 문화공보부 등록과 함께, 전주지방법원에 등기한 주식회사 전북신문사의 창간은 1도 1사 체제의 새로운 출발이었다. 주식의 총수는 주당 1천 원에 15만 주로 설정했다. 설립 당시의 발행 주식 수는 13만 3천630주의 보통주 주식으로서 자본금 총액은 1억 3천363만 원이었다.[51] 1973년 6월 1일 통합신문으로 탄생한 전북신문사

---

48) ≪전북일보 10년사≫1984, 129쪽.

49) <전북매일> 1973년 5월 10일 1면.

50) <전북일보> 1973년 5월 22일 1면.

는 사시를 '직필·정도·봉사'로 설정하였고,[52] 초기에는 격일 8면을 발행하였다.[53]

　3개사가 단일 신문사로 통합하면서 사원은 주식인수 비율에 따라 전북신문사에 배정됐다.[54] 새 임원진은 창간 준비와 실무조직을 위해 4인 위원회(의장 이형연 대표이사, 위원·문동리 원상식 최낙초 이사)를 구성하였다. 이 위원회는 1973년 5월 31일 오전 통합신문사에 채용되는 직원명단을 발표했다. 편집국으로 진출한 각 사별 직원은 다음과 같다.

　△전북일보(35명)
　박규덕 권경승 최병언 서홍석 김영채 최형규 김현수 이광영 김홍철 서재
　균 윤재옥 이윤선 김승일 육완태 김종량 이종세 고정길 정종석 정병락 장
　용웅 김철규 정지영 한종근 김병남 국병렬 김성기 박준웅 김현기 이치백
　최공엽 이계동 정규갑 이순무 오 영 고영춘

　△전북매일(21명)
　곽임환 이한형 이건웅 백남혁 김남곤 박명규 임기환 양재숙 소용호
　김호현 김대원 강병옥 박창섭 박주홍 김행수 장병원 이상무 김종문 유연수
　김명곤 이정미

　△호남일보(7명)
　이집춘 원유길 고대욱 홍일수 최천일 박정식 김영언[55]

　그러나 3개사가 합쳐진 통합신문사 내부의 알력과 진통이 계속되는 바람에 초대 편집국장에 대한 임명이 늦어졌다. 1973년 6월 29일

---

51) ≪전북일보 10년사≫1984, 131쪽.
52) <전북신문> 1973년 6월 1일 3면.
53) ≪전북일보 60년사≫2010, 78쪽.
54) ≪전북일보 10년사≫1984, 125쪽.
55) ≪전북일보 10년사≫1984, 130~131쪽.

지역방송인 출신 이호선이 통합 후 1개월이 경과한 7월 1일자로 임명장을 받았다.[56)]

5. 신문사 통합 후 시련과 극복

주도권 장악 싸고 과열경쟁

신문사 통합은 유신체제에서 행정권이 강화된 전북도청과 무소불위의 정보 권력을 행사했던 중앙정보부 전북분실의 사실상의 주도와 막후조정으로 협상이 시작되었다. 각 신문사 고유의 전통과 사유재산, 그리고 사원구성으로 상법상 독립적인 법인 회사의 통합은 적지 않은 고난이 있었다. 기존 회사 법인들을 해산하고 공동출자해 새 법인으로 신문사를 출범시킨다는 원칙은 쉽게 합의했지만 창간 후 주도권이 달린 주식배분을 둘러싸고 사활을 건 싸움이 벌어졌다. 우여곡절 끝에 통합한 후에도 경영권 장악을 위한 주권분쟁에 휘말려 법정으로 번졌다.[57)]

이형연 사장이 취임 7개월 만에 사원들의 사장경질 결의와 이사진의 다수 의견에 밀려 물러나게 되는 소동이 벌어졌다. 통합사 초대사장으로서 회사경영의 문제점에 대하여 이사들과 의견대립을 빚는 등 화합을 도모하지 못하고 불신임을 받게 됐다. 사원들은 1973년 12월 20일 전체 사원 90%가 서명한 사장퇴임 요구 건의서를 작성하여 12월 21일

---

56) <전북신문> 1973년 6월 29일 1면. 편집국장 임명과 관련해 이치백은 "통합도 어려운 판인데 <서해방송> 보도국장(전주 주재)을 초대 편집국장에 앉히게 되어, 신임 국장을 '피바다 판국에 고무장화도 신지 않고 온 사람'이라고 하면서 신문사가 크게 술렁거렸다"고 말했다.

57) ≪전북도민일보 20년사≫2008, 46쪽.

개최예정인 제8차 이사회에 제출했다. 이 사실을 알게 된 이 사장은 12월 20일 밤사이에 기획관리실장과 편집국 부장 등 간부 5명을 항명이란 이유를 들어 해임 조치하는 등 선제적으로 강력하게 맞섰다. 이사회는 이 사장의 행위를 긴급사태로 규정하고 대표이사 사장의 해임을 결의하였다. 이사회는 부사장이던 문동리 이사를 대표이사 사장으로 선출했다. 그러나 이형연은 본인의 해임 결정이 신문사 정관의 '이사회는 대표이사가 소집하고 의장이 된다'는 이사회 소집권한 조항에 위배된다면서 이사회 결의에 불복하여 12월 24일 '이사회 결의 취소의 소(訴)'를 전주지방법원에 제기하고 업무방해 금지 및 대표 이사실 출입금지 가처분을 신청했다. 이 때문에 신임 문 사장은 취임 1주일 만인 12월 27일 법원의 가처분 결정을 통보받았고 해임결의 되었던 이형연이 다시 사장 직무를 수행하였다.58)

이 사장의 해임을 결의했던 6명의 이사(총 9명)는 소송 진행 중 절차상의 미비점을 인정하고 1974년 2월 20일 제10차 이사회(이사회 소집권자인 대표 이사가 정당한 이유 없이 이사회 소집에 불응하므로 6명의 이사 명의로 소집절차를 진행)에서 이형연을 사장직에서 다시 해임 결의하고 문동리 이사를 대표이사 사장으로 선임하여 즉시 이형연을 상대로 업무방해 금지 등 가처분신청을 했다. 이에 대해 이형연은 이사회 부존재 확인의 소(訴)를 2월 23일 전북신문사를 상대로 제기함으로써 다툼은 재연되었다. 법원은 2월 28일 "문동리는 이사회 부존재 확인 청구사건의 판결 확정 때까지 대표이사의 직무집행을 정지한다"는 결정과 함께 3월 5일자로 대표이사 직무집행에 전주변호사회 회장인 김

---

58) ≪전북일보 10년사≫1984, 145쪽.

평수 변호사를 임명했다.[59]

마침내 법원은 제5민사부를 신설하여 신문사 사건만을 전담하는 초유의 결정까지 벌어졌다. 법원은 1974년 6월 27일 선고공판에서 이형연의 청구를 기각함으로써 이사회의 결의는 정당성을 인정받고 문동리 사장의 지위가 확정되어 사내 분규가 일단락된 듯하였다. 이형연은 1심 판결에 불복해 광주고등법원과 대법원까지 송사를 이어갔으며, 대법원이 1975년 2월 13일자로 재항고를 기각하여 대표이사 문동리의 승소판결을 내렸다. 이같이 재판부는 소집권자가 따로 정해져 있을 경우 그 소집권자가 정당한 이유 없이 다수 이사의 소집요구에 불응했을 때 다른 다수 이사가 소집한 이사회는 정당하다는 새로운 판례를 남기게 됐다.[60]

통합 6년 만에 대주주의 경영 진출

전북신문사는 1977년 5월 12일 개최한 제4기 주주총회에서 서정상 이존일 서정복 최낙초 김현종 등 5명의 이사를 선출하였다. 이사회에서는 서정상 주주를 이사회 회장으로, 전북 도지사를 역임한 이존일을 대표이사 사장으로 선출했다. 또한 이사회에서 부사장에 서정복 이사, 전무이사 최낙초, 상무이사 김현종, 감사에 전정구 정환 임종태를 임원으로 개편했다. 주필에는 전 대표이사인 문동리 사장을 임명했다.[61]

1979년 6월 11일에는 제6기 주주총회를 열고 대표이사 회장 서정상, 대표이사 사장 이존일, 이사 부사장 서정복, 전무이사 최낙초, 상무이사

---

59) <전북신문> 1975년 5월 31일 8면.
60) ≪전북일보 10년사≫1984, 146~147쪽.
61) <전북신문> 1977년 5월 13일 1면.

김현종, 감사 정환 임종태 이태구 등을 임원진으로 개선했다.[62] 이로써 대주주 서정상은 3사 통합 후 6년 만에 경영일선에 본격 진출하였다.

전북신문사는 1978년 2월 28일 통합 후 처음으로 실시한 수습기자 시험에서 최종 합격한 박인환 황경숙 이미향 등 3명을,[63] 5월 8일에는 제2기 수습기자 시험의 합격자로서 김재금 문성규를 발표했다.[64]

법정공방으로 이어진 주권 분쟁

3사 통합과정에서 비롯된 신문사별 주권에 관한 분쟁은 통합신문의 출범 이후에도 한동안 지루한 법정공방으로 이어졌다.

구 <전북일보>의 경우 대표이사 사장이었던 박용상은 앞에서 살펴본 것처럼 1972년 3월 17일 서정상에게 갖고 있던 회사 주식을 1억 3천만 원에 매도했으나, 1974년 업무상 횡령·신용훼손·사기·상법위반 등의 혐의로 <전북신문>의 사주 서정상과 상무이사 최낙초·김종오를 검찰에 고소하였다. 그 내용은 매도 주식대금 가운데 4천만 원을 지급받고 잔액 9천만 원은 신문사의 채무를 대위변제(代位辨濟)하기로 약정하고도 서정상 등이 공모하여 신문사 자금으로 대금을 변제해서 회사자금을 횡령했다는 것 등이었다. 하지만 검찰은 고소인 측이 제기한 혐의내용을 수사한 결과 상법상 등 관련법에 하자가 없어 '혐의 없음'으로 사건을 종결처리 하였다.[65]

주식분쟁 상황은 구 <호남일보>도 예외가 아니었다. 지분을 배정받은

---

62) <전북신문> 1979년 6월 12일 1면.

63) <전북신문> 1978년 2월 28일 1면.

64) <전북신문> 1978년 5월 8일 1면.

65) ≪전북일보 10년사≫1984, 150~151쪽.

원상식이 구 <전북일보> 서정상에게 매도하기로 계약을 체결하고도 이를 제3자 송현섭에게 매도하려고 약정함으로써 주권 이중매매에 따른 소송사태가 벌어졌다. 2중3중으로 얽힌 이 소송은 1976년 4월 15일 재판부가 원고의 청구를 기각하여 서정상의 승소로 결판이 났다.[66]

마찬가지로 주식에 대한 시비는 구 <전북매일>에서 일어났다. 대주주였던 이응우 측에서 내부적으로 주권의 양도양수 문제가 발생하였다. 즉, 주식 중 일부가 가족에게 분산 보관되면서 그 매입을 추진한 서정상 측과 갈등이 야기된 것이다. 가족끼리 그 주권을 둘러싸고 매도의 적법 여부가 논란이 되면서 전주지검은 이응우 등 6명이 제출한 진정서 내용을 중심으로 4개월여 동안 내사에 착수했으나, 결론은 무혐의였다. 이응우 측은 그 후에도 청와대를 비롯한 13개 기관에 진정을 넣었지만 모두 무혐의 처리되어 1982년 2월 13일에 이르러서야 진정사태가 종지부를 찍어 통합의 후유증은 10년 만에 막을 내리게 됐다.[67]

6. 라디오 상업방송의 개화

공사로 전환한 〈전주방송국〉

전북지역 방송은 최초의 민간상업방송인 <전주문화방송국>이 1965년 2월 라디오 방송을 시작하고, <서해방송>이 1969년 10월 서해안지역 전파수요를 담당하기 위하여 군산에 설립되면서 라디오 상업방송의 개화기를 맞았다.

---

66) ≪전북일보 10년사≫1984, 153~158쪽.
67) ≪전북일보 10년사≫1984, 161~165쪽.

<전주방송국>은 이리송신소의 기존 방송시설 및 연주분실을 활용해 이원화 방송을 실시하였다. 이를 위해 이리번영회 측의 협조를 받아 1965년 10월 중순부터 연주분실을 설치하고 방송 프로그램을 강화하였다. 이리연주분실은 인원을 보강하고 송신소 내에 있는 연주실에서 지역 소식은 물론 각종 프로그램을 생생하게 방송하여 방송의 다양성을 추구했다.[68] 1965년 보도라인 직원은 국장 김순경을 비롯하여 방송과장 한영수, 편성 및 방송 김경배, 아나운서 정호준 강진희 정정량, 편성 김홍기 조완제 김남규, 보도 조남민 강호경 등이 있었다.[69]

군산연주소는 1969년 12월 17일 군산시공관 별관에서 문을 열었다. 이 연주소에는 400여만 원의 시설비를 들여 연주실 방송실 조정실 사무실 등을 갖췄으며, 하루 2시간여의 방송시간으로 직접 방송하게 됨으로써 군산 옥구지역과 서해낙도문화 개발에 기여하였다.[70]

〈KBS 전주방송국〉으로 명칭 변경

<한국방송>이 중앙방송국과 지방 방송국을 하나로 묶어 국영방송에서 공영체제로 전환하기로 하고 1973년 2월 21일 서울민사지방법원에 법인등기를 마침으로써 1973년 3월 3일 <한국방송공사>(KBS)로 명칭이 바뀌어 전북에서도 <전주방송국>이 <KBS 전주방송국>으로 변경됐다. 지방 방송국은 갑 지국과 을 지국으로 나누어 도청소재지 방송국은 갑 지국, 그 밖의 방송국은 을 지국이 되었다. 갑 지국에 속한 <KBS 전주방송국>은 국장 밑에 방송부 기술부 서무과 업무과 송·중

---

68) <전북일보> 1965년 10월 14일 3면.

69) ≪전주방송 50쪽사≫1988, 127~128쪽.

70) <전북일보> 1969년 12월 19일 3면.

계소를 두는 공영방송국 체제로 전환되었다. 초대 국장은 김철년, 방송부장 김선초, 기술부장 이용실, 서무과장 박한묵, 업무과장 이승우 등이 근무했다.[71]

<KBS 전주방송국>은 1978년 10월 18일 전주시 금암동 523의 3번지의 대지 8천580㎡(2천600평)에 지상 3층 지하 1층 건축면적 5천874㎡(1천780평) 규모의 청사를 신축해서 이전하였다. 공사비 10억 1천632만 원이 들어간 이 건물에는 텔레비전 스튜디오, 라디오와 텔레비전 공개방송 홀, 라디오 스튜디오 5개, FM 라디오 스튜디오, 아나운서 방송실 4개, 지하 비상 스튜디오 2개, 분장실, 자료실, 라디오 주조정실, 텔레비전 주조정실, 사무실 7개, 전시실 2개 등을 갖추었다.[72]

정치상황에 이용된 TV로컬 프로그램

전북지방에 TV방송이 시작된 것은 <전주방송국>이 정식으로 방송한 1966년 8월 15일 부터이다. 국내 TV방송이 시작된 지 5년 만에 이뤄졌다. 다만 로컬 프로그램은 없이 중앙방송국의 프로그램을 그대로 수신해서 방영하였다. 전주TV방송 시청을 위해 정부는 1966년 8월 1일 익산군 삼기면 언지리의 미륵산에 텔레비전 중계소를 준공했다. TV방송이 나가자 라디오상회나 전자제품가게는 TV수상기를 점포 창가에 내놓아 고객이나 행인들이 시청할 수 있도록 하였다.[73]

미륵산중계소 완공을 계기로 1966년 8월 3일부터 시험방송을 해오던 TV방송은 8월 15일부터 매일 오후 6시부터 11시 30분까지 중계를 하

71) ≪전주방송 50년사≫1988, 176~178 · 254쪽.

72) ≪전주방송 50년사≫1988, 201쪽.

73) <전북일보> 1998년 3월 31일 7면. ≪전주방송 50년사≫1988, 162~164쪽.

였다. 수상기 구입은 일시불과 5개월 또는 10개월 할부제가 있었다. 가격은 19인치가 6만 3천500원이고 신청적립금은 8천500원이었다. 수상기는 공급량 부족 때문에 추첨으로 판매했다.[74)]

<전주방송국>의 TV 로컬방송은 1978년 7월 1일 전주시 금암동에 신축공사가 한창이던 신청사에서 역사적인 막을 올렸다. 그동안 텔레비전 방송은 미륵산 중계소에서 <KBS 서울방송국>의 프로그램만 중계하던 것을 모악산 송신소가 직접 로컬방송을 송출하였다.[75)]

TV로 로컬방송을 시작한 것은 박정희 대통령이 유신체제 중반의 정치적 기반을 다지기 위해서였다. 1978년에 있었던 제9대 대통령 선거와 제10대 국회의원 선거에 압도적 승리가 필요했던 것과 연결되었다. 정치적 상황을 풀어가는 데 전초적인 차원에서 TV방송의 활용이 필요했고, TV수상기 보급의 확대에 맞춰 TV 로컬방송의 조기 시행이 촉구됐다. 이러한 이유로 각 지방국 별로 로컬 방송준비 경쟁이 벌어져 모악산 송신소가 공사 중인 6월 1일부터 시험전파를 발사했고, 금암동의 사옥 신축공사장에서 골조공사만 끝난 상태에서 TV방송장비를 급히 설치하고 로컬방송을 연습하기 시작했다. 당시 라디오 방송만 시행하던 <전주방송국>은 TV방송경험이 있는 기술자나 프로그램 제작자가 한 명도 없어서, 본사는 기술경험이 있는 최창근 TV 조정과장과 제작경험이 있는 장동선 PD 등을 배치하고 프로그램을 맡겼다. 7월 1일 오후 6시에 방송된 전주 최초의 로컬 프로그램은 개시 축하특집 '축하합니다'였다. 10분짜리 이 프로그램은 황인성 전북도지사와 심종섭 전북대학교 총장, 이치백 <전북일보> 편집국장 등 도민

---

74) <삼남일보> 1966년 8월 17일 3면.
75) ≪전주방송 50년사≫1988, 202쪽.

각계 인사들의 축하메시지를 ENG 카메라로 녹화해서 편집 방송하는 내용이었다.76)

전주시 금암동 청사 준공과 같은 1978년 10월 18일 김제 모악산 정상 990㎡(300평)에 모악산 송신소를 함께 준공함으로써 기간방송인 제1라디오를 보다 맑게 청취할 수 있게 됐다. 모악산 송신소는 1976년 12월부터 이동식 가건물에서 낮은 주파수와 출력으로 송출해 왔었다. 새로 세운 이 송신소는 제1텔레비전과 UHF 교육텔레비전, 표준FM과 교육FM, 음악FM, 라디오 방송을 송출하는 종합송신시설로 거듭나게 되었다.77)

7. 〈이리기독교방송국〉에서 〈기독교이리방송국〉으로

상업방송 허가 받아 보도방송 시작

<이리기독교방송국>은 복음방송에 전념하다가 1963년 4월 12일 방송허가 사항 중 상업방송 허가를 받아 보도방송을 시작하게 됐다. 가청지역도 처음에는 전주와 군산을 연계하여 전북의 평야부를 망라하여 포함시키려고 시도했지만 중국과 일본의 전파 침해가 극심해 주파수를 1천400㎑로 변경하고 충남의 논산 부여 일대까지 넓혔다.78)

야간이면 중국과 일본의 전파장애를 받아 출력인상 문제가 시급하였으나 방송국이 있던 이리지역에서 로컬 프로그램 제작에 어려움을

---

76) ≪전주방송 50년사≫1988, 203쪽.
77) ≪전주방송 50년사≫1988, 201~202쪽.
78) ≪전주문화방송 30년사≫1995, 226쪽.

느끼고 뉴스의 빈약성을 면치 못하게 되었다. 1967년에는 학교법인 호남기독학원인 전주신흥고교에서 신축 교사 6층을 개조해 공개실 1개, 방송실 2개, 조정실 1개, 사무실 1개 등을 전주연주실로 제공했다. 이곳에는 아나운서 1명과 기자 1명이 주재하였다.[79]

이 방송국은 1970년대에 큰 폭의 발전을 이루었다. 개국 10년 만인 1971년 5월 15일을 기해 출력 10㎾로 방송하였다. 이리시 인화동에 조그마하게 자리 잡고 있던 방송국을 김상호 국장의 주선으로 시내 창인동 1가 54번지 4층 건물로 이전하였다.[80] 익산군 오산면 오산리에 135m 높이의 송신탑을 설치하여 전북일원과 전남 충남 충북 일부지역까지 커버하게 되었다.[81]

지역방송 중 첫 자체 독립사옥

임대 건물에서 방송을 하던 방송국은 자체 사옥을 갖기로 세웠던 목표를 제3대 최희섭 국장 때 이루었다. 마침 이리·익산교육청이 통합돼 새 청사로 이전하게 됨에 따라 이리교육청의 구 청사인 이리시 남중동 1가 128번지의 건물을 임대로 확보하고 1973년 8월 17일 옮겼다. 새 연주소로 이전한 후 1974년 2월 23일 서독의 개신교해외개발원조처의 원조를 받아 방송장비 일체를 현대화할 수 있었다. 사옥 내부시설은 스튜디오 3개, 사무실 3개, 조정실 2개, 회의실 1개, 공작실 1개, 발전실 1개 등을 확충했다. 4월 16일에는 사옥을 정식으로 매입하는 계약을 맺었다. <CBS> 지역방송 가운데 독립사옥을 갖게 된 것은 <기독교이리방

---

79) <삼남일보> 1966년 10월 2일 4면.
80) <전북일보> 1971년 5월 16일 8면.
81) <전북일보> 1971년 6월 4일 8면.

송국>이 처음이었다.[82]

1972년에 실시된 방송의 부문별 편성비율은 보도 16%, 종교·교양 38%, 연예오락이 46%를 차지하였다. 방송편성 심의위원은 9명으로 구성했다.[83]

<기독교방송> 지방 국장회의가 1963년 3월 25일 서울에서 개최되어 각 지역국의 공식명칭이 논의됐다. 그 결과 개정된 공식 명칭은 <기독교(지방이름)방송국>으로 정해졌다. 이를테면, 지금까지 <이리기독교방송국>으로 부르던 것을 1965년 1월 1일부터 <기독교이리방송국>이라고 부르기로 하였다.[84]

8. 전북 최초의 민간 상업방송 〈전주문화방송주식회사〉

공화당 간부가 초대 국장에 발령

<전주문화방송국>은 <한국문화방송>의 직할국으로 무선국 허가를 받아 1965년 2월 20일 전주시 고사동 333번지 2층 사옥에서 전북 최초의 민간 상업방송으로 첫 전파를 발사하였다. 호출부호는 HLCX, 주파수는 1140㎑, 출력은 5㎾의 규모였다. 개국 당시 전문프로듀서가 없어서 <전주방송국>의 김남규 PD가 디스크 플레이를 하다가 개국요원으로 <KBS>에서 스카우트 한 임백순 PD가 바통을 이어 받았다.[85]

---

82) ≪CBS 50년사≫2004, 452~454쪽.

83) ≪전주방송 50년사≫1988, 158쪽.

84) ≪CBS 50년사≫2004, 109쪽.

85) ≪전주문화방송 30년사≫1995, 231쪽.

전주국의 무선국 가허가는 당초에 1963년 4월 12일 <이리지방 방송국>으로 받아 연주소를 전주시 전동 2가 653번지에 두었으나, 4월 29일 방송국 명칭이 <한국문화방송주식회사 전주방송국>으로 변경되고 허가를 받기에 이르렀다. 1964년 12월 21일에는 <한국문화방송> 라디오 전주국의 연주소가 개국 방송국 위치인 고사동으로 이전했다. 방송권역은 전북지역 전역과 전남 충북 충남의 일부 지역이었다.[86]

관영방송과 신앙포교가 목적인 기독교방송에 이어 세 번째로 설치된 <전주문화방송국>은 고사동의 전 전북지구 병사구사령부(兵事區司令部) 건물(건축면적 396㎡)을 230만 원에 매입하였다.[87] 송신소는 완주군 조촌면 반월리 262의 1번지 4천867㎡(1천475평)를 매입하여 본 건물과 125m 송신철탑을 건립했다.[88] 개국 2개월이 지난 1965년 4월 24일 군산에 분실을 설치했다.[89]

<한국문화방송>이 관장하는 전주국의 인사에서 초대 국장은 지역인사인 당시 민주공화당 전북지부 총무부장 서완봉을 발령하는 등 개국요원에 대한 인사가 있었다. 업무과장 송주남, 방송과장 이성규, 전주국 PD직(특채) 노시창 임백순, 전주국 기자직(특채) 임병찬 정병수, 본사 발령 PD 김창제 편일평, 본사 발령 아나운서 이완수 정정량 정운희, 기술과장 안흥식 등이다. 개국 이후 전주국의 채용은 두 차례 있었다. 1968년 공채에서 기자직은 김영대 오방원 강연식, PD직은 안흥엽 유경준 지창상이 채용됐다. 1969년 실시된 특채에서는 기자직으로 백병기 남궁용영이 뽑혔다. 1968년 3월 방송과의 보도팀이 기구개편에 따라 보도실로

---

86) ≪전주문화방송 30년사≫1995, 254쪽.
87) <전북일보> 1965년 1월 8일 3면.
88) ≪전주문화방송 30년사≫1995, 153쪽.
89) <삼남일보> 1966년 10월 2일 4면.

독립되었고, 1969년 8월 보도부로 다시 개편이 있었다. 보도팀이 보도실로 독립될 때 한국방송사상 최초로 지방주재기자를 발령했다. 이리에 송국섭, 군산에 탁병용, 정읍에 김병철을 파견한 것이다. 1971년 7월 10일에는 제2대 국장으로 민주공화당 전북지부 선전부장을 역임한 김종환 사무국장이 취임하였다.[90]

〈전북TV〉 설립 로컬텔레비전 방송 개막

전북지역에서 로컬 TV방송은 <전주문화방송>이 제일 먼저 열었다. <전주방송국>이 아직 TV방송시설을 갖추지 않았기 때문에 전북 지역 최초의 TV방송시대를 개막했다. <전북텔레비전방송주식회사>(전북TV방송)는 1971년 4월 23일 전주시 경원동 2가 7의 6번지에서 개국했다. <MBC-TV>와의 가맹국으로서 호출부호 HLSZ, 채널 10, 영상출력 2kW, 음성출력 500W의 <J-TV>로 출발하게 됐다. 임대한 사옥 4층 건물 가운데 4층에 다목적 스튜디오 1개와 아나운서실 1개, 종합조정실로 구성된 TV방송 연주소를 설치했다. 4층에는 TV 송신소를 설치하여 25m 송신철탑과 안테나를 세웠다. 국내 최초로 TV방송을 시작한 1957년 <HLKZ-TV> 개국 15년 만이고 1961년 <KBS-TV> 개국 이후 11년, 1964년 <TBC-TV> 개국 이후 8년인 동시에 1969년 <MBC-TV> 개국으로부터는 3년 만에 이루어진 출범이었다. 프로그램은 <MBC-TV>로부터 패키지로 공급받아 방송을 했으며, 로컬제작 프로그램은 전체 방송의 45%로 편성했다.[91]

TV개국 요원으로 1962년 <한국문화방송> 제2기 아나운서 공채 출신

---

90) ≪전주문화방송 30년사≫1995, 255~257・272쪽.
91) ≪전주문화방송 30년사≫1995, 86・156・367쪽.

인 김경준이 방송부장으로 특채됐다. 방송 인력은 기본적으로 <한국문화
방송> 대주주인 5·16장학회에 위탁하여 1970년 11월 12일 공채한 신
입사원을 주축으로 하고 일부는 라디오국에서 선발했다. 제1기 공채 방
송요원은 16명이었다. 기자직에 이석배 고재영 주규만, PD직에 허범구
박승호 이창환, 아나운서직의 김종희 등이었다. 라디오국에서 퇴직하고
특채되었거나 일반 특채된 요원은 24명이었다. 기자직에 김철수 최상호,
PD직에 노시창 홍태성 고석기 김동성, 아나운서직에 정경수 김종화 박
명숙, 카메라직의 정준모 등이었다.[92] 1971년 4월 1일 초대 대표이사
사장에 김재기가 취임했지만 경영상 어려움을 겪으면서 7월 1일 2대 사
장으로 백만두가 취임했다.[93]

라디오와 TV 합병으로 재출범

<한국문화방송주식회사>와의 제휴사로 개국한 <전북텔레비전방송주
식회사>가 <한국문화방송주식회사>의 직할국으로 개국한 라디오국을
개국 5개월 만에 인수하는 절차에 의해 합병함으로써 1971년 10월 1
일 <전주문화방송주식회사>가 제2창사 차원에서 재출범했다.[94]

1971년 6월 <한국문화방송주식회사>가 자산을 공개하고 순수 민간
상업방송으로 재출발하였다. 이를 위해 100%가 5·16장학회의 소유
로 되어 있는 자체 주식 70%를 민간인에게 분양하고, 전체가 본사 소
유로 되어 있는 지방사의 주식을 해당 지역 유지에게 85% 정도를 매
각한다는 방침에 따라 전북출신 기업인의 미원그룹이 <전주문화방송

---

92) 《전주문화방송 30년사》1995, 316~317쪽.

93) 《전주문화방송 30년사》1995, 87~88쪽.

94) 《전주문화방송 30년사》1995, 307쪽.

주식회사>를 매입, 인수하게 되었다. 당초에는 전북지역 연고인 삼화
인쇄주식회사가 맡는 것으로 결정하고 박문규(삼화인쇄주식회사 전무)
가 사장으로 내정되어 방송국의 인사안 작업까지 진행되었다. 그러나
방송국의 재무 상태를 검토한 결과 상당기간 적자를 면하기 어려울 것
으로 분석되어 인수를 포기하고 대신 미원그룹이 떠맡게 되었다.95)

　미원그룹은 라디오와 TV를 동시에 매입, 인수하기로 하고 새로운
출발에 앞서 경영진단과 인수 작업을 마친 1971년 9월 15일 <전북텔레
비전방송주식회사>를 <전주문화방송주식회사>로 상호를 변경했다. 라
디오와 TV의 합병으로 출범한 <전주문화방송주식회사>의 자본은 독립
된 주식회사의 형태이면서 경영과 방송은 <한국문화방송주식회사>의
가맹사 체제였다. 경영권자의 변동에 따라 9월 30일 호출부호를 HLSZ
에서 라디오에 맞춰 HLCX로 통일하고, 호출명칭도 <전북TV방
송>(J-TV)에서 <MBC-TV>로 변경했다.96)

　통합 창립에는 라디오국 임원 1명, 사원 43명과 TV의 방송직 20
명, 기술직 22명, 총무 21명 등 모두 107명이 참여하였다. 제2창사에서
보도부로 출범한 보도팀은 보도부장에 김홍기, 기자는 임병찬 강연식
백병기 남궁용영 오방원 최상호 주규만 이석배 고재영 등 9명이었다.
이어서 1974년 9월까지 김병철 고병천 이채훈 배기창 조두현 김민홍
이종성 박노훈 등이 입사했다. 카메라 기자직은 <전북텔레비전방송주식
회사>의 카메라 기자였던 정준모와 TV방송부에서 보도 카메라직으로
전보된 이길수가 있었다.97)

---

95) ≪전주문화방송 30년사≫1995, 294·313쪽.

96) ≪전주문화방송 30년사≫1995, 157·322·324쪽.

97) ≪전주문화방송 30년사≫1995, 119·322쪽.

이원화된 방송 환경 벗고 신사옥 준공

<전주문화방송국>과 <전북텔레비전방송주식회사>가 통합됨에 따라 1971년 10월 7일 임시 주주총회를 열고 그 명칭을 <전주문화방송주식회사>로 하고 10월 16일 임원을 선출하였다. 초대 대표이사 사장에 노시영, 상무이사는 라디오국장이었던 김종환과 임형순, 이사는 신용남 이환의, 감사 임철수 박문규를 선임했다.[98) 김종환 상무가 1972년 8월 20일 퇴임하고, 임형순 상무가 현업과 관리를 담당하는 단일 상무이사로 선임됐다. 1977년 3월 3일 노시영 사장이 퇴임하고 2대 대표이사 사장에 임형순 상무이사가 취임했으며, 상무이사에 <한국문화방송주식회사> 아나운서실장 최세훈이 선임됐다.[99)

합병된 라디오방송국의 고사동 건물은 라디오 부서와 광고부서를, <전북텔레비전방송주식회사>의 경원동 건물은 중역실과 TV부서를 배치했다. 중역실의 노 사장은 미원그룹 전무로 재직하고 임 상무이사도 미원그룹 이사 출신이었다.[100) TV와 라디오 사옥으로 이원화된 방송 환경은 종합사옥의 신축이 불가피해졌다. 전주시 진북동 417의 114번지인 구 동양제사 자리 6천600㎡(2천 평)를 확보하고 착공한 지 1년 6개월 만인 1978년 11월 16일 건축면적 5천280㎡(1천600평)에 지하 2층, 지상 6층의 신사옥을 준공했다.[101)

노 사장은 방송의 이미지를 제고하기 위해 사시를 방송의 모체인

---

98) <전북일보> 1971년 10월 17일 2면.

99) ≪전주문화방송 30년사≫1995, 88·323~325쪽.

100) ≪전주문화방송 30년사≫1995, 233·313쪽.

101) ≪전주문화방송 30년사≫1995, 325쪽.

<한국문화방송주식회사>의 사시를 승계하여 '자유·책임·품격·단합'으로 정했다. 사훈은 '인간성은 능력에 앞서고/ 능력은 성과로 측정한다'로써 기업체질로 확정하였다. 2대 사장 임형순이 취임하면서 이 사시를 새롭게 바꾸었다. <전북TV방송>의 사시 계승과 미원그룹 경영방식에 의한 사훈을 검토한 끝에 사훈은 사원들의 좌우명으로 격하시키고 사시를 변경한 것이다. '빠르고 바른 소식/ 새롭고 알찬 내용/ 빛나는 정신문화 북돋아/ 지역사회 발전에 기여하는 방송'이 그것이다. 그러나 1983년 3대 사장 최규철이 취임하고 <한국문화방송주식회사>의 사시를 계승함으로써 폐지되고 말았다.102)

TV 개국 당시 사옥 4층 옥상에 건립한 TV 송신기와 철탑 송신안테나를 1973년 2월 22일 익산군 삼기면 연동리 미륵산 해발 370m 지점으로 이전함으로써 그동안 전주권역을 벗어나지 못했던 방송권역이 전북 도내 평야부 전체로 확대되었다. 창사기념일은 <한국문화방송주식회사> 라디오 직할국으로 개국한 1965년 2월 20일의 개국년도로 하고, 창사일은 <전북텔레비전방송주식회사>의 개국인 1971년 4월 23일의 개국일로 확정했다. 1965년 4월 23일이 창사기념일이 되었다.103)

---

102) ≪전주문화방송 30년사≫1995, 327쪽.
103) ≪전주문화방송 30년사≫1995, 157·337쪽.

9. 전북인의 민간방송 〈서해방송〉

군산에 사옥을 마련 적성방송도 커버

<서해방송>(SBC)은 이리의 <기독교이리방송국>과 전주의 <전주문화방송주식회사>에 이어 전북의 세 번째 민간방송으로 탄생했다.

실질적 사주인 장경순의 지원 아래 1969년 10월 2일 호출부호 HLAS, 주파수 675㎑, 출력 10㎾로 개국하였다. 사옥은 군산시 죽성동 44의 2번지에 마련했다. 사시는 '국가이념과 국민의 이익을 직시하고 민족문화 향상과 국민경제발전, 사회공공복리 증진에 적극 기여한다'로 천명했다.[104] 이날 개국한 <서해방송>은 전주와 이리에 분실을 두었다.[105]

군산시민의 오랜 숙원이던 민간방송의 설립을 위해 1968년 6월 발기인 대표 진기풍 명의로 허가를 신청해 12월 24일 체신부장관의 가허가를 확보하였다. 1969년 2월 <주식회사 서해방송>이 설립되고 정규방송 이전에 9월 19일 <동양방송>(TBC)과 라디오 프로그램을 제휴하였다. 개국 당시 임원은 회장 김진남과 사장 진기홍, 부사장 진기풍, 상무이사 장진순, 편성국장 박종열, 해설위원 겸 전주출장소장 이호선, 업무국장 김종석으로 구성됐다. 편성심의 위원은 6명으로서 조유숙(군산수산전문대학 학장) 고영석(군산 십자병원 원장) 한완석(군산 동부교회 목사) 채기배(옥구군 개정면) 이춘자(군산교육대학 교수) 고천식(군산제지 사장) 등이 활동했다.[106]

---

104) ≪전주문화방송 30년사≫1995, 246쪽. <전북일보> 1969년 7월 23일 4면.

105) <전북일보> 1969년 10월 2일 7면.

106) ≪전주방송 50년사≫1988, 160~161쪽. <전북매일> 1969년 7월 19일 3면.

제1기 방송요원 최종 합격자 10명

개국에 앞서 1969년 8월 18일 제1기 방송요원 최종 합격자 10명을 선정해 발표했다. 아나운서에 이종성 신용만, 프로듀서에 김학 이민자 국승옥 신봉근, 기자는 양승준 최영배 김상룡 강순권 등이었다.[107] 1970년 6월 제2대 사장에 전 체신부 차관 임남수가 취임했다.[108] 1975년 3월 3일에는 보도국 부국장 최낙도를 총무국장으로, 보도국장 대우 김병남을 보도국 부국장으로 각각 인사발령을 했다.[109]

1971년 3월 보도국이 신설되었다. 이에 따라 전주분실이 전주본사로 승격하는 한편 보도국은 전주본사에 존치하고 보도국장에는 이호선 전주분실장이 해설위원을 겸하여 임명되었다. 이로써 도내에 본사를 둔 유일한 민간상업방송인 <서해방송>은 군산과 전주시 고사동 1가 71의 두 곳에 본사를 두고 총무, 편성, 보도, 기술 등 4국으로 확장을 보았다.[110]

방송을 위해 옥구군 대야면 죽산리에 높이 132m의 지역민간방송으로서 가장 높은 안테나를 시설했다. 강력한 출력과 함께 전북지역 난청지구(무주 진안 장수)는 물론 전남과 경북, 그리고 제주를 가청지역으로 하고 적성방송까지 커버하여 반공의 일을 맡기도 했다.[111]

---

107) <전북일보> 1969년 8월 19일 3면.

108) <전북매일> 1970년 6월 23일 3면.

109) <전북신문> 1975년 3월 7일 3면.

110) <전북일보> 1971년 3월 13일 3면.

111) <전북매일> 1969년 10월 2일 3면.

10. 전북지역 언론인 활동

한국기자협회 산하 전북기자협회 창립

한국기자협회 전북도 지부 결성대회가 1964년 11월 21일 전주시 중앙동 3가 전라북도 공보관 건물 2층에서 한국기자협회 이강현(동아일보 지방부 차장) 회장과 도내 회원 73명을 비롯하여 이정우 전북도지사, 박용상 <전북일보> 사장 등 내빈이 참석한 가운데 개최되었다. 이 자리에서 초대 지부장에 <전북일보> 편집부 이치백 차장, 부지부장에 <삼남일보> 취재부 유연수 기자가 선출됐다. 이날 대회에서는 <동아일보> 논설위원 서석순 박사의 '한국 민주정치 발전에 있어서의 언론의 공과'라는 제목의 특별강연이 있었다.[112]

1964년 8월 17일 한국기자협회가 창립할 시기에 전북도 지부의 회원은 <전북일보> 29명(본사 16명, 주재 13명), <삼남일보> 11명(본사 9명, 주재 2명), <호남일보> 9명(본사 9명)과 중앙지 주재기자 31명 등이었다.

한국기자협회가 창립할 시기에 전북지역 각 신문사의 회원(본사 기준)은 다음과 같다.

<전북일보> 이치백 장한복 김영채 김원대 김복순 진병주 최병우 고광준
전택준 최경두 이한형 임갑선 김종익 권경승 정종규 김영호
<삼남일보> 유연수 김현기 박주홍 이상무 김석근 신석상 서용철 김한철
박창섭
<호남일보> 전혁진 안장석 최영주 강인덕 구희봉 김윤기 박재현 김종휘
김영배[113]

---

112) <기자협회보> 1964년 12월 15일 3면. 이치백, 구술.
113) <기자협회보> 1964년 11월 10일 4면.

전북지역 신문사의 지방주재 특파원은 다음과 같다(괄호 안은 근무지).

      <전북일보> 이계동(군산) 문화봉(군산) 김병남(군산) 최병권(이리) 소
             완영(이리) 노진근(이리) 김종석(김제) 오홍수(남원) 이근
             성(정읍) 정규갑(고창) 양만성(부안) 이상덕(임실) 김본성
             (장수)114)
       <삼남일보> 강덕수(서울) 이종술(서울)115)

전북지역에 파견된 중앙지의 주재회원은 다음과 같다(괄호 안은 근무지).

       <경향신문> 탁철생(전주) 최순범(전주) 송철영(이리) 이병은(군산) 옥양환
             (정읍)
       <대한일보> 김한봉(전주) 박근용(군산) 김영언(군산) 고병우(이리) 장성옥
             (남원)
       <동아일보> 박주린(전주) 송종인(전주) 이정호(이리) 양요섭(군산) 장윤덕
             (남원) 이국녕(정읍)
       <서울신문> 구연수(전주) 송종호(전주) 오광근(군산) 이양훈(이리) 최현식
             (정읍) 김정룡(남원)
       <조선일보> 신정호(전주) 이종희(전주) 박형보(이리) 김재환(군산)
       <한국일보> 김득순(전주) 정익환(전주) 백동현(군산) 전인걸(이리) 김경환
             (정읍)116)

---

114) <기자협회보> 1965년 1월 15일 2면.

115) <기자협회보> 1965년 2월 15일 1면.

116) <기자협회보> 1964년 12월 15일 1·2면. <기자협회보> 1965년 1월 15일 2면.

[표 8] 한국기자협회 전북도 지부 연도별 회원 수

(매년 3월 30일 기준)

연도 \ 회원사		전북일보	전북매일	호남일보	전북신문	전주MBC	서해방송
1965	본사	17	9	3			
	주재	17					
	계	34	9	3			
1966	본사	15	23	*			
	주재	16					
	계	31	23				
1967	본사	10	13				
	주재	14	2				
	계	24	15				
1968	본사	16	13				
	주재	14	13				
	계	30	26				
1969	본사	16	19				
	주재	10	10				
	계	26	29				
1970	본사	12	16	5			
	주재	9	8				
	계	21	24	5			
1971	본사	27	29	5			8
	주재	14	15				
	계	41	44	5			8
1972	본사	15	28	3			6
	주재	11	8	1			
	계	26	36	4			6
1973	본사	20	24	2		13	9
	주재	9	10				
	계	29	34	2		13	9
1974	본사				**44	14	11
	주재				7		
	계				51	14	11

출처: ≪기자협회 10년사≫1975, 250~251쪽 재구성.
* <호남일보>는 1965년 12월 14일 기자 전원의 무보수 상태가 규약을 위반했다는 한국기자협회의 결의에
  따라 전원 회권자격을 박탈당했다.[117]
** 1973년 6월 1일 <전북일보> <전북매일> <호남일보>의 3개 신문사가 <전북신문>으로 통합되었다.

---

117) <기자협회보> 1966년 1월 15일 1면.

전북기자협회에 의하면 2018년 6월 기준으로 <전북일보> <전북도민일보> <전라일보> <전민일보> <전북중앙신문> 등 신문 5개사, <KBS전주방송총국> <전주MBC> <JTV전주방송> <CBS전북방송> 등 방송 4개사, <연합뉴스>전북취재본부 <뉴시스>전북취재본부 <뉴스1>전북취재본부의 통신 3개사 등 모두 12개 언론사가 가입해 있고 280여 명의 회원기자들이 활동하고 있다.

전북지역 언론사에서 한국기자협회 임원진에 진출한 언론인은 이어지고 있다. 제5대 감사에 이치백(전북일보 취재부), 18·19대 감사에 김대원(전북신문 사회부), 22·23대 부회장에 김철규(전북신문 사회부), 33대 감사에 김화욱(전라일보 정경부), 35대 부회장에 양창명(전북일보 지방부), 37대 감사에 김은태(CBS전북방송 보도국), 38대 부회장에 이경재(전북일보 정치부), 39대 부회장에 강웅철(전북도민일보 사회부), 41대(1·2기) 부회장에 성지호(JTV전주방송) 등이 활동했다.118)

전북도 지부는 지방자치 시대에 걸맞게 1998년 지부 명칭을 '전북기자협회'로 변경하였다. 열악한 사세와 영세성 등으로 회원사 가입을 못하고 있던 언론사도 일정 수준의 가입조건이 충족됐다고 판단되면 문호를 개방해서 영입을 추진한다는 계획이다. 전북기자협회는 회원들의 취재견문을 넓히기 위해 2003년부터 매년 회원사별 1명씩 추천을 받아 중국 일본 베트남 등에서 해외연수를 실시하고 있다. 매년 12월이면 회원들이 참여하는 '기자의 밤'을 개최한다. 이 자리에서는 그해 취재와

---

118) 《한국기자협회 50년사》2014, 698~725쪽.

편집 활동에 대하여 취재, 편집, 기획, 사진 등 4개 부문에 걸쳐 상금과 상패를 수여하는 전북기자상을 시상하고 있다.

전북기자협회 역대 회장 체계화

전북기자협회가 2018년을 기준으로 결성 이후 54년이 지났지만 단체의 전반적인 내력을 알 수 있는 공식적인 자료가 없는 것으로 파악되었다. 그런 까닭에 전북기자협회의 역대 회장 등을 정리하기 위하여 '기자협회삼십년사' '한국기자협회 50년사' '기자협회보 축쇄판' <삼남일보> <전북매일> <전북신문> <전북일보>(1973년 통폐합 이전과 이후 두 제호의 신문), 그리고 언론인들의 구술 등을 종합 분석하여 처음으로 체계화하였다.

전북기자협회는 1969년 6월 25일 제정된 한국기자협회의 예규 규정에 따라 협회장은 1971년까지는 본회 회장이 직접 임명하였고, 1991년 9월 21일 규약을 개정하여 도지부 운영위원회에서 운영위원 가운데 직접 선출, 제청을 받아 임명했다. 1998년 12월 15일 열린 본회 대의원대회에서 규약을 다시 변경하여 12월 31일 이내에 협회 회원 중에서 선출하도록 하여 오늘날 그 방식으로 진행되고 있다. 협회의 회장 및 임원의 임기는 2년이며, 협회장 선출규정은 각 시도협회별로 별도로 정하였다.[119]

이에 따라 전북기자협회는 1970년 제7대 회장까지는 본회 회장이 직접 임명하였으며, 1971년 제8대 회장부터는 협회 회원 중에서 선출했다. 전북기자협회 회장의 임기는 한국기자협회 정관에 따라 1964~1993년은 1년이었고, 1994년 제30대 회장부터는 2년으로 하고 연임할 수 있도

---

119) ≪한국기자협회 50년사≫2014, 583쪽.

록 했다.[120] 임기는 1999년 제32대 회장까지는 대부분 5월에 시작되었으며, 그 이후에는 다음해 1월에 시작하도록 하였다. 전북기자협회는 1964년 출범한 이후 2018년의 42대 회장에 이르기까지 신문, 방송, 통신 등 11개 언론사에서 33명의 역대 회장이 탄생하였다. [부록 1 참조]

임기를 다 채우지 못해 권한대행이 잔여임기를 마쳤던 대행체제는 세 차례 있었다. 1988년 선출된 25대 임기환 회장이 한국기자협회 비회원사인 창간 신문 <전라일보>로 소속을 옮기면서 <전북일보> 박인환 차장이 공석을 메웠다.[121] 1992년에 29대 김화욱 회장이 소속회사인 <전라일보>가 경영난으로 제작을 전면 중단하는 바람에 회장의 공석이 1년 넘게 지속된 후 <CBS이리> 박진수 기자가 그 자리에 선출되었다.[122] 이어 31대 이춘구 회장이 임기도중 '일신상의 이유'로 사의를 표명함에 따라 <전주MBC> 송하봉 기자가 대행을 한 것으로 협회 관계자 등 당사자들의 증언과 관련 자료 등을 조사하여 파악했다.

전북기자협회는 회원들의 친목을 강화하기 위해 1971년부터 매년 체육대회를 한 차례씩 개최하고 있다.

제1회 언론인친선체육대회는 1971년 11월 13일 전주고교 교정에서 개최했다. 이날 축구경기는 도내 기관장과 편집인협회와의 오픈게임으로 시작하여 전북매일 팀, 전북일보 팀, 혼합방송 팀, 전주시내 중앙기자단 팀, 시군주재기자 팀 등 5개 팀이 출전하였다.[123]

전북기자협회는 이처럼 회원사별로 대진하여 축구경기를 해 오던 체육대회를 2014년에 회원사 전체를 신문과 방송, 통신, 연합팀 등 4개 팀

---

120) ≪한국기자협회 50년사≫2014, 668쪽.
121) <전북일보> 1988년 11월 19일 2면.
122) ≪한국기자협회 50년사≫2014, 1043쪽.
123) <전북매일> 1971년 11월 12일 7면. <전북일보> 1971년 11월 12일 7면.

으로 운영하다 2015년에는 A, B 팀의 두 팀으로 구성하여 열었다. 2016년 5월 21일 개최된 체육대회에서는 그간 대회와 다르게 실외가 아닌 실내행사로 전환했다. 선수 수급상황도 감안하여 회원 가족 중심의 친목 행사로 변환하여 레크리에이션과 배구, 족구경기 등을 진행하고 있다.

한국기자협회는 1972년부터 '기협 친선축구대회'를 매년 개최하고 있다. 처음 서울에 위치한 언론사 분회 대항대회로 개최되던 이 대회는 1979년 제8회 대회부터 지역 회원사들이 참가함으로써 전국 규모의 대회로 발전하였다. 갈수록 회원사들이 크게 늘어나면서 2000년 제28회 대회부터는 전국대회를 대신해 시도협회별로 지역대회를 치르게 되었다.124)

한국기자상과 이달의 기자상 수상자

한국기자협회는 뛰어난 보도활동과 민주언론 창달에 뚜렷한 공적이 있는 기자를 발굴해서 격려하고 포상하기 위해 1967년 '한국기자상' 제도를 제정하여 매년 수상자에게 상패를 수여하고 있다. 그해 있었던 제1회 한국기자상은 취재보도, 편집, 사진보도, 공로상 등 4개 부문으로 출발하였다. 1993년부터는 지역취재보도, 지역기획보도, 해설·논평기사, 출판제작, 특별상 부문이 신설돼 시상부문이 11개 부문으로 크게 늘어났다. 지역 언론에 대한 문호가 기존에 비해 넓어진 것이다.125)

전북지역의 언론인들이 2014년 10월 현재까지 그동안 한국기자상을 수상한 것을 언론사별로 집계하면 <전북일보> 2건, <전북도민일보> 1건, <KBS전주> 1건, <CBS전북방송> 2건, <YTN> 1건 등 5개사에서

---

124) ≪한국기자협회 50년사≫2014, 451쪽.

125) ≪한국기자협회 50년사≫2014, 359·366쪽.

모두 7건에 달하고 있다.

<전북일보> 진병주 기자가 1968년 제2회 취재보도 부문에서 수상작 3건 가운데 하나인 '낙도 불우 어린이환자 돕기 캠페인'으로 전북언론사상 최초로 한국기자상을 수상했다.126) 1994년 제26회 지역기획보도 부문에서 '동학농민혁명 1백주년-그 역사의 현재적 의미를 조명한다'(전북일보 김은정 문경민 김원용 오병권 기자)가 수상작으로 결정됐다. 이 작품은 저널리즘과 아카데미즘이 성공적으로 결합해 보도의 새로운 지평을 열었다는 평가와 함께 7건의 최종 수상작 가운데 유일하게 10점 만점 중 9점 이상을 받음으로써, 토론 없이 수상작으로 결정됐다.127)

1997년 제29회 지역취재보도 부문에 '기강 해이 민생경찰'(KBS전주 윤양균 신재복 기자), 2003년 제35회 지역취재보도 부문에 '대구지하철 참사 생생히 기록한 CCTV 화면 단독 보도'(YTN 전주지국 조영권 여승구 기자),128) 2008년 제40회 지역기획보도 부문에 'AI 기획리포트-잔인했던 봄, 그리고 앵무새의 경고'(CBS전북방송 김용완 이균형 기자), 2010년 제42회 지역기획보도 부문에 '로드다큐-길'(전북도민일보 기획특집부 하대성 우기홍 양준천 권동원 기자), 2011년 제43회 지역취재보도 부문에 '현직 군수와 후보들, 브로커에 줄줄이 노예각서'(CBS전북방송 보도국 이균형 임상훈 기자)가 수상했다.129)

한국기자협회는 1990년 10월 26일 한국기자상 제도를 보완·강화하

---

126) 《한국기자협회 50년사》2014, 360쪽. 진병주 기자는 1967년 7월 한 퇴역수녀가 앞장 선 군산 선유도의 중등과정인 고등공민학교의 설립추진 현황을 보도하는 한편 설립지원운동을 벌여 낙도 어린이들에게 배움터를 마련해 주었다(<전북일보> 1968년 8월 15일 3면. <전북매일> 1968년 8월 16일 3면).

127) 《한국기자협회 50년사》2014, 367쪽.

128) 《한국기자협회 50년사》2014, 368·372쪽.

129) 《한국기자협회 50년사》2014, 374~376쪽.

고 새롭게 기사 평가기준을 마련해 민주언론을 진작시킨다는 목표로 '이달의 기자상' 제도를 신설하고 매달 시상하고 있다. 선정된 보도물은 1992년부터 '한국기자상' 후보작으로 자동 추천되고 있다. '이달의 기자상'은 언론환경의 변화에 따라 온라인 부문과 만평 부문 신설, 경제보도 부문을 신설했다. 최근에는 취재보도 부문을 취재보도 1부문(정치·사회)과 취재보도 2부문(문화·체육·레저·과학·환경·국제·영자신문)으로 분리해서 시행하고 있다.130)

2014년 10월 기준으로 전북지역 언론인들이 받은 '이달의 기자상' 수상작은 주로 지역기획보도와 지역취재보도 부문을 중심으로 신문·통신 분야 12건과 방송 분야 19건 등 총 31건으로 분석되었다. 이들 수상작을 언론사별로 살펴보면 신문·통신 분야는 <전북일보> 4건, <전북도민일보> 3건, <경향신문> 1건, <한겨레> 1건, <연합뉴스> 3건이고, 방송 분야는 <KBS전주> 4건, <KBS남원> 1건, <전주MBC> 5건, <JTV전주방송> 5건, <CBS전북방송> 3건, 그리고 <YTN> 1건 등 11개사가 수상하였다. [부록 2, 부록 3 참조]

'사이비 기자 고발센터' 운영

한국기자협회 전북도 지부는 결성 직후부터 회원들의 자질 향상과 자정을 통한 사이비 기자 일소에 주력했다. 1965년 7월 22일 도지부는 "최근 사이비 기자들이 횡행하면서 각 기관을 비롯하여 개인까지도 괴롭히고 있다. 이러한 사이비 기자들의 근절에 모든 수단과 방법을 가리지 않겠다"고 밝혔다. 성명을 통해 이같이 밝힌 도지부는 "사이비 기자

---

130) ≪한국기자협회 50년사≫2014, 377~378쪽.

들은 유명무실한 언론기관에 소속해 있다고 자칭할 뿐만 아니라 심지어 언론정화를 위해 전력을 다하는 진정한 신문기자의 집단체인 '한국신문기자협회원'을 사칭한다는 사실을 중대시하고 사직(司直)과 긴밀한 연락을 갖고 철저히 적발하여 고발조치를 취하겠다"고 천명했다.[131]

전북도 당국은 문화공보부에 정식으로 등록된 한국기자협회 산하단체를 제외하고는 일체의 언론단체에 대하여 행정조치를 단행하였다. 도당국의 이 같은 방침은 한국신문협회의 요청에 따른 것이다. 전북에는 언론인협회 또는 기자단 지국장 등이 많이 있지만 이 단체는 문화공보부에 등록을 하지 않았기 때문에 사이비 언론단체라는 것이다. 한국기자협회 전북도 지부는 이 같은 도당국의 방침을 환영하면서 강력한 조치를 취해줄 것을 요청했다.[132]

도지부는 이를 위해 사직당국에 사이비 기자 단속을 의뢰하는 공한을 보내 비행언론사와 언론인에 대한 조처를 요청하였고, 각 기관 및 주요 기업, 학교 등 취재처에 사진이 첨부된 회원명단을 수시로 제공하여 언론계의 정화작업에 주력했다. 1971년 9월부터는 도지부 사무실에 '사이비 기자 고발센터'를 설치, 운영하는 등 언론인의 자정활동에 각별한 노력을 쏟았다. 언론자유의 신장, 회원들의 권익옹호 및 단합에 역점을 두어 다양한 사업을 펼치면서 회원사의 처우개선에도 심혈을 기울여 왔다. 실제로 당시 언론인 처우가 매우 열악했던 <삼남일보>에 공한을 보내 개선대책을 촉구했으며, 기자구락부에 회원지정병원을 위촉해서 건강관리에도 지원하고 나섰다.[133]

---

131) <전북일보> 1965년 7월 23일 1면.

132) <전북일보> 1967년 12월 15일 3면.

133) ≪기자협회삼십년사≫1994, 649쪽.

제8장
전두환 정권의 전북언론

1. 유신정권의 언론정책 연장

언론인 강제 해직부터 시작

1979년 12·12사태와 5·17비상계엄 확대를 통해 권력을 장악했던 신군부는 불안정한 권력기반을 다지기 위해 언론장악을 통한 여론조작을 시도했다. 전두환 정권은 유신정권의 '언론정책의 연장이면서 동시에 체계적인 확대라고 할 수 있는' 강력한 언론통제정책을 실시하였다.[1]

신군부는 국군보안사령부의 언론대책반이 집권 시나리오로 입안한 'K 공작계획'을 1980년 3월 24일부터 시행에 들어가 언론정비에 착수했다.[2] 이는 신군부에 대하여 잠재적인 저항세력을 제거하겠다는 의도였다.

---

1) 김해식, 1994, 152쪽.
2) <경향신문> 1995년 12월 13일 22면.

신군부에서 언론 장악은 언론인의 강제 해직부터 시작됐다. 언론인의 해직은 1980년 7월 29일과 31일 한국신문협회와 방송협회, 통신협회 등 3개 단체가 '언론자율정화 및 언론인의 자질향상에 관한 결의문'을 발표한 후 8월 2일부터 전국 언론사에서 단행됐다. 결의문 내용은 문화 공보부가 써 준 그대로였다. 이 결의문이 채택되기 이전에 7월 중순께 부터 각 언론사주에게는 7월말까지 기자 전원의 사표를 받도록 지시를 내린 상태였다. 외형상 '자율 결의'라는 형식을 취했지만 신군부의 강압 과 언론사주의 굴복으로 가능했던 강제 해직이었다.3)

언론 통폐합은 방송의 공영화, 신문과 방송의 겸영 금지, 신문 통폐 합, 중앙지의 지방주재 기자 철수, 지방지의 1도 1사제, 통신사 통폐합 으로 대형 단일통신사(연합통신) 설립 등이 주요 내용이었다.4) 통폐합 과정에서도 많은 언론인의 해직이 뒤따랐다. 언론인 해직과 언론 통폐 합을 통해 언론을 순응적 체질로 개편한 정권은 입법회의를 통해 저항 의 가능성을 차단하기 위한 제도적 안전장치로 언론기본법을 제정했다. 이 법이 1981년 1월 5일부터 발효됨으로써 기존의 '신문·통신 등의 등록에 관한 법률' '방송법' '언론윤리위원회법' 등이 자동 폐기되었다. 이 법은 문화공보부 장관이 신문·통신의 등록을 취소하거나 발행을 정 지할 수 있도록 규정하였다. 이처럼 정권은 언론인의 대량 숙정, 언론 통폐합, 언론기본법 제정 등 잇따른 일련의 조치를 통해 언론 구조를 재 편하고 나아가 언론을 사실상 무장 해제하게 했다. 그 상황에서 세부적 인 보도사항을 통제하는 '보도지침'으로 언론의 일상적인 제작까지 일일 이 간섭하였다.5)

---

3) 채백, 2012, 521쪽.
4) 강준만, 2007, 547쪽.

국민의 반독재타도와 민주화요구 시위가 거세지는 가운데 현실에 안주하면서 민주화의 염원을 외면해 왔던 각 언론사 기자들은 뒤늦게 민주언론으로서 기능을 회복해야 한다는 반성과 인식 끝에 언론자유 수호 선언을 하기에 이르렀다. 언론자유수호 선언은 대개 시국선언 성격을 띠고 정부의 언론간섭 배제와 언론인의 자성 등을 주장하고 있었다. 그러나 그 이후에는 정권의 언론자유에 대한 보장에 따라 언론환경 전반에 대한 개선의 성격을 띠면서 언론민주화와 공정보도를 결의한 것이 특징이다.[6]

탄압에 저항한 민주언론

신군부의 언론사 통폐합에서 전북은 이미 1973년 6월 3개사의 통합을 치렀던 만큼 칼바람 조치를 비켜갈 수 있었지만, <서해방송>은 1980년 12월 1일 <KBS>로 흡수 통합되어 <KBS 군산방송국>으로 전환되었다. 독립법인 체제였던 <전주문화방송주식회사>는 소유 주식 이전과 함께 <한국문화방송주식회사>의 계열화로 변신했고, <기독교이리방송국>은 보도기능을 중단하고 복음방송만 전담했다. 언론 통폐합과 언론인의 무더기 해직은 언론에 재갈을 물리고 언론자유는 한참 뒷걸음을 칠 수밖에 없었다.

1980년 전두환 정권은 언론 통폐합과 함께 언론인의 대량 숙정 계획을 시행했으며, 전국적으로 700여 명의 언론인이 강제적으로 해직됐다. 그해 여름의 '언론인 대학살'은 중앙사와 지방사를 가릴 것 없이 무차별적으로 자행됐다. 전체 가운데 200여 명을 지방사 기자

---

5) 김민환, 1996, 502~503쪽.

6) ≪기자협회삼십년사≫1994, 274~275쪽.

가 차지하고 있는 데서도 이 같은 사실을 말해주고 있다. 지역 언론의 해직자 명단은 대체적으로 그 지역 보안대와 관계기관이 선별·작성한 것으로 드러났다. 1980년 7월 하순부터 8월초 사이 기자들은 편집국장의 '지시'로 일괄사표 제출을 강요당했다. 평소 바른 말과 글을 써온 '눈엣가시' 같은 기자들을 주목해 두고 있었던 것이다. 이들이 강제 해직 과정에서 겪은 고초와 수난은 중앙지들에 비해 제대로 알려지지 않고, 지역사회 지식인들의 울분 정도로 묻혀버린 느낌이 짙다.7)

전북에서는 적어도 32명(중앙지 주재 등 9명 포함)의 언론인이 강압 분위기 속에서 직장을 떠나야만 했다. 1980년 8월 전북지역 언론사에서 활동하다 해직된 기자는 <전북신문> 9명과 <KBS전주> 5명, <전주MBC> 4명, <CBS이리> 2명, <서해방송> 3명 등으로 파악됐다. 전북지역 각 언론사별 해직언론인은 다음과 같다.

> <전북신문> 서홍석 김현기 김종량 김승일 조용규 강병옥 고정길
>   정종석 원유길
> <KBS전주> 강호경 김순강 채철수 탁병용 오방원
> <전주MBC> 정준모 김희수 이채훈 배기창
> <CBS이리> 최유철
> <서해방송> 박진수 백명기 곽태갑

중앙지와 다른 지역 지방지의 해직된 전북지역 주재기자는 다음과 같다.

---

7) <한겨레신문> 1988년 11월 1일자 6면.

<경향신문> 서창석(이리), <동아일보> 이준(남원), <신아일보> 한동술
(전북) 박성현(전주), <중앙일보> 이근무(이리), <한국일보> 정익환(전
주), <전남일보> 김정용(남원) 김환국(전주) 이순무(김제)[8]

2. 제호 복귀한 〈전북일보〉

언론자유수호 선언과 공정보도 결의

<전북신문>은 통합 10년 만에 1983년 6월 1일 제호를 <전북일
보>로 바꾸었다.[9] 제호의 변경은 유신정권의 강압에 의한 언론탄압
의 소산이었기 때문에 회복하였다.[10] 이것은 <전북일보>가 시공을
넘어 1950년 10월 15일 출범한 구 <전북일보>의 창간호를 기산점
으로 계승하면서 정통성과 역사를 다시 잇는다는 의미를 내포하고
있다.[11]

전주시 고사동 1가에 자리 잡았던 구 <전북일보>의 사옥은 건축한
지 50년 이상 된 건물로 낡고 비좁아 1970년 10월 10일 지하 1층 지상
5층으로 증축 완공했지만 확장되는 사세를 수용하기에는 한계였다.
1982년 8월 이사회의 결의와 주주총회의 승인을 받고 전주시 금암1동
710-5번지에 위치한 한국토지개발공사의 보유 토지 2천731.9㎡(826.4
평)를 1982년 8월 18일 5년 분할납부 조건으로 매입계약을 체결했다.
기존의 사옥은 시공업체인 주식회사 롯데건설에 매각하고 그 대금을 신

---

8) 정연수, 1997, 180~191쪽. 고승우, 1997, 223 · 243~254쪽. 김종량, 2014, 236~237쪽. <전북일
  보> 1989년 11월 1일 2면.

9) 《전북일보 60년사》2010, 80쪽.

10) <전북일보> 2016년 4월 4일 17면.

11) 《전북일보 60년사》2010, 81쪽.

축비에 충당하기로 결정을 보았다. 1983년 5월 1일 총공사비 40여억 원을 투입하여 지하 2층 지상 15층 규모로 건립하기로 하고 첫 삽을 떴다. 1984년 3월 26일 지하 2층 지상 5층의 1차 완공건물에서 신문사 이전이 단행됐다.12)

<전북신문> 기자들은 1980년 5월 16일 편집국에서 언론자유수호 선언과 공정보도 실천사항을 결의했다. 이날 행사는 한국기자협회 전북신문분회의 주도로 기자 31명이 참석했다. 신문사 간부들의 회유와 반대를 무릅쓰고 치러진 이 자리에서 기자들은 선언문을 통해 "지난날 직필과 곡필의 갈등 속에서 언론 본연의 자세를 정립하지 못한 과오를 통감하며 정론을 펴는 냉혹한 증인으로 영원히 썩지 않는 소금이 될 것"을 다짐했다. 또한 기자들은 '언론탄압 중지' '검열 거부' 등을 주장하고 결의를 통해 알권리를 위해 공정한 보도, 내외부의 부당한 간섭을 배격, 어떠한 세력에도 야합하지 않는다, 부당한 압력이나 제재가 있을 때 행동통일 등 언론자유수호 선언 낭독 및 7개 실천 결의사항을 만장일치로 채택하였다.13)

1980년 5월에는 기자들이 취재한 내용이 보도되어 계엄당국의 심기를 자극하거나 검열에 걸려 보도되지도 못하고 취재수첩에 묵히게 된 극단의 사례가 종종 발생했다.

5월 10일 김대중이 11일 개최될 동학제 기념식에 참석하기 위해 전날 정읍을 방문했다가 내장산 숙소에서 가진 기자회견 내용을 김종량 김승일 박준웅 기자가 5월 12일 1면 중톱기사로 사진과 함께 보도한 것은 계엄당국의 심기를 불편하게 만드는 계기가 됐다. 이날 회견 내용은

---

12) ≪전북일보 10년사≫1984, 118 · 346~347쪽.

13) <전북신문> 1980년 5월 17일 7면. 김종량, 2014, 230쪽.

중앙지 어느 곳에도 보도되지 않았던 것이다.[14]

유신정권의 서슬이 퍼렇던 1976년 3월 '3 · 1민주구국선언 사건'으로 투옥됐다가 10 · 26 사태 이후 사면 복권으로 정치활동을 재개한 김대중이 전북지역에 모습을 드러낸 것은 국민의 이목을 집중시킬 만 했다. 당시의 정치상황은 안개정국 속에서 대권을 모색하던 시절이었기 때문이다.

1980년 5월 27일에는 전주신흥고교 학생들이 전국에서는 최초이자 유일하게 "계엄군의 총칼에 광주 애국시민들이 꽃잎처럼 사라져가고 있다"며 학내시위를 벌였다. 그러나 전북언론은 도내에서 발생한 광주 관련 시위마저 계엄검열에 걸려 전혀 보도하지 못했다. 김종량 차장이 이 시위 현장을 생생하게 취재했지만 검열에 막혀 보도되지 못한 상황이 벌어졌다. 석간 발행이었던 신문은 이 날짜 사회면에 '고교 전국최초 신흥고교 학생들 광주민주항쟁 관련 데모'라는 제목을 뽑고 편집까지 했지만 정작 군 계엄당국의 검열에 걸려 보도되지 못하고 그 기사가 들어가려던 자리는 형식적인 광고로 채워졌다.[15]

기자들의 강제 해직

앞에서 말한 바와 같이 <전북신문>에서 1980년 8월 13일 9명의 기자가 강제 해직되는 아픔을 겪었다. 신문사는 해직에 대한 어떤 이유도 밝히지 않았고 편집국장 역시 묵묵부답이었다고 하니까 당시 외압에 짓눌린 내부 분위기를 감지할 수 있다. 직장을 잃은 기자는 서

---

14) <전북신문> 1980년 5월 12일 1면. <한겨레신문> 1988년 11월 1일 6면.
15) 김종량, 2014, 231~235쪽.

홍석 정치부장, 정종석 경제부 차장, 원유길 취재부장 대우(김제주재), 김현기 조사부 차장, 김종량 정치부 차장, 고정길 사회부 차장 대우, 강병옥 차장 대우(진안주재), 김승일 차장 대우(정읍주재), 조용규 기자(순창주재) 등이다. 이들 해직 기자들의 공통점은 사내 언론자유 실천 결의와 함께 정읍 동학제 기념식에 참석한 김대중 취재, 전국고교 최초의 유일한 학내 시위 등의 취재보도와 연관이 있다고 볼 수 있다.[16]

형식적으로 보면 의원해임이지만 실제로는 신군부의 강압적인 조치였고, 해직 절차의 정당성은 그만두고 당사자에 대한 소명이나 소명의 기회조차 없는 일방적인 처사였던 것으로 알 수 있다. 실제적으로 해직 사유는 서홍석 부장과 김종량 차장, 김승일 차장 대우의 경우 5월 10일 김대중의 정읍방문 취재 때문이라는 것이 언론계의 판단이었다. 김종량은 당시 한국기자협회 <전북신문> 분회장으로서 5월 16일 언론자유 실천 결의대회를 주도한 것이 신군부의 주목을 받은 데다 김대중의 행보와 언론의 동정에 관심을 갖고 있던 그들에게 비위를 거슬리게 했다는 것이다.[17] 강병옥은 1984년 3월 1일, 김종량과 김승일은 1984년 8월 1일, 정종석과 고정길은 1985년 2월 1일 신문사에 다시 복직됨으로써 명예회복의 기회가 있었다. 다만 서홍석과 김현기 원유길 조용규는 복직이 이뤄지지 않았다.[18] 복직자들도 본래 소속된 편집국이 아닌 기획관리실 광고국 업무국 등 일반 부서에 배치되기도 하여 신군부의 사후 입김작용 가능성을 배

---

16) 강병옥 고정길 김승일 김종량, 구술. 김종량, 2014, 231쪽, 237쪽. ≪전북일보 60년사≫2010, 295쪽.

17) 강병옥 고정길 김승일 김종량, 구술.

18) ≪전북일보 60년사≫2010, 295~296쪽.

제하지는 못했다.[19]

3. 규모 방대해진 〈KBS 전주방송총국〉

방송국 승격과 로컬 컬러 TV방송

1980년 12월 방송 통폐합으로 규모가 방대해진 〈한국방송공사〉(KBS)는 기구정비로 개편된 산하 지방 방송국이 도청 소재지에 있는 8개 갑지 방송국과 지역 내 몇 개씩의 을지 방송국들을 관장하도록 했다. 이에 따라 전북에서 〈KBS〉는 갑지의 〈전주방송국〉과 을지의 〈남원방송국〉 〈군산방송국〉 체제를 갖췄다. 기구가 개편되면서 〈전주방송국〉은 방송부와 승격된 보도부, 기술부 등 3부와 국장 직속의 서무과 업무과를 두었다. 송·중계소는 백산송신소 무주중계소 장수중계소 미륵산중계소 모악산중계소가 있었다. 〈남원방송국〉은 방송과 기술과 업무과와 함께 남원송신소를 운영하였고, 〈군산방송국〉은 방송과 영업과 업무과 기술과와 대야송신소가 있었다. 지방 방송국의 기구개편에 따라 1986년 12월 8일 〈전주방송총국〉으로 이름이 바뀌었고, 각 부서기구도 부(部)단위에서 국(局)단위로 승격되어 편성제작국 보도국 현업기술국 업무국으로 조직이 변경됐다.[20]

〈전주방송국〉의 컬러TV 로컬방송은 방송국 통폐합이 단행된 1980년 12월 1일 서울의 시험방송에 따라 함께 시작되었다. 서울과 부산지역에만 국한했던 가시청권을 미륵산중계소 채널 13번의 KBS 1TV를

---

19) 강병옥 고정길 김승일 김종량, 구술.
20) 《전주방송 50년사》1988, 209·238쪽.

KBS 2TV로 바꿔 중계함으로써 전북과 충남지역까지 KBS 2TV를 시청할 수 있게 되었다. 컬러TV로 전환하는 일은 흑백TV와 다르게 비교적 순조롭게 진행됐다.[21] <전주방송국>의 컬러판 로컬 프로그램은 12월 5일 '우리들의 꽃동산'이 처음으로 녹화 방송됐다. 컬러 방송이 시작됐지만 <전주방송국>에 배정된 무비 카메라 2대와 스틸 사진기 1대만 가지고서는 정상적인 방송이 어렵게 됐다. 무비 카메라에 컬러 필름을 넣어 촬영하면 흑백 현상시설만 갖춘 지역에서 현상이 불가능 했다. 스튜디오용 카메라를 떼어 ENG카메라로 전용하기도 했지만 녹화 등 스튜디오 제작에도 지장은 마찬가지였다. 급기야 본사가 컬러 방송을 위해 ENG 카메라를 공급했지만 필름 현상의 어려움이 여전히 뒤따라 흑백사진을 함께 사용할 수밖에 없었다. 1981년 가을이 돼서야 보도용 ENG 카메라가 배치되어 본격적인 컬러 화면을 뉴스 프로그램에 내보낼 수 있게 됐다.[22]

신군부의 방송개편으로 전북에서는 <서해방송>이 <KBS>에 합병이 되어 <KBS 군산방송국>의 현판으로 바꿔 달고 <KBS>의 21번째 지역방송국이 되었다. <기독교이리방송국>도 보도기능이 박탈되고 선교방송만 전담하게 되어 1980년 11월 24일 오전 11시 고별인사를 겸한 마지막 보도방송을 내보내고 보도요원은 <KBS 전주방송국>으로 소속을 바꿨다. 이 시점에서 <KBS>로 이동한 <서해방송>의 사원 60명과 <기독교이리방송국>의 보도요원 10명은 다음과 같다.

---

21) ≪전주방송 50년사≫1988, 210~211쪽.
22) ≪전주방송 50년사≫1988, 211~213쪽.

<서해방송> 박종대 이충원 이인자 김도화 전종완 김두곤 양왕용 김진술
        문승용 김종선 신동우 오춘성 김경숙 김연태 김영기 박성광
        김 학 곽광수 이규현 장찬정 백봉기 김용만 권오정 김옥란
        박경식 채규화 권장수 김인순 정이숙 김화정 최영배 오석근
        김점곤 조대식 김태환 채수평 서기상 김석철 최정길 송현숙
        장영태 강영희 이호영 이광남 박영호 정홍기 장숙주 최낙곤
        최재홍 김중기 서재명 장재섭 최성원 정낙곤 이윤선 김종옥
        안명희 김학균 김국중 석태수
<기독교이리방송국> 김광수 서 승 오인모 이인철 김성일 이석단 임경탁
        김현모 박병서 문영례[23]

FM 로컬방송의 개국

<KBS> 전주FM방송은 1981년 6월 1일 100.7㎒와 10㎾로 막을 올
렸다. 전파장애가 없어 AM방송보다 음질이 깨끗해서 지역 음악애호
가들의 인기를 모았다. 개국 당시 매일 오전 9시 '가정희망음악'과 오
후 1시 'FM 음악편지' 프로그램을 1시간씩 방송하고 오후 4시와 저녁
8시에 각각 재방송으로 로컬 프로그램을 편성했다. 그리고 서울에서
중계되는 고전·전통음악 중심의 <KBS> 제1FM과 팝송, 가요 위주의
<KBS> 제2FM 프로그램을 혼합 편성해서 지역 청취자의 다양한 기호
에 부응했다. <KBS> 전주FM방송은 지역 음악인의 연주회나 합창단
교향악단 실내악단 등의 연주실황을 방송했으며, 국악의 고장 전북지
역의 특성을 살려 국악 프로그램을 확대 보강하였다.[24]

---

23) 《전주방송 50년사》1988, 207~208쪽.

24) 《전주방송 50년사》1988, 219~220쪽.

4. 〈전주문화방송주식회사〉와 사라진 〈서해방송〉

강제 해직과 언론정화

신군부의 국가보위비상대책위원회가 밀어붙인 언론인 숙정 대상자의 숫자는 모든 언론사마다 총원의 10%라는 가이드라인이 미리 주어졌다. <전주문화방송주식회사>(전주MBC)는 징계 받은 사원과 병약자, 다른 직업을 겸업하는 사원들을 1순위에 올려 조치를 취했다. 이 강제 해직 조치는 앞에서도 살펴보았지만 1980년 8월 8일 단행됐기 때문에 '88 대학살'로도 알려져 있다. 뒤늦게나마 이 조치가 부당했다는 정부의 시인이 있었지만 복직을 희망한 사원은 정준모와 김희수 2명뿐이었다. 기자였던 배기창 등은 보상을 받는 선에서 마무리되었고, 지병으로 해직됐던 이채훈 기자는 복직이 이뤄지기 전에 사망했다.[25]

1980년 7월 중순부터 8월 초 사이 어느 날 갑자기 전 사원들에게 사직서를 제출하도록 하고 8월 5일 TV방송부 4명, 보도부 3명, 아나운서실 1명, 라디오 방송부 1명 등 모두 11명에 대해 사직서를 반려하지 않은 절차로 의원사직 형식을 취했다. 기자 아나운서 엔지니어 등을 제외하고는 대부분 기능직과 용원 등을 해직시킨 사례를 남기게 됐다. 이와 때를 같이하여 전주문화방송직장정화위원회를 구성하고 위원장에 김경준 TV방송부장, 부위원장에 염재용 라디오 기술부장, 위원은 김동주(TV기술부) 유기수(경리부 차장) 이승대(라디오 방송부) 강의원(총무부) 박승기(아나운서부) 이석배(보도부)와 간사 김영섭(총무부 차장)이 선임됐다. 전체 사원들은 8월 20일 TV 스튜디오에서 방송정화에 적극 참여한다는 내용의 결의대회를 가졌다. 이날 채택된 결의문은

---

25) ≪전주문화방송 30년사≫1995, 129쪽.

'첫째, 공명정대한 방송으로 국민계도에 앞장선다. 둘째, 직장자체의 각종 부조리 요인을 발굴, 배제한다. 셋째, 정직 성실한 근무로 명랑한 직장풍토를 정착시킨다' 등이다.[26]

정부가 사실상 〈MBC〉의 대주주

1971년 10월 1일 라디오와 TV의 합병 당시 미원그룹 주식이 82.17%, <한국문화방송주식회사>(MBC) 15%, 소주주 2.83%였으나 1980년 11월 12일 신군부의 강압에 의해 미원그룹이 소유주식 가운데 36%를 국가에 헌납하는 절차에 따라 46.17%의 주식만을 소유하게 되고, <MBC>가 51%의 대주주가 되어 경영권을 확보하게 되었다.[27]

그러나 11월 추진한 언론 통폐합 조치에 따라 독립법인으로 운영돼 왔던 <전주MBC>는 다른 지방 계열사와 같이 소유주식 51%를 <MBC>에 귀속시켰고, <MBC>는 또 자체 주식 65%를 <KBS>가 접수하여 결과적으로 <KBS>의 자회사로 전락하였다.[28]

<MBC>의 공영화에 따라 방송구조가 개편되면서 1981년 2월 <MBC>의 지방 계열사에 대한 대대적인 경영진 개편이 이루어졌다. <전주MBC> 대표이사에는 임형순 사장이 다시 선임되었고, 상무이사 고병조 임병찬, 이사 임병찬 권효섭 임철수, 감사에 김성훈이 취임하였다. 주식 및 경영권을 <MBC>에 양도한 <전주MBC>는 모든 경영 지침이 <MBC>에 의해 이루어지는 체제로 변환되었다. 공영체제에 부응하

---

26) 《전주문화방송 30년사》1995, 348쪽.

27) 《전주문화방송 30년사》1995, 88쪽.

28) <동아일보> 1980년 12월 11일 1면. 김민환, 1996, 501~502쪽.

는 좌표를 설정해야 할 방송 환경에서 전국방송망을 형성하고 있는 <MBC>는 본·계열사의 일체감이 더욱 강화되는 계기가 되었다. 이후로는 계열사의 자율 경영권이 크게 위축되었고, 지방사의 특성을 고려하지 않은 통제가 이뤄짐으로써 지역방송의 발전을 저해했다는 학계의 비판을 받기도 했다.[29]

<MBC>는 1982년부터 전국 계열사의 급여체계를 통일했다. 전국 19개 계열사를 A, B, C 3개 군으로 분류하고 급여수준을 A급지는 <MBC>의 95%, B급지는 90%, C급지는 85% 선에서 조정했다. <전주MBC>는 다른 도청 소재지급 계열사와 함께 A급지로 분류되었다. 이에 따라 전국 최하위의 박봉에 허덕이던 <전주MBC> 사원들은 급료가 월평균 50%에서 최고 100%까지 인상되어 신군부의 언론 길들이기 작업을 실감했다. 상법 개정으로 주식회사 임원 임기가 2년에서 3년으로 연장 시행되면서 1986년 3월 7일 <MBC> 아나운서실장 이철원이 제4대 대표이사 사장으로 선임되었다.[30]

컬러TV방송과 FM 개국

1980년 8월 컬러TV 수상기의 시판이 허용된 가운데 9월 12일 개최된 MBC 네트워크 TV 컬러화 종합회의에서 '12월 말 컬러TV방송 계획'을 구체적으로 협의하였다. <전주MBC>도 컬러TV방송 중장기 계획을 내놓고 기술교육과 시설협의에 돌입했다. 이런 과정에서 <KBS>가 12월 1일 컬러 방송을 개시함으로써 <MBC>는 12월 3일 긴급하게 <MBC>와 계열사의 컬러 방송 허가를 신청했다. 쫓기듯 시급한 상황에

---

29) ≪전주문화방송 30년사≫1995, 408~409쪽.
30) ≪전주문화방송 30년사≫1995, 89·411~412쪽.

서 <전주MBC>는 마침내 12월 22일 월요일 오후 5시30분 컬러 방송을 시작했다. <MBC-TV> 릴레이 프로그램만 컬러로 하고 로컬은 종전대로 흑백TV방송을 하는 불균형 컬러 방송을 하였다. 이후 1982년에 이르기까지 방송의 어려운 초보적 과정을 거쳤다.[31] 1981년 5월 25일에는 1973년 11월 오일쇼크에 따른 에너지 절약시책으로 중단되었던 TV 아침방송이 7년 6개월 만에 부활이 되었다. 이에 따라 평일 오전 7시부터 10시까지 재개된 TV 아침방송은 뉴스, 일기예보, 각종 생활정보, 주부 여성교양, 미취학 어린이 프로그램을 주축으로 신축성 있게 편성되었다.[32]

<MBC>는 1981년 컬러 방송 시작과 더불어 아침 시간에 '여기는 MBC'라는 뉴스 프로그램을 신설하였다. 이어서 <전주MBC>도 기자가 앵커로 등장하게 되었다. 첫 앵커는 이석배와 박노훈 기자로서 1주일씩 번갈아가면서 담당했다. 뒷날 이석배는 '뉴스와이드', 박노훈은 '뉴스데스크'에 각각 기용됐다.[33]

1983년 7월 15일 주파수 99.1㎒, 출력 5㎾의 FM방송을 개국하고 첫 전파를 발사한 <전주MBC>는 TV, 그리고 라디오 AM과 FM의 종합전파 매체의 기틀을 다지게 됐다.[34] 이를 위해 1981년 9월 1일 체신부로부터 FM방송 가허가를 획득하고 준비에 들어갔다. 1983년 5월 20일에는 익산군 미륵산 TV중계소 건물에 FM송신소 공사를 착공하고 6월 15일 시험방송을 했다. 1983년 1월 17일 발족된 FM방송 개설 준비위원회의는 위원장 고병조(상무이사), 부위원장 임병찬(이사), 위원에 김

---

31) 《전주문화방송 30년사》1995, 394쪽.

32) 《전주문화방송 30년사》1995, 410·494쪽.

33) 《전주문화방송 30년사》1995, 151쪽.

34) 《전주문화방송 30년사》1995, 239쪽.

경준(총무국장) 김순환(편성국장) 민홍식(기술국장) 강연식(보도국장) 임백순(라디오 편성부장) 김은택(라디오 기술부장) 이승대(라디오 편성차장) 최승(라디오 기술차장), 위원 겸 간사 안홍엽(기획심의실장) 등으로 구성했다.35)

FM방송은 개국을 앞두고 3차에 걸쳐 음반을 구입했다. 1차 2천685장(구입비 724만 1천422원), 2차 412장(76만 1천200원), 3차 3천 장(2천700만 원) 등 모두 6천97장을 확보하였다. 개국 당시 기본 편성은 하루 총 방송시간 19시간 중에서 패키지 프로그램이 7시간으로 전체 방송시간의 37%를 차지하고, 로컬 프로그램은 12시간으로 전체 방송량의 63%를 점유하였다. 1980년대 전주MBC-FM을 꾸려온 전문 DJ는 최태주 이남식 이인순 김은희 등 FM 전문 PD를 비롯하여 김종화 김영석 PD, 그리고 박승기 신부자 한정아 윤승희 박영환 아나운서가 활동했다. 외부 DJ는 이광한 김순애 송정란 등이 있었다.36)

〈KBS 군산방송국〉으로 전환

〈서해방송〉은 주변 여건이 열악하여 편성과 경영난을 벗지 못하였다. 독자적인 프로그램 제작이 곤란하고 군산지역에서 대형 광고주를 발굴하기도 어려운 일이었다. 이런 특성을 감안해 개국에 앞서 〈동양방송〉과 프로그램 제휴 협정을 체결했지만 난국을 벗어나는 돌파구를 찾지 못했다. 언론기관의 통합 조치로 〈KBS〉에 흡수 통합되었으며, 〈KBS 군산방송국〉으로 전환되었다.37)

---

35) ≪전주문화방송 30년사≫1995, 473쪽.
36) ≪전주문화방송 30년사≫1995, 474~478쪽.

<KBS> 본사 이상원이 초대 방송국장이 된 <KBS 군산방송국>은 <서해방송>이 사용하던 호출부호 HLAS와 주파수 675㎑, 출력 10㎾를 종전대로 승계해서 <KBS>라디오 제3방송을 중계하였다. <서해방송>의 흡수통합으로 방송시설과 장비 일체, 그리고 모든 사원이 이전되고 재배치 됐다.[38]

---

37) 한진만, 2013, 59~60쪽.

38) ≪전주방송 50년사≫1988, 207쪽.

제9장
정치민주화 이후 전북언론

1. 언론시장 환경의 변화

시나브로 쇠약해지는 종이신문과 지상파방송

1987년 6월 이후 언론계에도 큰 변화가 찾아왔다. 11월 언론기본법이 사라지면서, 언론은 정치권력으로부터 해방되었다. 이듬해 1988년 5월 15일 한겨레신문을 비롯해 서울에서 종합일간지들이 잇달아 창간됐다. 1992년 7월부터는 신문이나 잡지 등의 발행 및 판매부수를 조사해서 인증하는 ABC(Audit Bureau of Circulations)제도도 실시됐다.[1] 1990년 7월 14일 방송법 개정안이 국회 본회의를 통과해 민간 상업방송이 허용되었다. 그해 10월 건설회사 태영이 지배 주주로 선정되어 1991년 12월 9일 민영 상업방송 SBS 서울방송이 텔레비전 방송을 시작하였다. 평화방송·불교방송·교통방송 등 특수 방송도 모두 1990년

---

1) 한국언론 100년사 편찬실, 2006a, 348~351쪽.

도에 출현해 방송시장은 치열한 경쟁에 돌입했다. 1993년 2월 김영삼 정부 출범 이후 방송계는 기술의 급격한 발전으로 더욱 더 큰 변화의 시기를 맞았다.[2]

1990년대 들어서면서 일부 신문사는 거대한 기반을 다진 권력으로 성장했다. 속칭 '재벌언론'과 '언론재벌'로 증면경쟁에 나섰다. 1990년 중반부터 신문은 종이를 떠나 뉴미디어 진출, 위성방송 사업 참여, 인터넷 웹서비스 개설, 전광판 사업, 데이터베이스 구축 등 영역을 넓혀 나갔다. 하지만 1997년 IMF 외환위기에 신문업계는 경영난에 봉착했고, 수천 명의 언론인들이 신문사를 떠났다.[3] 신문업계에서는 가로짜기 편집이 일반화되었고,[4] 1990년대 초부터 시작된 컴퓨터 신문제작 시스템인 CTS(Computerized Typesetting System)가 더 진보된 모습으로 나타났다.[5]

김대중 국민의 정부는 1998년 2월 출범하면서 재벌이 소유한 신문사들을 모기업으로부터 분리해 독립시키는 정책을 추진했다. 기존 지상파 방송법과 종합유선방송법을 합치고 위성방송, 중계유선방송, 전광판 방송 등의 근거 규정을 담은 통합방송법이 2000년 3월 13일 발효됐다. 2002년 3월 1일부터는 디지털 위성방송도 시작되었다.[6]

2003년 2월 출범한 노무현 참여정부의 언론정책은 일부 보수신문과 적대적 관계, 속칭 '마이너 신문'이나 지방신문과의 우호관계, 언론사 소유구조와 신문시장 점유율 법적 규제, 언론관행 파괴, 언론사 상대 소송

---

2) 채백, 2015, 487~491쪽.
3) 한국언론 100년사 편찬실, 2006b, 494~499쪽.
4) 한국언론 100년사 편찬실, 2006c, 408~411쪽.
5) 이용성, 1996, 47쪽.
6) 이광재, 2006a, 594~609쪽.

제기 등으로 요약할 수 있다.[7)

2000년대에 들어서면서 인터넷이 급성장하면서 기존 신문과 방송 등 이른바 올드 미디어의 위기가 심화되었다. 2010년대로 넘어가면서 종이신문은 더욱 활력을 잃고 축소되는 경향을 보이고 있다. 2000년부터 하락세를 보인 종이신문의 이용률은 2011년 44.6%에서 2016년에는 20.9%로 23.7%포인트나 떨어졌다.[8) 2009년 1월에는 텔레비전 방송 콘텐츠도 인터넷을 통해 보급하는 IPTV가 상용화됐다.[9)

2011년 12월 1일에는 종합편성 4개 채널(JTBC, 채널A, TV조선, MBN)과 새로운 보도전문 채널이 개국했다. 모바일과 인터넷 기술의 발전으로 새로운 융합서비스가 나타났다. 모바일이 주류 콘텐츠 플랫폼으로 떠오르면서 지상파 방송사들의 영향력도 급격히 위축되고 있다. 게다가 이명박 정부와 박근혜 정부를 거치면서 지상파 방송의 뉴스는 공정성을 잃었다는 지적을 받는 등 지상파 방송의 위기는 더욱 더 심화되었다.[10)

지역신문 경영은 갈수록 악화일로

1도 1사제가 폐지된 1987년 하반기부터 전국 각지에서 지역일간 신문들이 우후죽순처럼 생겨났다. 1991년 1월 지역일간 신문이 전국적으로 35개이었다.[11) 25년이 지난 2016년에는 120여 개이었다.[12)

7) 이광재, 2006b, 680~699쪽.

8) ≪2016 언론수용자 의식조사≫2016, 27쪽.

9) 채백, 2015, 487~491쪽.

10) ≪한국언론연감≫2012, 33쪽.

11) ≪한국신문방송연감≫1991, 60쪽.

12) ≪한국언론연감≫2017, 112쪽.

지역신문은 영세한 자본과 시장의 협소성, 광고시장 한계 등으로 볼 때 '난립'이라고 할 수 있다. 지역신문은 '많이 아픈 환자'로 여겨지며 국가와 사회적으로 '공적 치료'의 대상이 되었다. 2004년 3월 22일 지역신문발전지원특별법이 공포됐고 지역신문발전위원회가 구성되어 조성된 기금을 2005년부터 우선지원 대상 신문사를 선정해 지원하고 있다.

지역신문 기자의 상황을 엿볼 수 있는 시(詩)를 하나 소개한다. '기자의 자화상'이라는 제목의 이 시는 광주전남지역기자협회에서 발행된 회보에 실린 작자 미상의 시다. 지역마다 어느 정도 차이가 있을 수는 있지만, 이 시는 지역신문이 처한 상황을 잘 나타내고 있다.

"우리는 늘 그랬습니다. / 우린 늘 그랬습니다. 차량유지비도 안 주면서 주차비까지 받는 / 그런 회사도 있느냐는 조롱에도, / 하남공단 근로자만도 못한 월급이라는 놀림에도,/ 봉급날마다 / 이 카드 저 카드 돌려가며 빚 막으면서도, / 월급명세서 달라는 아내에게 / 알아서 뭐 할 거냐며 큰 소리 치면서도, / 하물며 / 기십만 원씩 예향 값 갚던 때도 / 3만 원 식

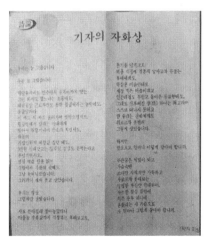

[그림 15] 지역신문 기자의 시

대 갖고는 일주일 점심도 못 먹는다고 / 푸념하면서도, / 명절 떡값 한 푼 없어 / 신협에서 가불해 갈 때도 / 그냥 웃어 넘겼습니다. / 그러려니 애써 웃고 살았습니다.

우리는 항상 / 그렇게만 살았습니다.

사표 쓴다길래 잡아놓았더니 / 아들놈 우윳값까지 걱정하는 후배보고도, / 혼기를 넘기고도 / 비용 걱정에 결혼식 날짜조차 못 잡는 / 후배에게도, / 똑같은 머슴인데도 / 새경 적은 머슴이라고 / 인간대접도 못 받고 돌아온 동료한테도, / 그래도 선후배 간 정(情) 하나는 최고라며 / 스스로 떠나지 못하고 / 한숨 쉬는 선배에게도 /위로조차 못한 채 / 그렇게 살았습니다.

하지만 / 앞으로도 얼마나 이렇게 살아야 합니까.

푸른 꿈은 먹빛이 되고 / 가슴 속엔 / 쓰다만 사직서만 가득하고 / 사표조차 못 내보는 / 멍청한 자신만 학대하며, / 사소한 점심 한 번에 / 적은 봉투 하나에 / 흔들리는 새 가슴으로/ 또 얼마나 그렇게 살아야 합니까."13)

2. 전북지역 언론 환경의 변화

일간 신문 창간 잇달아

컴퓨터를 활용한 새로운 신문제작 기술이 전국의 신문사에 확산되면서 <전북일보>도 1991년 2월 1일 CTS로 신문제작에 들어갔다.14) 모든 제작공정이 컴퓨터로 진행된 것은 아니었다. 우선 기자들이 원고지에 기사를 쓰면 전산부 직원들이 컴퓨터에 입력한 뒤 고화질 레이저프린터로 인쇄해 이를 대판 크기의 모눈종이 위에 오려 붙이는 이른바 '대지바리(臺紙貼り)' 조판을 실시했다. 1996년 4월 11일 컴퓨터 화상 편집 시스템을 도입하기 시작했으며 1996년 7월 12일자부터 일부 지면에 이를 적용하였다. 1997년 10월 1일부터는 전 지면을 컴퓨터 편집

---

13) 저자가 '스크랩'한 것으로 회보의 발간 날짜 미상.

14) <전북일보> 1991년 2월 1일 1면. ≪전북일보 60년사≫2010, 114쪽, 632쪽.

조판으로 제작했다.15)

<전북일보>는 1973년 5월 31일자로 폐간됐던 구 <전북일보>의 지령을 승계하여 1991년 2월 1일자부터 합산된 지령 1만 2821호로 발행하기 시작하였다.16) 1997년 5월 편집국 지면개선위원회를 설치하고 10월 15일 사측에 제출된 지면개선위원회의 보고서에 따라 창간 이후 47년간 유지해온 세로쓰기 편집형태를 1998년 2월 5일부터는 가로쓰기 편집체제로 전환했다. 그동안 사용된 한자 제호도 한글로 바꾸었다. 5월에는 1997년 3월 선임된 서창훈 상무이사가 사장으로 취임하였다.17)

<전북일보> 하나밖에 없었던 도내 신문시장도 언론자율화로 경쟁체제로 들어갔다. 1도 1사의 신문독점 체제를 지양하고 상호경쟁으로 언론문화를 창달하자는 의지 아래 곳곳에서 신문이 창간되었다.18)

1988년 3월 가칭 전북도민신문 창간추진위원회는 사업계획을 발표했으며 4월 11일 창립총회를 열어 발기인회를 구성하였다, 발기인들은 도민 1인 1주 갖기 운동을 벌이면서 공모주 모집에 나섰다. 창간 주도자들이 대체로 지역사회에서 긍정적 평가를 받아온 인사들이어서 주식공모에 대한 반응이 좋아 3500여 명이 주식을 매입했다. 소액주주들이 많아 주식 총액은 2억여 원에 그쳤다. 5월 13일 전북도민신문 법인이 설립되고, 초대 사장에 송주인이 취임했다. 8월 8일 <전북도민신문 소식지>가 발간됐으며 10일 14일 정기간행물 등록을 한 뒤 드디어 11월 22일 창간호를 발행하였다. <전북도민신문>은 초창기

---

15) ≪전북일보 60년사≫2010, 114~116쪽.

16) ≪전북일보 60년사≫2010, 632쪽.

17) ≪전북일보 60년사≫2010, 97~107쪽, 638~639쪽.

18) 백병기·권혁남, 1994, 53~54쪽.

내부 분란으로 경영난이 가중된 가운데 1989년 2월 27일 임시 주주 총회에서 김재호 이사를 회장으로 추대하고 경영을 안정화하는 기반을 구축했다. 1990년 10월 10일 2대 경영진이 출범하면서 제호를 <전북도민일보>로 변경하였다. 1994년 4월 27일에는 김택수 사장이 선임되었다.[19)]

1988년 봄 전북지역 원로 언론인들을 중심으로 또 하나의 신문이 태동했다. 제호는 <전라일보>. 창간 발기인들은 초기부터 자본금 충당이 쉽지 않자 갓 출범한 전북도민신문 창간추진위원회와 통합을 모색하였다. 두 신문 창간준비 대표들이 통합에 대한 논의와 막후 협상 등을 벌였으나 통합 원칙을 두고 좀처럼 이견을 좁히지 못했다. 전북도민신문 측은 <전라일보>를 흡수 합병하기 바랐고 전라일보 측은 <전북도민신문>을 흡수 합병하기를 바랐다. 우여곡절 끝에 양측의 협상은 결렬되었다. 이에 <전라일보>는 기업인 황온성이 독자적으로 자본금 3억 2천만 원을 내놓고 이치백 전북일보 전 주필을 대표이사 사장으로 해 5월 17일 전주지방법원에 주식회사 전라일보 법인 등기를 마치고 12월 20일 <전라일보> 창간호를 발간했다.[20)] 그러나 <전라일보>는 창간 초기 노사분규로 내홍을 겪다가 1994년 3월 새로운 발기인들이 구성되어 6월 <전라매일>을 창간했는데 전북지역 최초로 1면을 컬러로 인쇄해 발행하였다. 이 신문은 1999년 10월 제호를 <전북제일신문>으로 변경했다가 2002년 2월 25일 다시 <전라일보>로 개제했으며, 2002년 8월 유춘택 사장이 선임되었다.[21)]

---

19) 백병기·권혁남, 1994, 51쪽. 신광연, 1990, 29~30쪽. <한겨레> 1989년 1월 13일 6면. ≪전북도민일보 20년사≫2008, 48~175쪽.

20) 백병기·권혁남, 1994, 53~54쪽. <한겨레> 1988년 5월 19일 7면. ≪전북도민일보 20년사≫2008, 48~79쪽. <전라일보> 인터넷 홈페이지_소개 연혁.

군산에서도 1991년 7월 25일 <호남매일신문>이 창간되었다. 군산의 유지 오원탁 등을 주축으로 해 '진실과 공정, 애향을 사시로 한 향토소식지를 만들자는 기치 아래 전북과 일부 전남·충남을 보급지역으로 8면 석간으로 발행했다.[22]

1991년 7월에는 전주에 또 하나의 신문이 창간되었다. 31일 조간으로 첫 호를 낸 <전주일보>는 창간 때부터 적자운영으로 사원들에 대한 처우가 미흡하여 한동안 진통을 겪었다. 사시는 '전북인의 눈과 발이 되리라'로 정하고 행정관서나 업계 비리 등 사회 각계의 숨은 이야기를 발췌, 보도하며 사회면 기사가 다채롭다는 평도 받았다. 전주일보사는 1996년 9월 13일로 자진 폐간을 발표하고 14일부터 발행을 중단했다.[23]

새천년이 시작되면서 전북지역 일간 신문 시장에 새로운 바람이 불었다. 젊고 개혁적인 신문을 기치로 2000년 10월 25일 <새전북신문>이 창간했다.[24] <새전북신문>은 창간 전 중앙일간지 출신 기자들을 간부로 영입하고 기존 지방지의 2~3배에 이르는 보수를 내걸어 다른 신문사 기자들이 대거 이직하였다.[25]

<새전북신문>은 창간 초기 기존 지역 일간지와 차별화를 시도했다. 사주와 경영진으로부터 편집권 독립을 지키려 했다. 양질의 기사를 발굴하고 1면 광고를 4단으로 줄여 더 많은 정보를 제공하는 한편 미려한

21) ≪한국신문방송연감≫2002/2003, 34쪽. <전라일보> 인터넷 홈페이지_소개 연혁.
22) 백병기·권혁남, 1994, 55쪽. <한겨레> 1991년 7월 26일 12면. ≪한국신문방송연감≫1992, 43쪽.
23) 백병기·권혁남, 1994, 56쪽. ≪한국신문방송연감≫1992, 43쪽. ≪한국신문방송연감≫1997, 46쪽.
24) <새전북신문> 2006년 10월 24일 인터넷 홈페이지.
25) <기자협회보> 2000년 10월 2일 4면.

편집을 원칙으로 삼아 그래픽 등 시각적 효과를 배가하면서 읽는 신문에서 보는 신문으로 전환을 꾀했다. 할 말을 하는 비판 감시의 기저 속에서도 훈훈한 주변 화제들을 크게 다루며 생활중심 기사에 중점을 두었다.26) 신문사 경영은 녹록하지 않아 2004년 8월 2일 지방언론사상 처음으로 사원들이 주주로 참여하는 100% 사원주주제 회사로 변신하였다.27)

방송 환경 다매체 다채널 시대로

1995년 3월 1일 케이블TV가 본방송을 시작하고 8월 5일 무궁화 위성이 지구궤도를 돌기 시작하면서 다매체 다채널 시대가 등장하였다. 케이블TV와 위성방송으로 수십 개의 채널이 서비스되어 시청자의 채널 선택권이 확대됐다. 전주에 CNC(Cable TV Network Chunju) 등 전국 곳곳에 종합유선방송국도 설립됐다.28)

1995년 5월 14일 부산, 대구, 광주, 대전 등지에 지역 민방이 개국했다. 11월 6일 전주를 비롯해 인천, 울산, 청주 등 2차 지역민방 TV 사업자가 선정됐다. 외국산 방송장비 구입과 모악산 송신소 공사 지연 등으로 당초보다 조금 늦게 공식 개국했지만 1997년 9월 27일 전주지역 민영방송인 JTV전주방송이 첫 전파를 발사했다. 시청권은 전주 등 전북 전역과 논산 등 충남 일부지역까지 포함되었다.29) JTV전주방송은 언론의 공공성 확보와 지역민방 고유 색깔 만

---

26) <새전북신문> 2001월 10월 24일 인터넷 홈페이지.

27) <새전북신문> 2004년 8월 2일 1면. ≪한국신문방송연감≫2005/2006, 27쪽.

28) 채백, 2015, 487~491쪽.

29) ≪한국신문방송연감≫1998, 48쪽.

들기를 주요 프로그램 정책으로 설립했다. 이를 위해 '서울 중심 TV 문화에 대한 도전'이란 기치를 내걸고 향토색 넘치는 세련된 영상과 지역 구석구석을 훑어주는 보도·교양·오락 프로그램을 제공하기 시작했다.30)

3. 편집자율권 찾는 언론사의 노동조합

전국적으로 언론사 노조의 결성 확산

1987년 6월 민주화운동 이후 언론계는 편집자율권 회복 등으로 과거 외압에서 벗어나 노동자들의 목소리가 커졌다. 1987년 10월 한국일보사에서 첫 언론사 노동조합이 결성된 이래 1989년 1월에는 전국 43개 언론사에 노조가 결성되어 총 조합원수가 1만 3천800명이 넘었다. 1988년 11월 26일 신문·방송·통신사 노동조합의 연합단체인 전국언론노동조합연맹이 창립됐다.31) 연맹은 2000년 11월 24일 전국언론노동조합으로 산업별 노조로 확대되었다. 언론노조에는 2018년 2월 22일 현재 3개 본부(조합원 1천 명 이상), 103개 지부(조합원 30명 이상), 32개 분회로 총 조합원수는 1만 2천887명이다.32)

---

30) 이은숙, 1997, 86~89쪽.

31) 《한국신문방송연감》1989, 58쪽, 118쪽. 윤영철, 2006, 367쪽.

32) 《전국언론노동조합》인터넷 홈페이지_조직 소개.

[그림 16] 노조 창립 추진 문건. 1987년 8월 6일 전북일보
민주언론추진협의회.

전북지역 신문사 노조의 성쇠

1987년 8월 초 <전북일보> 사원들은 '전북일보민주언론추진협의회'를
발족했다. 총 130여 명의 사원으로 구성된 이 협의체는 출범 직후인 8월
4일 언론 본연의 기능인 자율성과 공정성을 확보하기 위해 편집과 경영
의 완전 분리, 경영진의 편집국에 대한 간섭 중지, 봉급 60% 인상 및 상
여금 연간 600% 지급, 임금 체계의 개선과 제 수당 현실화, 평사원 정년
연장 및 퇴직금 산정기준 개선 등 4개 항을 사측에 요구하였다. 협의회는

이틀 후인 8월 6일 오전 9시까지 요구가 받아들여지지 않을 경우 제작거부를 포함해 가능한 제반조치를 강구할 것이라고 천명했다. 사원들은 요구가 기한 내에 수용되지 않자 제작거부에 임하는 입장을 발표했다. 사측은 이날 오후 요구사항을 전면 수용했다.33) 1988년 6월 23일 편집국 차장 이하 평기자 18명이 모여 노조의 필요성을 공감하고 기수별 대표 1명씩을 뽑아 노조결성추진위원회를 구성했다. 기자 29명은 같은 해 8월 3일 노조 결성식을 갖고,34) 8일 설립등록을 마쳤으며 120명의 노조원이 참석한 가운데 12일 노조 창립대회를 개최했다. 전북일보 노조는 회사와 편집국장 후보추천제 도입 등 단체협약에 들어가 도내 언론사 가운데 최초로 기자들의 여론을 수렴해 편집국장을 임명하였다.35) 노조는 이후 1997년 12월 노동조합이 해체될 때까지 해마다 임·단협 교섭 등을 진행하고 때로는 파업도 불사해 신문이 정상적으로 발행되지 못한 때도 있었다.36)

전북도민신문사도 초창기 노사 갈등으로 분란의 시련을 겪었다. 분란의 시작점은 1988년 9월 상급자에게 항명했다는 이유로 수습기자를 해직시킨 일이다. 10월 18일 수습사원들이 중심이 되어 노동조합을 결성했으며 1989년 1월에는 전북도민신문 정상화쟁취위원회를 결성하고 경영진 퇴진, 부당인사 철회 등을 요구하며 제작거부 농성에 들어가 신문이 정상적으로 발행되지 못했다. 사측에서는 농성 직원 일부를 해고해 사측과 직원들과 물리적 충돌도 발생하였다.37)

---

33) 저자 소장 자료.

34) <한겨레> 1988년 8월 5일 7면. ≪한국신문방송연감≫1989, 59쪽.

35) 백병기·권혁남, 1994, 51쪽. <한겨레> 1988년 10월 28일 10면.

36) ≪전북일보 60년사≫2010, 145쪽. <한겨레> 1994년 4월 26일 18면. <한겨레> 1996년 4월 5일 21면. <한겨레> 1996년 4월 9일 21면. <한겨레> 1996년 4월 12일 21면.

<전라일보> 또한 초창기 노사분규로 어려움을 겪었다. 노조는 임금과 단체협상 결렬 등으로 수차례 제작을 거부해 신문이 정상 발행되지 않는 경우가 종종 있었다.[38]

2004년 8월 사원주주제로 전환한 <새전북신문>은 2006년 2월 10일 전국언론노동조합 새전북신문 분회 창립총회를 열고 노조를 출범하였다. 이들은 "그동안 걸어왔던 독립언론으로서의 역할과 내부 민주주의의 확립, 근무환경 개선 등을 위해 노동조합을 공식 설립했다"며 "개혁 언론의 위상에 걸맞은 공정보도를 충실히 수행하면서 사원들의 복지후생과 근무여건 개선에도 적극 앞장설 것"이라고 밝혔다.[39]

전북지역 신문사 노조들은 IMF외환위기를 겪으면서 동력을 잃고 2000년 들어서면서 사라졌다. <새전북신문> 노조 역시 경영난이 심화되면서 사원들의 이직이 많아져 흐지부지 되었다.

지역방송사 노동조합의 탄생과 투쟁

1987년 <전주문화방송> 기자들과 PD들은 '6·29선언'이 있기 보름 전부터 전주시내 여관과 음식점 등에서 수차례 모임을 갖고 '방송 민주화 추진위원회'를 결성했다. 이 위원회는 전주문화방송 노동조합 창설에 밑거름이 됐다. 전주문화방송(주) 노조는 1988년 6월 30일 45명의 조합원으로 창립총회를 갖고 공식 출범하였다. 노조는 11월 26일 전국언론노동조합연맹에 가입하고, 12월 1일에는 전문 및 총 94조

---

37) 신광연, 1990, 31쪽.

38) <한겨레> 1991년 4월 14일 12면. <한겨레> 1991년 7월 11일 12면. 《한국신문방송연감》 1992, 42쪽. 《한국신문방송연감》1993, 37~38쪽.

39) <미디어오늘> 2006년 2월 10일 인터넷 홈페이지.

로 구성된 최초의 단체협약을 회사 측과 체결하였다. 노사협약에 따라 공정방송의 제도적 장치를 마련한 노동조합은 편성국장과 보도국장의 평가제를 도입해 조합원의 평가결과에 따라 진퇴를 결정하도록 했다.[40]

2000년에 출범한 <JTV전주방송> 노조는 2007년 10월 26일부터 11월까지 장기간 파업했다. 노조는 조합원 가입자격 확대, 장기근속 수당 지급, 징계위원회 노사 동수 구성 등을 요구했다. 핵심 요구사항은 사장 퇴진이었다. 당시 사장의 과도한 프로그램 제작 관여가 파업의 핵심으로 떠올랐다. 노조는 11월 14일에는 서울로 올라가 집회를 열어 일부 프로그램 제작에 차질을 빚었다.[41] 2007년 전주방송 노조의 68일간 파업 뒤 전주방송 사측은 업무방해 혐의 등으로 노조원들을 고소·고발해 노사 갈등이 계속됐다. 2010년 4월에는 징계의 부당성을 호소하던 카메라 기자가 할복까지 시도한 사건도 발생했다.[42] <JTV전주방송> 노조의 기록은 2017년 3월 3일 노조사무실에서 화재가 발생해 모두 사라졌다.[43]

전북지역 언론노조협의회 결성과 활동

1995년 10월 26일 <전북일보> <KBS 전주방송총국> <전주MBC> <CBS전북방송> 등 4개 언론사 노동조합원들은 전북지역 언론노조협의회를 결성했다. 초대위원장으로 전북일보 이대성 위원장을 선출하고 지

---

40) ≪전주문화방송 30년사≫1995, 424쪽, 575~579쪽.
41) <기자협회보> 2007년 11월 14일 인터넷 홈페이지.
42) <기자협회보> 2010년 4월 9일 인터넷 홈페이지.
43) <미디어오늘> 2017년 3월 4일 인터넷 홈페이지.

역 언론 발전을 위해 투쟁할 것을 결의했다. 협의회는 지방자치와 지방
언론의 방향 선도와 어려운 노조 지원 등의 공동사업을 모색하며 12월
1일 전북언론노조협의회 창립기념 세미나를 개최했다.44)

전국언론노동조합연맹 전북지역협의회에 소속된 언론사 4사 노조는
1997년 1월 16일 전북언론 사상 첫 동시파업을 벌였다. 노조원들은 연
합 결의대회를 갖고 날치기 노동·안기부법을 즉각 철폐하라고 촉구했
다. 참가자들은 정부는 파업현장에 공권력 투입을 자제하라고 강조하고,
노동 악법 등을 즉시 철폐하지 않을 경우 김영삼 정권 퇴진운동도 불사
할 것을 다짐했다.45)

4. 출입처와 취재기자와의 갈등

한밤중 기자에게 전화한 도지사

정치인과 공무원, 경찰은 기자들의 주요 취재원이다. 이들에 대
한 기사는 호의적인 경우도 있지만 비판적인 보도가 많은 편이다.
언론이 가진 비판 감시와 견제 기능 때문이다. 비판적 언론보도가
나간 뒤 기사에 대한 항의나 이의를 받는 건 기자들의 숙명이기도
하다.

1999년 6월 23일 밤 11시 30분께 <KBS 전주방송총국> 김명성 기
자의 휴대전화 벨이 울렸다. 전화를 한 이는 당시 전북도지사. 김 기자
는 "시끄러운 상황에서 전화를 받아 정확한 어구를 기억하지는 못하지

---

44) <새전북신문> 2006년 11월 6일 인터넷 홈페이지.
45) <전북일보> 1997년 1월 17일 22면.

만 협박조의 발언이었다"며 "보도 이후 취재원들에게서 항의 전화를 받는 것은 드문 일이 아니지만 도지사 신분임을 감안할 때 방법상 문제가 있다고 생각했다"고 말했다. 김 기자는 그날 밤 9시 뉴스에서 도지사의 주요 공약 사항 중 하나이면서 전북 도민들의 숙원 사업인 전주공항 건설이 지연되고 있다며 대책마련을 촉구하는 기사를 내보냈다. 도지사가 비판기사를 작성한 기자에게 폭언으로 맞선 사건을 접한 기자들과 시민사회단체가 강력하게 반발했다. 전북지역 23개 시민단체는 성명을 통해 "도지사의 행위는 언론의 기능을 무시한 감정적 대응이면서 자질을 의심케 한 행동"이라며 "언론자유를 도지사라는 권력의 힘으로 막고자 한다면 이는 민주주의에 대한 중대한 도전행위"라고 비난했다. 전북기자협회는 "도지사는 개인감정을 표출했다고 밝히고 있으나 이전에도 이와 비슷한 사안이 있었던 점을 생각해 볼 때 단순 일회성이 아니라 그의 잘못된 언론관에 그 바탕이 있다고 본다"며 "기사내용에 잘못이 있는 것도 아닌데 개인적 감정을 표출시키는 것은 공인으로서 도저히 있을 수 없는 일"이라고 주장했다. 전북도청 출입기자단도 "도지사는 그동안 도내 언론에 보도되는 도정관련기사에 대해 수시로 불만을 표출해왔다. 자신의 치적만 보도하기를 기대하는 것은 명백히 잘못된 언론관"이라며 도청출입기자단에 공식으로 사과할 것을 요구했다.[46]

---

46) <기자협회보> 1999년 6월 28일 3면.

'술은 따라 놓았지만 마시지는 않았다'

1999년 8월 저녁 전주 한 경찰서의 상황실에서 일부 경찰관들이 통닭과 술잔을 놓고 앉아 있는 모습이 전국에 보도됐다. 일명 '경찰서 상황실 술판 보도'. 경찰이 이 뉴스를 보도한 <전주MBC> 기자 정진오를 상대로 총력전을 펼치는 듯한 모습을 보여 물의를 빚었다. 당시 상황실에 있던 경찰관 2명이 정 기자를 현주건조물 침입 등 혐의로 9월 2일 경찰에 고소한데 이어 상황실 안에 있던 경찰관 7명이 "술은 따라만 놓았을 뿐 마시지도 않았는데 정 기자가 '술판'이라고 표현했다"며 15일 명예훼손 혐의로 고소했다. 첫 고소가 있은 다음부터 '공정한 방송보도를 촉구하는 경찰관들의 모임'이란 명의의 문건이 전주시내 관공서와 시민단체들에 뿌려졌다. 이 문건은 정 기자가 개인감정 차원에서 사실과 다르게 보도했다는 주장을 담았다. 심지어 이와 관련해 전북지역 대학의 언론 관련학과 교수들이 기자회견을 가지려고 하자 정보과 형사들이 교수들에게 전화를 걸어 경찰의 입장을 전달하기도 했다. 경찰은 시민단체에서 비난성명을 발표하자 "정체가 모호한 시민단체를 동원해 논평과 성명을 발표하게 하는 것은 공기업이 아닌 사기업이나 하는 일", "언론이 공동으로 대응하면 공동으로 망할 것" 등 발언을 해 시민단체들의 반발을 사기도 했다. 전북경찰청장은 전북기자협회의 면담도 거부했다. 전북지역의 기자들은 이 사건을 '경찰이 조직적으로 언론의 취재활동을 압박하는 행위'로 보았다. 특히 '현주건조물 무단침입' 혐의의 고소에 대해 한 기자는 "만일 혐의가 인정될 경우 기자들은 경찰이 임의로 취사선택한 정보만을 보도하는 그야말로 '타자수'로 전락할 것"이라고 말했다.[47]

전주지검은 1999년 12월 28일 폭력행위 등 처벌에 관한 법률위반 및 공무집행방해 이유로 정 기자의 혐의는 인정되나 개인의 이익을 위한 것이 아니라 방송취재를 위한 것이므로 형사처벌 가치는 적어 기소유예 처분을 내렸다. 이에 대해 전북기자협회는 "기소유예 처분은 검찰이 건조물 침입죄를 인정한 것이며, 이는 언론의 정당한 취재 보도활동을 제한하는 처사다"며 크게 반발하고 "검찰의 처분은 국민의 알권리를 침해하고 언론의 자유를 제약하는 것이다"고 밝혔다.[48] 정 기자는 이 보도로 1999년 10월 한국기자협회 이달의 기자상을 수상했다.[49]

왜곡된 언론관 가진 일부 공무원들

2005년 11월 29일자 <전북일보> 1면에 '나사 풀린 도청 직원들' 제하로 '도청 직원들 중 일부는 점심시간 이전에 식당을 찾고, 사적인 일로 자리를 비우는 간부도 있다'는 내용이 보도됐다.[50] 이 보도를 접한 전북공무원직장협의회는 취재 자제와 출입기자 교체를 요구했다. 이에 전북기자협회는 "보도 내용에 대한 불만과 피해에 대해서는 정정 및 반론보도 요청이나 언론중재위에 이의를 제기하는 등의 절차가 있는 데도 해당 기자의 교체를 요구하고 출입기자의 집단취재를 문제 삼는 것은 언론의 자유와 편집권 침해"라고 주장했다.[51] 전북민주언론운동시민연합도 "일부 공무원의 잘못된 언론관을 적나

---

47) <기자협회보> 1999년 9월 20일 1면.

48) <기자협회보> 2000년 1월 10일 2면.

49) <기자협회보> 1999년 10월 18일 4면.

50) <전북일보> 2005년 11월 29일 1면.

51) <기자협회보> 2005년 12월 7일 6면.

라하게 보여준 사건이다"고 전제하고 "자신들의 요구가 받아들여지지 않을 땐 도내 시·군 노동조합과 연대해 구독을 금지하겠다고 한 것은 언론자유에 대한 도전"이라며 "설령 소수 직원의 근무태만이 전 도청직원으로 매도당했다는 억울함은 백번 이해하지만 공직협의 출입기자 교체요구는 도가 지나치다"고 강조했다. 또 "이는 자신들에게 우호적인 기사를 쓰도록 기자들을 관리하고 비우호적인 언론은 격리, 압박해 비판언론에 재갈을 물리겠다는 의도로 밖에 볼 수 없다"고 비판했다.[52]

5. 전북지역 언론인 모임 활동

〈전북기자협회보〉 창간호 발간

한국기자협회 전북지부는 1991년 2월 1일자로 <전북기자협회보> 창간호를 발간했다. 타블로이드 판형 4면, 흑백으로 제작됐다.

지면 내용을 살펴보면, 1면 톱기사는 지부의 예산과 체육대회·토론회 등 1991년 사업계획을 소개했다. 이인철 지부장은 "전북기자협회보를 통해 회원들의 자정과 질적 향상에 도움이 되길 바란다"며 "격변의 시대에 7천만 겨레의 진정한 삶과 자유를 위해 봉사할 것을 회원 모두가 다짐하자"는 창간사를 게재했다. 이밖에 전북일보의 수습기자 채용·CTS 전환, 전라일보의 사옥 이전과 노조 집행부 구성, KBS 보도국 동정, 전주MBC 창사 26주년 보도특집과 수습기자 채용 등 각 분회 소식이 게재됐다. 만평 '자유언론의 꽃이 되리…'도 실렸다. 2면

---

52) <전북일보> 2005년 12월 5일 7면.

에는 '전북기자협회보에 바란다'는 주제로 서정상 전북일보 사장, 이치백 전라일보사장, 엄복영 KBS 전주방송총국장, 김용균 전주문화방송 사장, 윤용상 기독교이리방송 본부장의 기고가 실려 있다. 3면에는 창간 특별기고로 강준만 전북대학교 신문방송학과 교수의 '언론의 사회적 역기능' 기고가 있고, 금강안경원, 대호기업, (유)동성의 광고가 게재됐다. 4면 역시 창간 특별기고로 박영학 원광대학교 교수의 '언론자유의 변증법'이라는 기고가 실려 있고 ㈜미원 군산공장과 호남환경의 광고가 게재됐다.

[그림17] 1991년 2월 1일 <전북기자협회보> 창간호 1면

20년 간격으로 창립된 전북언론인클럽

전북 언론 역사에는 '전북언론인클럽'이 20년 간격으로 두 차례 창립하였다. 이들 단체 모두 중견언론인들의 모임 성격을 지니고 있다.

첫 번째 전북언론인클럽은 1992년 10월 27일 창립총회를 갖고 발족했다. 자격은 한국기자협회에 가입된 언론사 기자 중 20년 이상의 근무경력과 도내 언론계에서 5년 이상 근무한 중진언론인으로 40여 명이 회원으로 참여하였다. 창립총회에서는 초대 총무에 김희원 전북일보 편집국장, 기획 양재숙 전북도민일보 편집국장, 서기 강호경 KBS 전주방송총국 보도국장, 회계 백병기 전주MBC 보도국장, 편집 장용웅 전라일보 편집국장 등 5인의 운영위원을 선출하고 정익환 전 한국일보 기자를 사무국장으로 선임했다. 전북언론인클럽은 지역 언론 창달을 통해 지역사회 발전을 꾀하고 언론인의 자질 함양 및 권익 신장 등을 목적으로 했다. 세부적으로 국내외 언론 연구단체와의 교류 및 정기간행물 발간 등 언론연구 활동 지원, 언론인 연수사업 등 언론인 자질함양 활동, 기자협회 등 언론인단체 친목활동 지원과 각종 권익증진 활동, 지역사회 주요 현안에 대한 정론의 정립 활동 등을 펼칠 계획을 세웠다. 전북언론인클럽은 같은 달 30일 창립기념 리셉션을 가졌고 창립 기념행사로 '언론의 사회적 기능'을 주제로 당시 시사저널 편집고문인 전북출신 언론인 박권상 초청강연회도 가졌다.[53] 창립 축하 리셉션에서 김희원 총무는 인사말을 통해 "전북이 낙후되고 소외되었다는 지적이 나오고 있는 데에는 지난 70년대 이후 지역발전을 지켜봐온 우리 중견언론인의 탓도 적지 않아 자책감이 앞서게 된다"며 "클럽 창립을 계기로 한목소리를 내

---

53) <전북일보> 1992년 10월 28일 15면.

어 지역사회 발전 도모에 한층 지혜를 모으고 지역 언론을 창달하는 한편 지역사회발전을 주도할 수 있는 후배 양성에 힘써나가겠다"고 다짐했다.54)

두 번째 전북언론인클럽은 2012년 6월 27일 창립했다. 도내 신문사 4곳, 방송사 4곳의 전·현직 편집·보도국장 27명으로 구성한 언론인 단체이었다. 이 단체는 회장 보직이 없이 총무에 JTV전주방송 사장 신효균을 만장일치로 추대했다. 감사에는 백성일 전북일보 주필 이사, 기획에는 최동성 전북일보 논설위원, 서기에는 이병문 KBS 전주방송총국 보도부장이 각각 선출됐다. 중견 언론인으로서 이들은 앞으로 지역 언론의 자유를 신장하고 언론인 간의 공동 이익과 친목을 도모하는 한편, 언론 발전에 대해 연구하며, 언론의 품위 유지와 질적 향상을 위해 노력하겠다고 다짐했다. 신효균 초대 총무는 "우리가 함께 노력한다면 지역의 새로운 활력의 원천이 되고 언론 본연의 기능을 회복시킬 수 있을 것"이라며 "언론의 자유, 권력과 자본, 궁핍으로부터 자유롭게 벗어나기 위해 함께 달려가 우리 후배들이 건전하고 튼튼한 토대 위에서 일을 할 수 있도록 징검다리가 되도록 노력하자"고 소감을 밝혔다. 언론인 클럽의 회원은 <전북일보> 백성일 이경재 최동성 김은정 김재호, <전북도민일보> 임환 김태중 이병주, <전라일보> 유동성 유승렬 이백수, <새전북신문> 기형서, <JTV전주방송> 신효균 고병악 손상국 성지호, <전주MBC> 전성진 이홍래 유기하 송인호, <CBS전북방송> 최인 김은태 김진경, <KBS 전주방송총국> 이춘구 김명성 한현철 이병문 등 27명이고 <전북일보> 김남곤 사장과 <전북도민일보> 임병찬 사장이 고문을 맡았다.55)

---

54) <전북일보> 1992년 10월 31일 15면.
55) <전북일보> 2012년 6월 28일 17면.

내근기자 친목단체 전북편집기자협회 결성

외근 취재기자들은 출입처에서 서로 부딪쳐가며 특종경쟁을 하기도 하지만 끈끈한 유대를 맺으며 바람직한 언론보도를 모색하기도 한다. 하지만 신문사에서 내근하는 편집기자들은 서로 다른 회사에서 비슷한 업무에 종사함에도 불구하고 얼굴을 알지 못하고 지내는 경우가 많았다. <전북일보> <전북도민일보> <전북제일신문> <새전북신문> 편집부 기자들은 소속사의 입장을 떠나 진정한 언론인으로서 공감대를 형성하고 더욱 나은 신문편집을 위해 노력하자는 취지로 모임체를 결성했다. 이들은 2002년 1월 19일 박정철 한국편집기자협회장, 함정훈 전 국민일보 편집국장, 백성일 전북일보 편집국장, 소용호 전북도민일보 편집국장, 김종량 전북제일신문 편집국장, 원종선 새전북신문 편집국장 및 소속 회원 등 70여 명이 참석한 가운데 한국편집기자협회 전북지회 창립총회를 개최했다. 초대 회장은 지회 창립을 주도한 전북일보 편집부장 김영곤이 맡았다.[56]

전북편집기자협회는 첫 행사로 한국편집기자협회와 공동주관, 전주시가 후원하는 '2002 월드컵 편집상 사진전'을 2002년 8월 12일부터 18일까지 전주월드컵경기장 내 홍보관에서 열었다. 전국 시·도 순회 중 첫 번째로 연 전시회는 2002 월드컵 성공개최를 기념하기 위해 마련됐으며 2002 한·일 월드컵을 편집한 국내 신문 80여 점이 무료로 전시됐다.[57]

---

56) <전북일보> 2002년 1월 21일 12면.
57) <전북일보> 2002년 8월 13일 11면

6. 기자 의식조사와 미디어 소비 행태 조사

1993년 기자 설문조사 직무환경 불만 높아

전북지역 언론인만을 대상으로 대대적으로 실시된 첫 설문조사는 1993년 7월 전북대학교 신문방송학과 권혁남 교수에 의해 진행됐다. 권 교수는 당시 도내 신문·방송사 현직기자와 간부를 모집단으로 216명을 표집해 설문조사를 실시했다. 설문지는 168부가 회수되어 77.8%의 회수율을 보였다. 조사 내용은 응답자 개인적 배경, 개인생활, 새로운 언론환경 평가 및 미디어 이용행태, 직장생활 만족도 및 언론인 연수제도, 언론사 내적 통제 및 구조, 전북지역 언론현황 및 평가, 취재보도 및 언론인 윤리의식 등 7가지 분야였다. 설문에 응한 기자들의 인구사회학적 속성을 살펴보면, 남성 94.5% 여성 5.5%였으며 평균연령은 37.5세였고 99.4%가 전북 출신이었으며 77.1%가 전북에 있는 대학을 졸업하였다. 언론계 근무연수는 5년 미만이 50.3%였고, 신문사 평균 월급은 76만 9천 원, 방송사는 132만 원이었다. 자신의 생활수준을 상류로 평가하는 사람은 한 사람도 없었으며 중상류 7.9%, 중류 50.6%, 중하류 34.8%, 하류 6.7%로 평가하였고 65.8%가 자기 집을 소유하고 있었다. 응답자 중 60.4%가 언론인이라는 직업에 대해 대체로 만족하고 있었으나 지역언론인으로서 만족률은 32.7%였다. 현 소속사의 제반 직무환경에 대한 불만이 매우 높았는데, 직무환경과 관련된 9개 항목의 만족도가 낮았다. 특히 봉급수준, 취재비 또는 제작비 등 임금이나 수당과 관련된 항목과 근로환경 및 복지시설에 대한 불만도가 매우 높았다. 기자들은 사회적 지위나 명성, 언론인으로서의 만족도, 그리고 개인적 자질 면에서는 중앙 언론인이 더 우수하지만 성실성이나 대인관계 면에서는 지역언론인이 더 우수하며, 언론인으로서의 사명감, 직업윤리 의식면에서는 서로 간에 별다른 차이가 없는 것으로 인식하고 있었다. 기자들은 지역언론의 미래를 어둡게 전망했는데 그 이유로는 경영난과 재정적 취약이 가장 많았고, 시장성 빈약, 언론사 난립, 중앙지 침투, 사주들의 잘못된 인식 등이 뒤를 이었다.[58]

2015 기자 의식조사 근무여건 개선 호소

전북기자협회가 자체 기획해 회원들의 업무환경을 설문조사한 경우도 있었다. 2015년 당시 회장 이균형(CBS 전북방송) 집행부는 11개 소속사 회원 모두를 대상으로 설문조사를 실시했다. 회원들의 업무 활동 여건을 개선하고 전북 언론 발전을 위한 기초 자료로 활용하기 위해 기획됐다. 조사 내용은 크게 나누면 응답자 특성, 라이프 스타일, 전북기자협회 현안, 업무량과 업무 자유 정도, 언론 역할 수행, 심리적 탈진, 직무 스트레스, 직무 열의, 언론보도 분쟁, 직장 내 사기, 직업만족도, 이직 의도 등 12개 분야였다. 설문지는 2015년 6월 25일 협회 운영위원회에서 지회별로 배포됐으며 각 지회장이 자사 회원들에게 나누어 준 뒤 회원 자신이 작성하는 자기기입식 설문 방식이었다. 수거된 설문지는 모두 190부. 2015년 6월 말 기준으로 협회 회원 수는 270명이기에 조사 참여율은 70.4%였다. 수거 설문지 190부 중 1부는 답변이 부실해 최종 분석에서 제외했다. 조사결과는 2015년 10월 12일 발행된 <전북기자협회보> 제35호에 4면부터 11면까지 8면에 걸쳐 게재되었다. 분석

---

58) 백병기 · 권혁남, 1994, 130~139쪽.

에 사용된 설문지 189부를 회사 유형별로 보면 신문사 75.1%(142부), 방송사 19.0%(36부), 뉴스통신사 5.8%(11부)다. 회원사별 참여율은 많게는 93.8%, 적은 곳은 50.0%였다.

각 문항별 응답자의 평균값과 최빈값을 기준으로 2015년 전북의 전형적인 언론인 상을 서술하면 다음과 같다.[59)]

전북기자협회 소속 A신문사 B기자는 올해 만 43세 남자로 대학에서 인문계열을 전공했고 결혼해 아이가 2명 있다. 언론계 경력은 13.2년. 2013 전국언론인조사의 평균 경력 11.6년보다 약간 길고, 지역일간지 평균 경력 12.9년과는 비슷하다. 하루 평균 8시간 넘게 일하지만, 연봉은 2천만 원 정도. 신문사 동료 5명 중 1명 정도만이 그 이상을 받는다. 이는 2013 전국언론인조사 평균 연봉(2012년 연말정산 기준) 4천540만 원의 절반 수준도 못 되고, 지역일간지 평균 연봉 2천797만 원에도 못 미친다. 전북지역 근로자 40만 명의 1인당 평균 연봉(국세청 2012년 연말정산 기준) 2천610만 원보다도 적은 액수다. 이에 B기자와 동료들은 일상에서 '업무량을 고려하거나 언론인으로서 제 역할을 다하려면 지금보다 최소한 월 평균 100만 원 정도는 더 받아야 하는데…'라며 푸념한다.

수면은 하루 평균 약 6시간 28분 정도 잔다. 이는 통계청이 발표한 2014 생활시간조사 한국인 하루 평균 수면시간 7시간 56분보다 1시간 30분 정도나 적고, 한국갤럽 조사 2013 한국인 평균 수면시간 6시간 53분보다도 25분 정도 적은 시간이다. B기자는 담배를 피우진 않지만 동료 5명 중 2명은 하루 평균 한 갑씩, 어떤 동료는 하루 2갑 반 이

---

59) 이하 내용은 <전북기자협회보> 2015년 10월 12일 제35호 4면에 게재된 것으로 저자가 작성하였다.

상을 피우기도 한다. 술자리는 평균적으로 주 1~2회 정도 가지며, 동료 10명 중 1명은 매일 술자리를 갖는다. 건강을 위해 따로 투자하는 시간은 거의 없다. 여가시간에는 가급적 운동을 하려고 노력한다. 영화감상이나 TV시청도 일을 하지 않는 시간에 즐기는 것 중 하나며 책읽기도 여가시간에 많이 하는 일 중 하나다.

B기자는 담당 업무를 수행하는데 있어서는 비교적 자유롭다. 업무의 자유를 직·간접적으로 제한하는 1순위는 사주·사장 등 경영진이라고 생각한다. 전북지역 언론들이 언론으로서 정보제공 기능은 어느 정도 수행하고 있지만 공정보도, 감시비판, 갈등조정 역할은 미흡하다고 B기자는 평가한다. 언론으로서 역할과 기능이 미진한 이유는 편집국 인력의 부족과 개인에게 주어진 많은 업무량 때문이라고 생각한다. B기자는 맡은 일을 하는데 있어서 정서적으로 지쳐 있음을 느끼고, 처음 입사했을 때보다 현재 업무에 대해 관심이 줄어들었으나, 업무상 발생하는 문제들을 효과적으로 해결할 수 있다고 자신한다. 여러 가지 일을 동시에 해야 하고 일이 많아 시간에 쫓기며 일해야 하는 직무 스트레스를 겪고 있으며 광고·영업 수주와 독자 확보에 대한 부담감을 가지고 있다. 그러나 기자직이 매우 의미 있고 가치 있는 일이라 생각하며 자부심을 느낀다.

최근 B기자는 행정기관의 과오와 비리를 보도했다가 일부 불충분한 취재와 보도대상자의 과잉 대응으로 언론중재위원회의 조정·중재를 받기도 했다. 회사나 편집국, 기자협회에서 도움을 주지 않아 언론중재위원회 출석 준비로 힘들었다. 보도와 관련된 분쟁을 겪은 뒤, 사회·경제적 불이익이나 심신의 피해를 걱정해 신중하게 기사를 작성하려고 노력하고 있다. B기자가 기자직을 선택한 이유는 기자가 창조적이고 능동적인 직업이고, 사회문제점을 파악해 사회정의를 구현하기 위해서다. 현재 직업의 자율성이나 독자와 지역사회에 봉사하고 기여할 수 있어 기자로서 직업에 어느 정도 만족하는 편이다. 하지만 보수, 승진, 후생복지, 직업 안정성 측면에서 불만족스럽고 특히 노후를 생각하면 앞이 캄캄하다. 회사의 경영 위기까지 겹쳐 최근 1~2년간 편집국 동료들의 사기는 저하된 느낌을 받는다. B기자는 가끔씩 직장을 옮기거나 직업을 바꾸고 싶다는 생각을 하고 있다. 개인

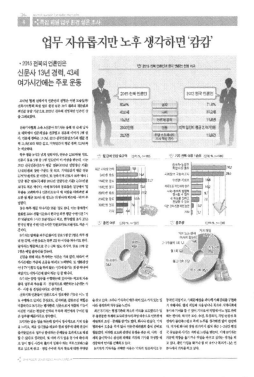

[그림 18] 전북기자협회 설문조사 결과 기사. 2015년 10월 12일 <전북기자협회보> 제35호 4면부터 8면까지 설문조사 결과가 게재됐다.

사업을 하거나 보수나 복지가 좀 더 나은 언론사에서 기자를 하고
싶다.

전북도민 미디어 이용 조사

전북도민들은 미디어를 얼마나 이용할까. <전주MBC>는 1992년 창
사 27주년 기념으로 '전북인 의식조사'를 실시했는데, 미디어 이용 부문
도 조사에 포함했다. 전북대학교 사회과학대학 교수들을 주축으로 1992
년 1월 전북 거주 만 20세 이상 남녀 성인을 모집단으로 설정해 24~26
일 1000명의 표본조사를 실시했다. 최대표본오차는 95% 신뢰수준에서
±3.1%포인트였다. 도내 가정의 62.5%가 최소 1부 이상 신문을 정기적
으로 구독했고 월 소득 150만 원 이상 가구의 신문 구독률은 91.1%였
으며 응답자들은 평일 신문을 평균 54.3분 읽었고, 라디오 청취는 2시간
11분, 텔레비전 시청은 3시간 7분이었다.[60]

<전주MBC>는 또 1998년 창사 33주년 기념으로 미디어 이용 등을
담은 '전북인 의식조사'를 다시 진행했다. 1998년 4월 10~12일 도내
거주 만 20세 이상 남녀 성인 표본 1000명을 조사했다. 최대 표본오차
는 95% 신뢰수준에서 ±3.1%포인트였다. 조사 결과, 신문구독률이
1992년 조사 62.5%보다 하락한 55.6%였다. 신문 읽는 시간은 평일
53.7분 휴일이나 일요일 56.4분으로 나타났다. 신문 읽는 빈도에서 응
답자의 32.2%가 매일 본다, 21.8%가 거의 매일 본다, 54%가 신문을
비교적 자주 읽는다고 답했고, 전혀 안 본다는 19.4%였다. 텔레비전 시
청시간은 평일 하루 평균 2시간 55분, 휴일 일요일 하루 평균 4시간 10

---

60) 《92 전북인의 의식조사》1992, 17~21쪽, 166쪽, 186쪽.

분이었다. 뉴스 정보원으로 텔레비전이 68.3%로 가장 많았는데, 1992년 조사 때의 61.7% 보다 6.6%포인트가 상승하였다. 신문은 25.3%로, 1992년 31.2% 보다 5.9%포인트 하락하였다. 정보매체 신뢰도에서 텔레비전은 52.0%로, 1992년 조사 때의 41.6%보다 10.4%포인트가 상승했고, 신문은 32.5%로 1992년 36.8%보다 4.3%포인트 하락하였다.[61]

전북대학교 권혁남 교수는 1993년 10월 전북에 거주하는 만 20세이상 성인 남녀 800명을 4단계 무작위 표본추출방법으로 표집하여 수용자 조사를 실시했다. 조사의 표본오차는 문항마다 차이가 있으나 95% 신뢰수준에서 최대 ±3.4%포인트이었다. 조사대상 가구의 82.7%가 신문을 구독하는 것으로 나타났으며, 중앙지만 구독하는 가정이 69.5%, 지역지만 구독하는 가정은 7.4%, 중앙지와 지역지를 함께 구독하는 가정이 23.1%이었다. 지역지를 구독하는 이유는 '내고장 소식을 알기 위해서'가 53.8%로 가장 많았고, '내고장 신문을 키워주기 위해서'가 10.5%, '가족 중 다른 사람이 보기 때문에'가 9.2% 순이었다. 응답자들에게 텔레비전 뉴스에서 전국뉴스가 끝나고 지역뉴스가 시작되면 어떻게 하는지를 물어본 결과, 64.1%가 '그냥 계속해서 지역뉴스를 본다'라고 답했고, 24.3%는 '계속해서 지역뉴스를 보기는 하지만 전국뉴스만큼은 관심있게 보지 않는다'라고 응답하였다. 응답자의 9.1%는 다른 채널로 돌린다고 대답하였다.[62]

---

61) ≪98 전북인의 의식조사≫1998, 16~20쪽, 165~168쪽, 202~205쪽.

62) 백병기·권혁남, 1994, 140~142쪽, 172~173쪽, 182~183쪽.

7. 지역 현안 보도와 관련된 학술적 접근

서해 페리호 침몰사고 선장 생존 오보

1993년 10월 10일 부안 격포 앞바다에서 서해 페리호가 전복돼 292명의 승선자들이 희생됐다. 서해 페리호 침몰 사고는 사고 자체도 충격이었지만 언론 역사에서도 어이없는 오보 사태를 기록하였다. 전북지역 언론을 포함한 국내 언론들은 선장의 생존설, 중국 도피설, 잠적설 등 검찰 발표 내용을 확인 없이 보도함으로써 사상 최악의 오보사태를 겪었고 언론에 대한 신뢰도를 크게 실추시켰다. 침몰된 배의 선실에서 선장의 주검이 인양되어 선장이 끝까지 배를 지키다 사망했다는 사실이 확인되면서 언론은 사설이나 앵커 멘트를 통해 오보에 대해 사과했다. 오보 발생에는 언론계 내부의 잘못된 속보 경쟁, 한 건 주의식 특종 경쟁, 무책임한 선정주의 등 후진적인 취재 관행이 큰 요인으로 작용했고 관계당국의 정보는 일단 사실로 인정하는 편의주의적 보도행태도 문제로 제기됐다.[63]

페리호 선장이 살아 있다는 보도가 처음 나간 시점은 사고 발생 하루 뒤인 10월 11일. 당시 <전북일보>는 1단으로 선장 생존설이 나돌고 있다는 기사를 내보냈다. 이때까지는 별다른 파장은 없었다. 그러다 생존설 보도경쟁이 본격적으로 불붙기 시작한 때는 <한겨레신문>이 12일자에 '선장이 살아있다'고 보도하면서부터다. 선장의 주검이 인양된 15일까지 언론 보도는 온통 '살아있는 선장' 관련기사로 채워졌다. <한겨레신문>은 선장을 잘 알고 있던 취재원으로부터 선장을 똑똑히 봤다는 말을 듣고 기사화했다. 그러나 사실은 그 취재원이 본 사람은 선장이 아

---

63) ≪한국신문방송연감≫1994, 49쪽.

니라 놀랄 만큼 선장과 닮은 위도지서장이었다. 위도지서장은 선장과 얼굴 생김새, 키, 몸집이 거의 비슷했고 공교롭게도 당일 선장이 늘 입고 다니던 감색점퍼를 입었고 모자마저도 선장이 쓰고 다니던 모자와 모양, 색깔이 같았다고 한다. 언론계에서는 이 오보를 '이유 있는 오보'라고도 말했다.[64]

이 오보 사태는 언론학계에서 한국언론의 보도관행 문제를 지적할 때 자주 인용된다. 첫째 취재원의 진술을 다루는 현장기자의 상황 판단의 신중성에 중대한 문제가 있었고 1차 제보에 대한 확인 과정이 완전히 생략됐다는 점, 둘째 특종을 놓친 다른 신문사 기자들의 무분별한 기사 베끼기 문제, 셋째 편집국 간부들의 판단력과 선정적·흉내 위주의 제목 만들기 경향, 넷째 생존설 1보가 나간 뒤 대부분의 신문이 마치 수수께끼를 푸는 듯한 태도로 근거 없이 떠도는 선장 일행의 행방에 대한 소문과 제보들을 주요 기사로 취급했다는 점 등이 문제로 지적되었다.[65]

전북지역 언론의 핵심 이슈 새만금

전북지역 언론 보도를 관통하는 이슈는 '새만금'이다. 전북지역 언론들은 새만금 방조제가 첫 삽을 뜬 순간부터 환경문제로 두 번 중단됐던 공사가 마무리되기까지, 또 이후 개발 과정을 고스란히 기록하고 있다.[66]

2000년 4월 전북일보 경제팀장 문경민이 쓴 ≪새만금리포트≫가 새만금 개발과 환경 보존으로 주장이 맞서는 정부·시민단체로부터 모두

---

64) <미디어오늘> 1995년 6월 7일 인터넷 홈페이지.

65) 이재경, 2003, 72~75쪽.

66) <기자협회보> 2018년 3월 26일 4면.

중요한 자료로 꼽히기도 했지만,[67] 전북지역 언론의 새만금 관련 보도는 지나치게 편향적이라는 지적을 받았다. 지역 내의 적지 않은 사업 찬성 여론을 고려하더라도 사업 중단 요구에 대한 충분한 설명 대신 일방적이고 감정적인 보도로 인해 균형을 잃었다는 비판이 제기됐다.[68] 학자들도 언론의 새만금 사업 보도에 대해 일관성 부족, 뒷북보도, 대안제시 부족 등의 문제점을 지적했고 국책사업의 결정 전에 언론이 심층보도를 하고 전담기자를 배치해 사안에 대해 꾸준히 점검하고, 원칙 있는 입장 정리를 하는 것이 필요했다고 강조하였다.[69]

새만금 사업과 관련된 언론보도에 대한 언론학 연구도 꾸준히 지속되었다. 한 연구에 따르면, 언론은 새만금 사업과 관련해 정책의 비효율성·개발·환경보호·국민부담·사업의 경제성·사회적 합의 등 6개의 프레임으로 보도하는 경향을 보이는데 정부인사·국회의원, 시민단체, 전문가, 농어민, 일반시민 등 사업과 관련된 집단의 다양한 의견을 충분히 전달하지 못하고 있는 것으로 나타났다.[70] 새만금 사업과 같은 논쟁적 사업이 지속가능 발전 방향으로 나아가도록 하는데 언론사가 일조하기 위해서는 환경전문기자 제도를 신설 또는 강화하고 이들 기자에게 취재를 맡기는 것이 바람직하다는 지적도 있다.[71]

또 다른 연구에 따르면, 새만금 사업에 시간이 갈수록 중앙지와 지방지 모두 찬성이 증가하고 반대는 감소하는 양상을 보였고, 그 증감 폭은 중앙지보다 지방지가 더 크게 나타났다. 사업에 대한 국민 선호도의 경

---

67) <기자협회보> 2001년 2월 10일 7면.

68) <기자협회보> 2003년 6월 4일 6면.

69) <기자협회보> 2003년 7월 9일 6면.

70) 강내원, 2002.

71) 서현교, 2007.

우, 사업추진에 따라 전북지역과 전국 모두 꾸준히 증가하고 있으나 전국 대비 전북지역의 선호도가 월등히 높게 나타나는 경향을 보였다.[72) 새만금사업 추진과정에서 나타난 정부와 NGO의 갈등협상 및 PR전략에 관한 연구도 진행되었다.[73)

부안 방폐장 관련 언론보도

2003년 7월부터 2004년 2월까지 부안지역에서 방사성폐기물처분장(이하 방폐장) 후보지 지정과 취소를 둘러싸고 벌어진 일련의 사건은 갈등이 내재한 국책사업을 보도하는 언론의 태도에 대한 논의를 촉발시키기도 하였다.

전북지역 언론사들은 보도 방향을 놓고 고민에 빠졌다. 방폐장 유치사업은 처음에는 지지 여론이 적지 않았었는데 시간이 지나며 군수와 정부 대책에 불만이 커지면서 반대 의견이 거세지는 상황이었다. 부안 현지에서는 지역 언론들이 정확한 보도를 하지 않는다는 이유로 지역민들의 불신까지 겹쳐 언론의 취재활동 자체가 어려운 실정이었다. 급기야 방폐장 유치 반대 시위에 참가한 일부 시민들이 기자를 폭행한 사태가 발생해, 한국기자협회와 전북기자협회가 유감 및 재발방지 성명을 발표하기도 했다. 언론사는 특별한 대안을 찾을 수 있는 상황이 아니어서 개발론이나 환경보전론 중 어느 하나를 선택해 확실한 논조를 세우고 보도하기 어려웠다.[74)

부안 방폐장 관련 문제는 전북지역 언론 보도만의 문제는 아니었다.

---

72) 이병국, 2011.

73) 최동성, 2009.

74) <기자협회보> 2003년 9월 3일 6면.

한국기자협회 <기자협회보>는 부안 방폐장 관련 중앙지들의 언론보도를 비판했다. 협회보는 이 문제를 비중 있게 다루면서 언론들의 신중한 접근을 주장했다. 갈등을 조정하고 대안을 제시해야 할 언론이 오히려 혼란을 부추기며 본질을 호도하고 있다고 지적했다. 부상자가 속출하는 격렬한 시위가 발생해야 지면을 할애하는 기존 관행이 되풀이되는 것도 문제지만 갈등이 벌어진 원인과 이유, 과정은 사라지고 시위의 폭력성과 정부의 강경대응만 강조함으로써 사태를 악화시키는데 일조하고 있다고 비판했다. 주민투표 결렬 이후 부안에서 벌어진 대규모 시위와 관련해서도 일부 언론은 사태의 책임을 주민 탓으로 돌리며 정부의 강경한 시위 진압을 요구했으나 부안군민의 저항을 불러온 근본 원인이 정부의 말 바꾸기와 시간 끌기 등 졸속 행정에 있다는 대목은 언급하지 않아 편향적인 보도태도라고 지적했다.75)

부안 방폐장 사건을 다룬 언론학 분야 연구도 여럿이다. 중앙과 전북지역 텔레비전 뉴스를 분석한 연구에서는 언론들이 갈등의 원인과 해결보다는 주민들의 시위와 사회적 혼란을 부각시키는 양상을 보였다고 평가했다. 갈등의 근본원인이자 이슈의 본질적 사안이라 할 수 있는 선정 절차상의 정당성 문제라든가, 위도 지역의 지질 적합성·안전성 문제·에너지 정책 등의 문제는 지역 언론에서 제대로 다루어지지 않은 것으로 나타났다. 방폐장 부지 지정 이슈가 국가 정책적 이슈라기보다는 지역 내 집단 간 분쟁으로 그 성격이 규정됐다고 분석했다.76) 전북과 광주·대구의 지역 신문 뉴스를 비교 분석한 연구도 있다. 3개 지역 신문 모두 방폐장 관련 이슈를 환경이나 생존적 차원의 위협으로 보는 대신

75) <기자협회보> 2003년 11월 26일 1면, 2면.
76) 나미수, 2004.

중앙정부의 정책 시행의 문제점을 부각함과 아울러 지역발전 차원에서 주로 다루고 있는 것으로 분석됐다.[77]

지상파TV 3개의 저녁 종합뉴스, 중앙 종합일간지 3개, 전북지역 신문 2개, 인터넷언론 2개의 방폐장 등 국내외 원자력 관련 보도 전체를 대상으로 분석한 연구도 있다. 연구 결과, 전북지역 신문은 정책의지 프레임이 다른 언론사보다 높게 도출됐으며, <조선일보>는 상황귀속 프레임, <중앙일보>는 체제개선 프레임, <한겨레>는 생존가치 프레임 비중이 다른 신문보다 상대적으로 높았다. 반면 TV뉴스는 방송사 모두 정황전달에 초점을 둔 일화프레임인 상황귀속프레임에 치중하는 것으로 나타났다.[78] 부안 방폐장 입지선정을 둘러싼 이해집단(정부·주민)과 대중매체(조선일보·한겨레신문·전북일보)를 대상으로 뉴스프레임을 분석한 연구도 있다. 언론들의 기본프레임은 갈등 대립이었지만 <조선일보>는 무능·불신 프레임으로 주민 반발에 적극적으로 대처하지 못한 정부를 비판하는데 초점을 두었고, <한겨레>는 위험·불안 프레임으로 반대주민들의 프레임과 공명한 반면, <전북일보>는 보상·개발 프레임으로 지방정부와 찬성주민의 이해관계를 부각시켰다.[79]

---

77) 최낙진, 2004.
78) 김원용·이동훈, 2005.
79) 정정화, 2007.

제10장
전북언론의 현황과 전망

1. 열악한 환경에서 지역신문[1] 고전

경제원리 작동하지 않는 신문시장

1987년 6·29선언 이후 정기간행물 등록이 자율화되면서 전북에서 발행되는 일간 신문은 평균 2년마다 1개사씩 계속 늘어남으로써 2018년 7월 기준으로 볼 때 16개사로 집계됐다. 6·29선언 이전에 적용하고 있었던 '1도 1사 원칙'과 비교해 보면 큰 폭의 증가율을 기록하였다.

---

[1] '지역'과 '지방'이란 용어는 우리나라 언론학계에서는 개념정립이 하나로 통일되어 있지 않다. 학문적으로 용어상의 혼란이 있으며 아직도 각자의 편의성에 의해서 자의적으로 용어를 선택하여 두 용어가 혼용되고 있다(김세철, 1997, 25~26쪽. 장낙인 윤승욱, 2006, 2쪽). 이 책은 신문의 배포범위나 방송의 가시청 권역에 따라 '전국'과 비교되는 '지역'이라고 칭하는 우리 사회의 관행에 입각하여 사용하고, '지역신문'과 '지역방송'의 용어 또한 각 지역사회의 차별성과 자치의 의미가 내포되어 있는 시각에서 보는 입장이다. 이 책에서 '지역신문'은 지역에서 발행되는 '종합일간 신문'을 지칭한다.

[표 9] 전북지역 일간 신문 등록현황

(2018년 7월 9일 현재. 등록일정 순)

제호	등록일	발행지	발행인
전북일보	1973. 5. 31.	전주시 덕진구 기린대로 418	서창훈
전북도민일보	1988. 10.14.	전주시 덕진구 벚꽃로 54	임 환
전라일보	1994. 5. 23.	전주시 완산구 전라감영로 75	유동성
새전북신문	2000. 10. 23.	전주시 덕진구 백제대로 728	박명규
전북매일신문	2002. 9. 17.	전주시 완산구 홍산중앙로 38	전은경
전북중앙신문	2002. 9. 23.	전주시 완산구 기린대로 205	강현민
전민일보	2003. 1. 8.	전주시 덕진구 동부대로 762	임석주
새만금일보	2006. 8. 23.	전주시 완산구 기린대로 143	이재춘
전주매일	2009. 11. 23.	전주시 완산구 기린대로 222	조봉성
전라매일	2010. 3. 8.	전주시 덕진구 도당산4길 8-13	홍성일
전주일보	2010. 10. 1.	전주시 완산구 기린대로 198	신영배
전북연합신문	2011. 4. 29.	전주시 덕진구 백제대로 803	조광래
전북타임스	2011. 9. 26.	전주시 덕진구 기린대로 369	송민순
호남제일신문	2015. 8. 24.	전주시 완산구 기린대로 221	김만중
삼남일보	2016. 8. 8.	전주시 완산구 권삼득로 36-4	고종승
전북금강일보	2017. 3. 13.	전주시 완산구 관선4길 36	김병학

제공: 전라북도

전북지역의 신문시장은 언론의 자율화 정책 이후 출혈경쟁이 가속으로 심화되고 있다. 시장 경쟁이 더 치열해졌지만 공정한 시장경쟁의 규칙이 제대로 자리를 잡지 못하고 있다. 시장의 혼란을 부추긴 것은 후발주자들보다는 오히려 거대 언론사들이라는 비판이 많다. 거대 언론사들이 잘 짜인 판매조직과 물량을 기반으로 공격적인 마케팅을 벌였기 때문이다.[2] 광고단가 후려치기나 특집을 내세운 광고지면 제작도 지나치다. 지역현안을 중심으로 한 광고 섹션은 중앙지마다 하루가 멀다 하고 제작되고 있다. 심지어 지역신문의 영역인 지역 이슈 관련 포럼 등을 전국을 순회하며 개최하는 형식으로 지방자치단체의 예산에 손을 대는 일도 잦아지고 있다.[3]

전북의 신문시장은 다른 대부분의 지역신문들이 겪고 있는 광고 시장의 축소와 눈덩이 적자, 저임금 등 사면초가의 위기에서 벗어나지 못하고 있다. 심각한 경영난에 처해 있지만 여건 조성이 안 되면 휴·폐간하는 '시장경제의 원리'가 갖춰져 있지 않아 시장의 정화, 퇴출시스템이 없는 기현상이 벌어지고 있다. 비록 신문사를 운영하면서 연간 수천만, 수억 원씩의 손실이 발생하더라도 사주나 경영진은 사회적 영향력에 대한 미련을 버리지 못하는데다 대다수 기자들이 신문사가 문을 닫을 경우 마땅히 갈 곳이 없다는 점은 지역신문사 난립을 부추기고 있다. 임금체불이나 저임금 구조는 신문사의 잇따른 출범 과정을 통해 풍부해진 지역 언론계의 인적자원과 더불어 부실 신문사의 수명을 연장시키는 핵심적 요인으로 작용하고 있다.

주민신뢰 회복에 안간힘

지역신문들은 대개가 스스로의 특수성과 경쟁력을 살려 독자와 광고주를 확보하는 방법보다는 지역 언론에게 주어지는 권력을 이용하여 관공서나 기업을 상대로 살아남는 방법을 택하는 경우가 많았다. 그 대신 지역주민들의 신뢰를 포기해야 했다. 독자들로부터 외면 받는 지역신문들은 지역의 자치단체나 기업의 홍보비나 광고비에 의존할 수밖에 없는 실정이 되었다. 자연히 지방정부와 기업의 입장을 대변하는 홍보

---

2) 권혁남. 2006. 11쪽.

3) 송신용. 2012, 224쪽.

성 기사가 많아졌다. 그럴수록 지역신문에 대한 독자들의 신뢰도와 구독률은 줄어들고, 지역신문은 더욱더 관공서와 기업에 의존해 경영하는 악순환이 되풀이 되고 있다.[4]

한국ABC협회가 2016년분 발행부수와 유료부수를 인증한 결과를 보면 전북에서는 다음과 같이 16개사의 지역신문 가운데 조사대상인 14개사가 총 10만 2천548부를 발행하였고, 유료부수는 모두 5만 5천939부로서 전체 발행부수의 54.5%인 것으로 분석되었다. 유료부수를 기준으로 보면 2천 부 미만인 신문사가 9개사로 나타났다.[5]

[표 10] 전북지역 일간 신문 발행·유료 부수

(2017년 11월 현재. 유료부수 순)

순위	신문명	발행부수	유료부수	순위	신문명	발행부수	유료부수
1	전북일보	26,000	20,006	9	전라매일	3,345	1,416
2	전북도민일보	17,233	12,892	10	새만금일보	4,000	1,352
3	전라일보	9,100	5,498	11	전주일보	3,600	1,227
4	새전북신문	8,660	4,201	12	전북연합신문	4,016	1,170
5	전북중앙신문	6,867	2,710	13	전북타임스	3,040	720
6	전민일보	6,000	1,680	14	호남제일신문	1,787	0
7	전북매일신문	3,900	1,621	총계		102,548	55,939
8	전주매일	5,000	1,446				

출처: 한국ABC협회의 2016년분 발행부수와 유료부수 인증결과를 재구성.
　　　<삼남일보>와 <전북금강일보>는 부수조사 중 신규 등록되어 조사대상에서 제외.

한 지역을 근거로 발행되는 지역신문은 그 지역의 외적 환경과 밀접한 관계를 맺고 있다. 지역신문의 경제적 규모를 추정하는데 있어서 그

---

4) 장호순, 2006, 198쪽.

5) ≪한국ABC협회≫검색.

지역의 인구규모, 재정자립, 지역총생산, 사업체 총수의 규모는 간접적인 상황을 판단하는데 도움을 줄 것이다. 전북은 대체로 상대적으로 열악한 경제규모를 갖고 있기 때문에 신문사 운영에도 그 영향을 받을 수밖에 없다.[6] 이와 함께 오랫동안 비판을 들어왔던 획일적인 보도내용을 비롯하여 취재기자의 전문성 부족, 관급기사 및 통신기사의 높은 의존도, 판매와 광고수주 등에 치중하는 주재기자 제도, 소유주에 의한 편집권의 공정성 훼손 등은 언론의 하향평준화를 불러일으키고 있다.

이처럼 지역신문은 내적으로 스스로 자초했거나 혹은 각종 대안언론이 확산되고 있는 언론환경에서 시장의 변화에 적절하게 대응하지 못한 채 시장 경쟁력은 물론 지역주민들에게 신뢰마저 쌓지 못하는 연쇄적 굴레에서 벗어나지 못하고 있다.

'밥 그릇'과 명예를 챙기는 것 아니냐는 일부 사주나 경영진의 비루한 원인은 지역사회의 비판대에 진즉부터 오르내렸다. 김성우는 본인이 근무했던 신문사의 쇠망원인을 다음과 같이 비장하게 밝혔다. "신문사가 망하는 원인은 단 한 가지밖에 없다. 신문을 잘못 만드는 것이다. 신문 지면을 빛낸 사람이 빛나지 않았고, 신문 지면을 빛낸 사람을 신문사가 빛내지 않았다. 신문이 살아야 신문사가 사는 것인데 신문 살릴 생각은 안 하고 신문사 살릴 생각만 했다. 결국 신문이 망가지고 따라서 신문사가 망하였다."[7]

---

6) 김선남, 2001, 15쪽.
7) 김성우, 2016, 400~401쪽.

2. 악순환의 고리에서 고민하는 지역방송

중앙 집중형의 수직 네트워크 형태

지역방송의 현실은 지상파 중심으로 접근해 보면 서울에 있는 키 방송사와의 수직적 관계와 경영환경의 악화 등 두 가지로 파악할 수 있다. 먼저 <KBS> <MBC>, 그리고 지역민방 등 지상파방송 3개 네트워크는 형태는 다르지만 모두 서울-지역의 수직적 관계와 자원의 중앙 집중이라는 특징이 있다. 네트워크별 구조적 관계는 단일 회사인 <KBS>의 직할국 시스템, 서울 소재 모회사와 지역의 자회사 관계인 <MBC>의 계열사 시스템, 그리고 <SBS>의 계약관계인 민방의 제휴사 시스템 등이 있다.[8)

전반적으로 프로그램의 중앙 집중적인 공급체계가 유지되고 각 방송사의 인프라가 빈약한 실정이다. 또한 서울 중심의 문화시장 뿐 아니라 경제의 중앙 집중화에 따른 지역의 광고시장은 구조적으로 지역신문과 같이 지역방송사의 경영을 악화시키고 있다. 광고주는 서울에 편중되어 대부분 지역민방의 경우 서울 광고주가 95%인 것에 비하여 지역 광고주는 불과 5% 수준에 머물고 있다.[9)

지역방송의 인기는 중앙 집중적인 사회, 문화, 경제적인 특수성으로 인해 그리 높지 않은 편이다. 1990년대 중반 지방자치시대가 열린 이후에도 별다른 변화가 없이 이용도나 만족도는 여전히 낮다.[10) 지역주민은 지역방송의 역할과 그 중요성은 높게 평가하면서도, 실제로 일부는

---

8) 한진만 외, 2010, 51쪽.

9) 이상훈, 2006, 152쪽.

10) 이근용, 2012, 88~89쪽.

지역방송 프로그램을 자주 보지 않는 실정이다. 지역방송 프로그램이 지역 시청자들을 만족시키지 못하는 이유는 프로그램의 질적 수준과 시청자들의 시청 습관 등 다양하게 있을 수 있다. 여기에는 '지역방송 프로그램 제작 여건의 미비, 질적 수준 미흡→낮은 시청률→광고판매의 부진→프로그램 제작 재원의 부족'으로 이어지는 악순환의 고리가 작용한다. 광고 판매가 부진한 주요 원인 중에는 낙후된 지역경제를 꼽을 수 있다.[11]

2015년 초를 기준으로 <KBS> 지역국들은 지역 프로그램을 1TV에서 평균 15.1%, 2TV에서 0.7% 편성하였다. 지역MBC는 2014년(연간 기준) 전체 방송시간의 16.7%를, 지역민방은 29.3%를 지역방송 프로그램으로 편성하였다.[12] 전북지역 방송사들의 텔레비전 방송 자체 프로그램 편성비율을 살펴보면 2005년 봄 개편 당시 <KBS 전주방송총국>은 11.1%로 조사되었고, <전주MBC>는 17.4%의 비율을 보였다. 지역민방인 <JTV전주방송>의 경우는 28.1%로 상대적으로 높은 비율이 나타났다.[13]

한국지역언론학회와 전국지역민주언론시민연합, 지역방송협의회는 2017년 4월 26일 국회에서 '지역방송 정상화를 위한 기자회견'을 갖고 "국가주의 통합의 목표 아래 강요된 중앙 집중형 방송지배구조가 지역방송을 수직계열화함으로써 지역성이 희생되었다"고 주장했다. 이들은 수도권 방송의 중계기지로 전락한 지역방송의 정상화를 위하여 방송의 공적책무로 지역성 명문화, 방송통신위원회와 공영방송이사회의 지역대

---

11) 변상규, 2016, 2652쪽.

12) 한진만·변상규, 2016, 164쪽.

13) 이만제, 2006, 133쪽.

표성 보장, 지역민방 지배주주의 부당한 방송개입과 전횡 방지 장치 마련, 네트워크 전파료 및 광고배분 구조의 수평적 조정 등을 요구했다.[14)

기자들의 기사작성 및 직무 스트레스

전북기자협회가 2015년 6~7월 소속 회원인 신문, 방송, 뉴스통신사 기자들을 상대로 실시한 설문조사 결과에 의하면 회사 유형별 1주일간 평균 '스트레이트 기사·단신' 작성 건수는 방송사가 신문사의 19.4건보다 1건이 적은 18.4건이었고, 뉴스통신사는 36.8건이었다. 전국 언론인조사(2013년)에서는 지역방송사 15.0건, 지역신문 14.9건, 뉴스통신사는 23.8건으로서 전북지역 기자들의 작성건수가 전국 평균을 웃도는 것으로 나타났다.[15)

방송사 기자들은 직무 스트레스를 분석한 결과, '나는 업무에 필요한 뉴미디어 테크놀로지를 익히는 것이 벅차다'는 문항에 대하여 5점 척도 평균 점수가 3.00으로 신문사 평균 2.59점, 뉴스통신사 평균 2.36점보다 높게 측정되었다. 이는 방송사 기자들이 신문사나 뉴스통신사 기자들보다 상대적으로 기술을 익히는데 스트레스를 받고 있음을 의미한다. 반면에 '나는 광고 영업과 수주에 대한 부담감을 느낀다'는 문항에 대해서는 방송사 기자들이 5점 척도 평균점수가 2.17점으로 신문사 2.91점, 뉴스통신사 2.73점보다 낮은 점수를 보였다.[16)

---

14) <전북일보> 2017년 4월 27일 13면.

15) <전북기자협회보> 2015년 10월 12일 5면.

16) <전북기자협회보> 2015년 10월 12일 7면.

예산과 인력이 부족한 라디오방송

전북지역 일반 지역라디오방송은 종합편성 방송으로서 <KBS>의 지역국(KBS 전주방송총국), <MBC>의 계열사(전주MBC), 지역민영방송사(JTV전주방송)에서 운영하는 AM과 FM의 라디오 방송이 있다. 특별한 목적을 갖고 서비스를 하는 특수 라디오방송은 종교방송의 경우 기독교 방송인 <CBS>와 원불교 방송인 <원음방송> 등이 있다. 도로교통공단이 운영하는 <교통방송>(TBN)과 기타방송으로서 <국악방송>도 남원에서 서비스를 제공하고 있다.[17]

지역라디오방송은 서울 본사에 비해 예산과 인력, 그리고 장비 등이 부족하여 대부분 서울의 프로그램을 받아서 중계하고 있기 때문에 자체적으로 제작하는 프로그램이 많지 않다. 이들 각 지역방송의 자체 제작 비율은 <KBS> 지역국이 10% 이내의 프로그램을 편성하고 있고, <MBC>는 20~30% 정도의 프로그램을 자체 제작 및 편성을 하고 있다. 지역민간방송은 이 두 방송사보다 많은 30% 이상을 자체 제작 프로그램으로 방송하고 있다. 라디오방송만을 제공하는 <CBS>는 20% 내외의 자체 제작 프로그램을 편성하고 있다.[18]

3. 전북언론의 전망

변화를 꾀하는 지역신문

언론환경은 지각 변동 수준의 대변혁이 일어나고 있다. 종이신문이, 전

---

17) 한진만 외, 2010, 188~191쪽.
18) 한진만 외, 2010, 194~195쪽.

파방송이, 인터넷 매체들이 그렇고 그렇다. 언론사와 기자들에게 이런 변화는 현실 적응을 위한, 살아남기 위한 일대 변신을 요구한다.

앞에서 살펴본 것과 같이 지역신문의 위기에 대한 원인은 주로 지역신문들의 과다한 시장경쟁 구조, 경영실적의 저하, 언론환경 변화에 따른 독자 감소 등에서 비롯되고 있다. 위기의 해법은 이전투구식 경쟁지양과 경영혁신, 지역밀착형 신문제작을 통한 구독률 제고가 그동안 주류를 이루었다.[19] 정치권력의 수도권 집중화가 지역의 공동화의 근원이 되고 있기 때문에 중앙 집권의 지방분권이 이루어지지 않으면 지역신문의 국면 해결은 불투명하게 보인다.[20] 이제까지는 도민들에게 읽히는 신문이 아니라 높으신 분들에게 보여주는 신문도 일부 있었다는 지적도 있다.[21] 지역신문의 독자층에 대한 대상의식이 지면제작에 얼마나 반영되고 있느냐가 제작의 현안이 될 수 있다. 무엇보다도 다양한 독자들이 얼마만큼 그 대상이 되어 왔을까 하는 관점을 보여주고 있다.

전북대학교 강준만 교수는 지역신문의 위기시대에서 지역신문 경영 방안으로 '떳떳한 생존을 위한 10대 전략'을 주장했다. 즉, 지방지의 철저한 로컬화인 '병독지 전략', 비판보다는 긍정 중심의 제작인 '포지티브 전략', 모든 교육정보 외 실질적인 콘텐츠도 제공하는 '교육 상업주의 전략', 지역의 초중고 및 대학과의 협력관계를 형성하는 '학교와의 연대 전략', 학생 독자층을 겨냥한 '산학협동 전략', 공공 이익을 위해 각종 행사를 벌이는 '공익마케팅 전략' 등이다.[22]

---

19) 송정민, 2006, 273쪽.

20) 권혁남, 2006, 17쪽.

21) 최공엽, 2016, 172쪽.

22) 강준만, 2006, 16~26쪽.

현실적으로 매일 기사거리를 찾거나 편집을 하면서 마감시간에 쫓기는 일선기자들에게 이러한 비평과 지적, 그리고 대안들이 힘겹고 안타까운 현상으로 비쳐질 수 있다. 주민신뢰 회복을 위해 보도의 논조가 어떠해야 한다는 사실을 모르는 기자는 없을 것이고, 공부해서 전문성을 기르는 기자도 많아졌기 때문이다. 문제는 광고시장 축소와 부족한 인력, 낮은 임금, 사실상 무휴 취재 등 구조적으로 어려운 취재 여건에서 신문의 생명을 이어가고 심혈을 쏟는 상황에서 미처 손이 갈 수 없는 부분에 대한 갈등과 고민이 앞설 것이다.

그런 점에서 수많은 일상의 사물처럼 신문도 한때 혁신의 산물이었다. 신문이 사라질 것이라는 우려의 목소리는 어제오늘 얘기만은 아니다. 신문은 사라지는 것이 아니라 변화, 변신할 것이라고 생각한다. 그 해법은 지역마다, 신문마다 다를 것이다. 지역신문은 비록 넘어지고, 설령 더딜지라도 여전히 꿈이 있고 미래를 향해 달려갈 것이다. 그렇기 때문에 지역신문의 미래는 결코 어둡지 않다.[23)]

지역방송의 차별화된 경쟁력

현재 지역방송은 중앙과 지역 발전의 양극화, 지상파방송의 정체와 뉴미디어 증가에 따른 미디어 성장의 차별화, 디지털 전환 과정에서 수반되는 시설과 제작비 투자 요인의 증가, 광고시장의 경쟁체제 전환이 가져올 마케팅 비용의 증가와 광고판매 수입의 감소, 경영악화에 따른 제작인력의 감소로 경쟁력 저하 우려 등 5중고를 경험하고 있다. 이런 어려움을 타개하기 위해서는 지역방송 발전의 가장 중심적인 주체의 하나

---

23) 천현진, 2017, 76쪽.

인 지역방송인의 현실 인식과 역할이 중요하다. 왜냐하면 지역방송인의 인식과 태도는 지역방송의 발전 가능성을 시사하기 때문이다.[24]

이러한 관점에서 <KBS 전주방송총국>은 2018년 2월 28일 '지역 공영방송이 갈 길'이란 주제로 진행된 <KBS 1TV>의 '생방송 심층토론'에서 "<전주방송국>의 뉴스와 프로그램은 중앙권력은 물론 지방권력과 자본에 대한 비판과 감시가 소홀했다. 또한 낡은 취재 관행에 묶여 관공서 위주의 방송제작에 치중하고 사회적 약자와 소외계층을 대변하지 못했다. 생활 밀착형과 심층 뉴스 발굴에도 소극적이었다"며 과거 자사방송에 대해 이례적으로 반성문을 내놓아 시청자들의 주목을 받았다.[25]

지역방송사 구성원들의 의식 변화, 나아가 지역주민의 중앙 중심적 사고방식의 탈피가 중요해졌다. 지역방송의 자체적인 노력만으로는 한계가 있고, 외부적인 환경요인이 개선되어야 한다. 그렇지 않으면 지역방송의 역할이 정상화 되는 것은 불투명하다. <KBS>를 보면 지역주민이 납부한 TV수신료가 지금처럼 본사 차원에서 운용되는 한 지역방송의 양적, 질적인 확장은 요원하게 보인다.

다양한 다채널 매체와의 경쟁으로 위축되고 있는 지역방송을 보호해야 하는 이유는 지역성을 담보한 콘텐츠를 제공하는 공익적 가치를 인정하는 것이다. 신문 산업의 위기로 지역신문의 존립 자체가 어려워지면서 지역민들에게 공정하고 객관적이며 심도 있는 정보를 제공하는 지역방송의 가치는 더욱 중요해지고 있다.[26]

방송에서의 지역성은 커뮤니케이션 정책의 중요한 목표 중의

24) 이진로·하봉준·최성재, 2008, 125~126쪽.

25) <KBS 전주방송총국>의 '생방송 심층토론' 다시보기. 방송된 시점은 공영방송의 정상화 등을 위해 142일간의 파업과 1개월의 정상화 기간을 거쳐 정상 방송을 시작한 직후였다.

26) 최용준, 2014, 78쪽.

하나이다. 인터넷 등 뉴미디어의 출현으로 고전적인 지리적 의미는 변하고 있지만, 역설적으로 지역주민의 이해와 기호에 더욱 깊게 관여하는 정치적, 사회적, 문화적인 의미는 비중이 높아지고 있다. 그러므로 최근에는 지역방송의 역할에 대해 더 많은 의미를 부여하고 있다.27)

다매체, 다채널 시대로 요약되는 미디어 환경에 있어서 가장 두드러진 변화는 위성방송, 케이블TV 등의 뉴미디어의 등장을 들 수 있다. 이들 뉴미디어는 어떻게 보면 지역방송의 고객을 잠식할 수 있는 강력한 경쟁자일 수도 있지만 한편으로는 지역방송 스스로가 자기변혁을 하지 않을 수 없도록 동기를 부여하는 자극제일 수 있다는 점을 주목할 필요가 있다. 이들 뉴미디어가 전국의 획일적인 서비스가 중심이 될 수밖에 없기 때문에 지역방송이 지역사회 중심매체로서 스스로의 역할을 자리매김한다면 지역주민 장악력에 있어서 차별화된 경쟁력을 확고히 할 수도 있을 것이다.28)

'향토풍미 물씬 나는' 토착 언론의 제작

아무리 언론환경의 왜곡된 시장과 심각한 경영위기의 난국이지만 지역 언론이 살아서 제대로 역할을 하기 위한 출구는 기본적으로 신문과 방송의 제작에서 찾을 수밖에 없다는 현실이 지역 언론계를 포함한 사회적 공감을 얻고 있다.

'지역 언론은 지역 언론다워야 한다'는 차원에서 전북지역의 신문과 방송은 각계 분야에서 전북만이 갖는 토착적인 풍미가 물씬 나도록 제

---

27) 김대호, 2010, 92쪽.
28) 김영호, 1997, 86쪽.

작되어야 한다. 될 수 있는 한 지역사회와 관계가 약한 기사는 배제해야 한다는 말이 되겠다. 지방자치제가 본격적으로 실시되고 있는 현실에서 전북언론은 지방정부에 대한 감시와 견제기능을 더 강화하면서 지면과 프로그램의 구성을 지역사회의 특색 있는 콘텐츠로 전환, 개혁하여야 할 것이다.

전북대학교 권혁남 교수는 전북언론이 미래를 위해 지향해야 할 방안으로서 "관청기사를 대폭 줄이고, 소셜 미디어를 연결고리로 삼아 도민과 끊임없이 소통하고 호흡하는 전략을 유지하면서 교육, 쇼핑, 먹거리 등 지역과 밀착된 생활정보형 언론의 발굴이 최선"이라고 제시하였다.29)

---

29) <전북일보> 2015년 7월 29일 14면.

전북기자협회 역대 회장

순서	재임기간	회장	소속사	비고(출처)
1	1964~1965	이치백	전북일보	· <기자협회보> 1964년 12월 15일 3면 · <기자협회보> 1967년 5월 15일 2면 · <전북신문> 1975년 5월 31일 7면
2	1965~1966			
3	1966~1967			
4	1967~1968			
5	1968~1969	유연수	삼남일보	· <기자협회보> 1964년 12월 15일 3면 · <기자협회보> 1968년 5월 15일 2면 · <전북신문> 1975년 5월 31일 7면
6	1969~1970			
7	1970~1971	정종규	전북일보	· <전북일보> 1970년 4월 14일 1면
8	1971~1972	박주홍	전북매일	· <전북매일> 1971년 4월 22일 1면
9	1972~1973	김성기	전북일보	· <전북매일> 1972년 8월 10일 1면
10	1973~1974	이광영	전북일보	· <전북일보> 1973년 4월 25일 1면
11	1974~1975	김희원	서해방송	· <전북신문> 1974년 6월 11일 7면
12	1975~1976	김행수	전북신문	· <전북신문> 1975년 4월 22일 1면
13	1976~1977	정종석	전북신문	· <전북신문> 1976년 5월 3일 1면
14	1977~1978	김홍철	전북신문	· <전북신문> 1977년 5월 21일 1면
15	1978~1979	김대원	전북신문	· <전북신문> 1978년 4월 23일 1면
16	1979~1980	고정길	전북신문	· <전북신문> 1979년 5월 14일 1면
17	1980~1981	김철규	전북신문	· <전북신문> 1980년 4월 21일 1면
18	1981~1982			
19	1982~1983			
20	1983~1984	조병인	KBS전주	· <전북일보> 1983년 6월 29일 1면
21	1984~1985			
22	1985~1986	박노훈	전주MBC	· <전북일보> 1985년 4월 25일 2면
23	1986~1987	육완태	전북일보	· <전북일보> 1987년 3월 30일 1면
24	1987~1988			
25	1988~1989	임기환	전북일보	· <전북일보> 1988년 4월 6일 1면
		박인환	전북일보	· <전북일보> 1988년 11월 19일 2면
26	1989~1990	박인환	전북일보	· <전북일보> 1990년 2월 9일 2면
27	1990~1991	이인철	KBS전주	· <전북일보> 1990년 9월 12일 2면 · <전북일보> 1991년 6월 14일 2면
28	1991~1992			
29	1992~1994*	김화욱	전라일보	· <전북일보> 1992년 4월 14일 2면
		박진수	CBS이리	· ≪한국기자협회 50년사≫2014, 1043쪽
30	1994~1996	양창명	전북일보	· <전북일보> 1994년 4월 19일 15면
31	1996~1998	이춘구	KBS전주	· 당사자 증언
		송하봉	전주MBC	

32	1998~2000	김은태	CBS전북	·<전북일보> 1998년 4월 17일 10면
33	2000~2002	이경재	전북일보	·<전북일보> 1999년 12월 7일 2면
34	2002~2004	강웅철	전북도민일보	·<전북일보> 2001년 12월 4일 12면
35	2004~2006	이병문	KBS전주	·<전북도민일보> 2003년 12월 17일 10면
36	2006~2008	성지호	JTV전주방송	·<전북일보> 2005년 11월 29일 16면
37	2008~2010	임 청	연합뉴스전북	·<전북일보> 2008년 1월 1일 12면
38	2010~2012	이상윤	JTV전주방송	·<전북도민일보> 2009년 12월 4일 11면
39	2012~2014	백기곤	전북일보	·<전북일보> 2011년 12월 2일 10면
40	2014~2016	이균형	CBS전북	·<전북도민일보> 2013년 11월 13일 11면
41	2016~2018	장태엽	전라일보	·<전라일보> 2015년 11월 23일 2면
42	2018~	이창익	전주MBC	·<전북일보> 2017년 12월 5일 12면

* 1992년 8월부터 1993년 12월까지 1년4개월 동안 회장 공석이었음.

[부록 2]

전북언론인 '이달의 기자상' 수상 현황(신문·통신 분야)

년/월	소속사	수상자	부문	수상작(제목)
1992.7	전북일보	임경탁	지역 언론	금강 광역상수도 오염 위협
1994.5	〃	김은정 문경민 김원용 오병권	지역기획보도	동학농민혁명 1백주년-그 역사의 현재적 의미를 조명한다
1995.2	〃	이대성 이성원	지역취재보도	도의회 불법 변태 인출 파동
2000.11	연합뉴스 호남취재본부	전성옥	지역기획보도	판소리 답사
2002.7	전북일보	이성각 안태성	〃	여성장애우 인권보고서-시각 장애우의 현대판 씨받이
2003.11	전북도민일보	임병식	〃	전통문화가 자본이다
2004.3	연합뉴스 전북지사	홍인철	전문보도	조순형 대표직인 서로 다른 추천서
2005.2	한겨레	박임근 외 3명	취재보도	경기광주 전북고창 땅 매입 때 이헌재 부총리 부인 위장 전입의혹
2006.6	연합뉴스 전북	홍인철	지역취재보도	초등학교 여교사 학생체벌 말썽
2007.11	전북도민일보	한성천 방선동 신상기 김효정 최영주	지역기획보도	부안유천도요, 상감청자 중흥 다시 연다
2008.2	경향신문	박용근 외 10명	기획보도	등록금 1,000만 원 시대
2010.2	전북도민일보	하대성 우기홍 양준천 권동원	지역기획보도	로드다큐-길

출처: ≪한국기자협회 50년사≫2014, 381~396·400~449쪽 구성.

[부록 3]

전북언론인 '이달의 기자상' 수상 현황(방송 분야)

년/월	소속사	수상자	부문	수상작(제목)
1997.3	KBS전주	윤양균	지역취재보도	기강 해이 민생경찰
1997.12	전주MBC	이종휴 김종섭	〃	응답 없는 113전화
1999.8	〃	정진오 홍창룡	〃	을지연습장 술판 벌인 경찰
2003.2	YTN 사회2부 전주지국	조영권 여승구	〃	대구지하철 참사 생생히 기록한 CCTV 화면 단독 보도
2003.12	KBS남원	배태휴 신재복	〃	매춘장부에 단속 공무원까지
2005.9	JTV 전주방송	이정헌 정윤성 정희도	지역기획보도	비빔의 맛, 융합의 코드
2006.8	〃	이승환 이동녕	〃	연속기획-접도지역 이대로 좋은가?
2006.12	〃	정윤성 정희도	지역취재보도	SK뷰아파트 불법매립 추적보도
2007.5	CBS전북	이균형	〃	'형님'이 접수한 자치단체
2008.8	〃	김용완 이균형	지역기획보도	AI 기획리포트-잔인했던 봄, 그리고 앵무새의 경고
2008.9	JTV 전주방송	성지호 이상윤 이승환 권대성 하원호	지역취재보도	전주시 유수율 제고사업 입찰의혹 집중 취재
2009.11	KBS전주	오중호 신재복	〃	여교사 집단 보험사기 사건의 재구성
2011.11	전주MBC	박찬익	〃	새만금방조제 유실
2011.12	CBS전북	이균형 임상훈	〃	현직 군수와 후보들, 브로커에 줄줄이 '노예각서'
2012.12	전주MBC	유룡	지역경제보도	육식의 반란-마블링의 음모
2013.5	JTV 전주방송	김철 하원호 권만택	지역취재보도	노예 장애인…그 후
2013.6	KBS전주	김진희 신재복 안광석 오중호	〃	2천억 원짜리 엉터리 하수관로 지하 대해부
2013.12	전주MBC	유룡	지역경제보도	육식의 반란 2-분뇨사슬
2014.3	KBS전주	한주연 김덕훈 정종배	지역취재보도	밭에 태양광 '날림 건물'-보조금 줄줄 샌다

출처: ≪한국기자협회 50년사≫2014, 381~396・400~449쪽 구성.

전북지역 언론 연표*

1903.	<한남신보> <군산신보> 창간
1905. 12. 25.	<전주신보> 창간
1908. 4. 15.	<군산신보>, <군산일보>로 제호 변경
1912. 5. 14.	<전주신보>, <전북일일신문>으로 제호 변경
1920. 2. 11.	<전북일일신문> 자매지 <호남신문) 창간
1920. 8. 29.	전주기자단 창립, <조선일보> <동아일보> <매일신보> <전북일일신문> 참여
1920. 11. 18.	<전북일일신문> 자매지 <동광신문> 인가
1920. 11. 21.	전북일일신문사 신사옥 낙성식·제호 <전북일보> 변경 축하연·<동광신문> 창간 피로연
1923. 1. 5.	군산우리기자단 창립, <조선일보> <동아일보> 참여
1924. 6. 20.	전주기자단 재조직, <조선일보> <동아일보> <시대일보> <매일신보> 참여
1924. 7. 6.	고창기자단 창립총회
1925. 5. 20~21.	전북기자단 주최 제1회 전북기자대회
1925. 11. 29.	김제기자단 창립총회
1926. 4. 24~25.	전북기자단 주최 제2회 전북기자대회
1926. 7. 6.	군산기자단 발기회, <조선일보> <동아일보> <시대일보> <개벽> 참여
1927. 5. 7.	전북기자단 주최 제3회 전북기자대회
1928. 4. 28.	전북기자단 주최 제4회 전북기자대회
1929. 3. 26.	전북기자단 순창지부 설립
1929. 4. 29.	고창기자단 해체, 전북기자단 고창지부 설치 결의
1929. 9.	군산기자단 월명구락부 조직
1934. 6. 26.	부안기자단 창립총회
1936. 8. 10.	고창기자단 부활 준비회
1938. 10. 1.	<이리방송국> 개국
1941. 6. 1.	<전북신보> 창간 : <전북일보> <군산일보> <동광신문> 통합
1942. 4.	<이리방송국> 이중방송(한국어) 개시
1945. 8. 17.	<건국시보> 창간
1945. 9. 5.	<신광일보> 창간
1945. 9. 12.	<전북신보> 재발간
1945. 10. 1.	<전북신보>, <전라민보>로 제호 변경
1945. 11. 1.	<전라민보>, <남선민보>로 제호 변경
1946. 1. 3.	<남선민보>, <전라민보>로 제호 재변경
1946. 1. 31.	<전주일보> 창간
1946. 5. 1.	<군산민보> 창간
1946. 6. 2.	<전북신문> 창간
1947. 5. 15.	<이리방송국> 전주연주소 설치
1947. 10. 1.	<이리방송국> 호출부호 HLKF로 변경
1947. 11.	<전라민보>, <전라신보>로 제호 변경
1947. 11. 9.	<군산신문> 창간

* 신문·방송사의 창간·개국·폐간·명칭 변경·사옥 이전과 기자단 창립, 언론사 노조 창립등을 중심으로 정리하였다.

1948. 3. 17.	전북기자회 결성
1949. 3. 1.	<군산민보>, 군산에서 이리로 사옥 이전
1950. 5. 17.	<군산민보>, <삼남일보>로 제호 변경
1950. 7.	<전북신문> <전주일보> <전라신보>, <전북시보>로 통합
1950. 10. 15.	<전북시보>, <전북일보>로 제호 변경
1952. 3.	<태백신문> 창간
1952. 9. 5.	이리지구 기자단 결성
1952. 10.	부안지방기자단 결성
1952. 10. 7.	남원기자단 결성
1952. 10. 25.	<남원방송국> 개국
1953. 7. 26.	한국신문기자협회 전북지부 결성
1953. 12.	<태백신문> 폐간
1954. 2. 18.	<삼남일보>, 이리에서 전주로 사옥 이전
1955. 4. 28.	임실기자단 결성
1955. 8. 16.	<전주일보> 폐간
1957. 1. 30.	장수언론인협회 재발족
1959. 3. 27.	<이리방송국>, <전주방송국>으로 명칭 변경
1959. 4. 11.	<전주방송국> 개국. <이리방송국>은 이리송신소로 변경
1960. 3.	김제신문구락부 구성
1960. 8. 12.	<호남매일> 창간
1960. 11. 15.	<군산매일신문> 창간
1961. 3. 1.	<군산신문>, <호남일보>로 개제
1961. 8.	<군산매일신문> 폐간
1961. 11. 1.	<이리기독교방송국> 라디오 첫 전파
1963. 4. 12.	<이리기독교방송국> 보도방송 시작
1964. 11. 21.	한국기자협회 전북도지부 창립
1965. 1. 1.	<이리기독교방송국>, <기독교이리방송국>으로 개칭
1965. 2. 20.	<전주문화방송국> 라디오방송국 개국
1966. 8. 15.	<전주방송국> TV방송 개시(중앙 프로그램 방영)
1968. 6. 1.	<삼남일보>, <전북매일>로 개제
1969. 10. 2.	<서해방송>(SBC) 개국
1969. 12. 17.	<전주방송국> 군산연주소 개소
1971. 4. 23.	<전주문화방송>의 자매방송<전북텔레비전방송주식회사> 개국, 전북 로컬TV방송 개막
1971. 10. 1.	<전주문화방송>의 라디오와 <전북텔레비전주식회사>의 TV 합병회사 <전주문화방송주식회사>(전주MBC) 출범
1971. 11. 13.	한국기자협회 전북도 지부, 제1회 언론인친선체육대회 개최
1973. 3. 3.	<전주방송국>, <KBS 전주방송국>으로 명칭 변경
1973. 6. 1.	<전북일보> <전북매일> <호남일보>, <전북신문>으로 통합
1978. 7. 1.	<KBS 전주방송국> TV 로컬방송 개막
1980. 12. 1.	<서해방송>, <KBS 군산방송국>으로 흡수 통합
1980. 12. 1.	<KBS 전주방송국> 컬러TV 로컬방송 시작
1980. 12. 22.	<전주MBC> 컬러TV방송 개시
1981. 6. 1.	<KBS 전주방송국> FM방송 개국
1983. 6. 1.	<전북신문>, 제호를 <전북일보>로 변경
1983. 7. 15.	<전주MBC> FM방송 개국

1986. 12. 8.	<KBS 전주방송국>, <KBS 전주방송총국>으로 승격
1988. 6. 30.	<전주문화방송> 노동조합 창립
1988. 7. 9.	<KBS> 노조 전주지부 결성
1988. 8. 3.	<전북일보> 노조 결성식
1988. 9. 7.	<이리기독교방송> 전주분실 재개설
1988. 11. 22.	<전북도민신문> 창간호 발행
1988. 12. 20.	<전라일보> 창간
1989. 12. 1.	<KBS 군산방송국> 새 청사 준공 이전
1990. 10. 10	<전북도민신문>, <전북도민일보>로 제호 변경
1991. 2. 1.	<전북일보>는 구<전북일보> 지령 승계 합산 1만2821호 발행
	<전북기자협회보> 창간호 발간
1991. 7. 25.	<호남매일신문> 창간
1991. 7. 31.	<전주일보> 창간
1991. 11. 30.	<KBS 전주방송국> 모악산 송신소 준공
1992. 4. 28.	<남원MBC> FM 개국
1992. 10. 27.	첫 번째 전북언론인클럽 발족 창립총회
	<이리기독교방송> 전주 스튜디오 개설
1992. 11. 18.	<전주MBC> 남원방송TV 개국
1994. 6.	<전라매일> 창간
1995. 2. 27.	<KBS 군산방송국> TV로컬방송 실시
1995. 5. 1.	<KBS 전주방송총국> 이리사업소 폐소
1995. 8. 4.	<CBS 기독교 이리방송국>, <기독교 전북방송>으로 명칭 변경
1995. 10. 26.	전북지역 언론노조협의회 결성
1995. 11. 7.	<전주MBC> 중화산동 신사옥 준공 이전
1996. 9. 13.	<전주일보> 신문 폐간, 종간호 발간
1997. 9. 27.	<JTV전주방송> 개국
1999. 1. 4.	<전북일보> 조간 발행 시작
1999. 10.	<전라매일>, <전북제일신문>으로 제호 변경
2000. 10. 25.	<새전북신문> 창간
2002. 1. 19.	한국편집기자협회 전북지회 창립
2002. 2. 25.	<전북제일신문>, <전라일보>로 제호 변경
2004. 11. 9.	<전주MBC> 시청자미디어센터 개소
2005. 12. 21.	<KBS 전주방송총국> 디지털TV방송 실시
2006. 2. 10.	<새전북신문> 전국언론노조 분회 창립
2006. 8. 24	<KBS 전주방송총국> 노고단중계소 DTV 개국
2007. 8. 1.	<KBS>, 지역지상파 DMB 전국방송 실시
2009. 10. 30.	<KBS 전주방송총국> 남원중계소 폐소
2011. 9. 29.	<KBS 전주방송총국> 효자동 신사옥 준공식
2011. 11.	<JTV전주방송> 만성동 신사옥 이전
2012. 6. 27.	전북언론인클럽 창립

구술 및 자료 도움주신 분(가나다 순)

강병옥(전 전북일보 총무국장)
고정길(전북기자협회 16대 회장)
김대원(전북기자협회 15대 회장)
김승일(전 전북일보 주필)
김영채(전 전북일보 사진부장)
김종량(전 전북일보 편집국장)
김철규(전 전북일보 논설위원)
김행수(전 스포츠서울21 대표이사 사장)
문성규(전 전북일보 기자)
박노훈(전북기자협회 22대 회장)
박인환(전 전북일보 주필)
박진수(전 CBS이리 기자)
백진기(전북일보 퇴직자 모임 '전일회' 회장)
서승(전 KBS 전주방송총국 보도국장)
서재균(전 전북도민일보 편집국장)
송하봉(전 전주MBC 기자)
육완태(전북기자협회 23, 24대 회장)
이광영(전북기자협회 10대 회장)
이대성(전북일보 노동조합 5,6대 위원장)
이종성(전 전주MBC 보도국장)
이중호(전 전민일보 사장)
이치백(전 전라일보 사장. 전북향토문화연구회 회장)
임병찬(전 전북도민일보 사장)
장세환(전 전라일보 편집국장)
장수근(전북일보 노동조합 7대 위원장)
장용웅(전 전북도민일보 주필)
정익환(전 한국일보 전북취재부장)
정종규(전북기자협회 7대 회장)
정지영(전 전북일보 편집위원)
최공엽(전 전북일보 전무)

▍참고문헌

1. 논문·단행본

강내원(2002). 사회갈등 보도기사의 비판적 읽기: 언론의 새만금 간척사업 프레이밍에 대한 갈루아래터스 분석. ≪한국언론학보≫, 46권 3호, 5~44쪽.

강준만(2006). 신문위기 시대의 지역신문 경영방안: 떳떳한 생존을 위한 10대 전략. ≪지역신문의 바람직한 제작과 경영 방안≫, 1~27쪽, 새전북신문·한국언론정보학회 공동주최 세미나.

강준만(2007). ≪한국대중매체사≫, 서울: 인물과사상사.

고승우(1997). 6공하의 80년 협의회 투쟁. 한국기자협회·80년 해직언론인 협의회 편, ≪80년 5월의 민주언론: 80년 언론인 해직백서≫, 221~267쪽, 서울: 나남출판.

권혁남(2006). 지방신문의 지역주재기자 운영 실태와 과제. 호남언론학회 편, ≪지역언론과 지역문화≫, 10~29쪽, 서울: 커뮤니케이션북스.

김남석(2006). 최초의 지방신문 경남일보의 창간. 한국언론 100년사 편찬실, ≪한국언론 100년사 Ⅰ≫, 360~383쪽, 사단법인 한국언론인연합회.

김대호(2010). 지역방송의 역할 확대 치열한 경쟁예고. ≪신문과 방송≫, 478호, 90~93쪽.

김민영(1998). 미군정·정부수립기 군산·옥구지역의 사회와 경제. ≪군산대학교 지역개발연구≫, 제10권, 113~131쪽.

김민환(1993). 일제시대 언론사의 시기 구분. ≪언론과 사회≫, 1호, 46~66쪽.

김민환(1996). ≪한국언론사≫, 서울: 사회비평사.

김선남(2001). 지방신문의 양적 팽창과 문제점. ≪한국언론정보학보≫, 통권 16호, 7~35쪽.

김성우(2016). ≪신문의 길≫, 서울: 도서출판 깊은샘.

김세철(1997). 지역사회와 지역 언론에 대한 이해. 김세철 외, ≪지역사회와 언론≫ (21~31쪽). 서울: 커뮤니케이션북스.

김영선(1983). 지방신문과 지역사회에서의 역할. ≪전주우석대 논문집≫, 5집, 315-353.

김영주(2008). 조보에 대한 몇 가지 쟁점- 필사조보의 기원, 명칭, 폐간시기, 기문기사 성격과 민간인쇄조보를 중심으로. ≪한국언론정보학보≫, 43호, 247~281쪽.

김영호(1997). 지역방송의 문제점과 전망. ≪저널리즘 비평≫, 22권 1호, 84~87쪽.

김영호(2004). ≪한국언론의 사회사≫상, 서울: 지식산업사.

김원용·이동훈 (2005). 핵 폐기장 중심 원자력 관련 보도에 나타난 매체별 갈등 보도의 프레임비교 연구. ≪한국방송학보≫, 19권 4호, 168~213쪽.

김은정·문경민·김원용(1995). ≪동학농민혁명 100년≫, 서울: 나남출판.

김을한(1975). ≪한국 신문사화≫, 서울: 탐구당.

김정인(2001). 1920년대 전반기 보천교의 부침과 민족운동. ≪한국민족운동사연구≫, 29권, 159~186쪽.

김종량(2014). 전북일보사 기자들의 언론자유 운동. 5·18기념재단 편, ≪5·18민주화운동과 언론투쟁-80년 5월, 우리들은 생명을 걸었다≫, 229~240쪽, 광주: 도서출판 심미안.

김종환(1993). ≪수분낙도≫, 전주: 도서출판 탐진.

김중규(2001). ≪군산역사이야기-고지도와 옛 사진으로 풀어본 군산역사≫, 도서출판 나인.

김태현(2006). 광복 이전 일본인 경영 신문에 관한 연구:1881년부터 1945년까지 발행된 일본인 경영 민간지를 중심으로. 한국외대 석사학위논문,

김해식(1994). ≪한국언론의 사회학≫, 서울: 나남.

나미수(2004). 핵 폐기장 유치에 대한 텔레비전 프레임 분석. ≪한국언론정보학보≫, 26호, 157~207쪽.

대한언론인회 편(1993). ≪한국언론인물사화 : 가시밭길 헤쳐 온 선인들의 발자취: 8·15후편(상)≫. 사단법인 대한언론인회.

박승관·강현두·조항제·박용규(1996). 해방 50년 한국언론과 사회변동. ≪사회과학과 정책연구≫, 18권 1호, 157~237쪽.

박영학(1994). 19세기 동학통문 연구. ≪한국언론학보≫, 32호, 139~176쪽.

박용규(1998). 구한말(1881~1910) 지방신문에 관한 연구. ≪한국언론정보학보≫, 통권 11호, 108~140쪽.

박용규(2016). ≪식민지 시기 언론과 언론≫, 서울: 소명출판.

박유봉(1985). Publizistik과 Mass Communication 이론의 비교연구. ≪신문학보≫, 제19호, 5~28쪽.

박정규(1978). 조보의 기원에 대한 연구. ≪언론정보연구≫, 제15집, 115~134쪽.

박정규(1987). 세미나 지상중계- 한국 지방신문의 사적 고찰. ≪신문과 방송≫, 제195호, 92~94쪽.

박정규(1997). 한국 지방신문의 역사. 김세철 외, ≪지역사회와 언론≫ (60~94

쪽), 서울: 커뮤니케이션북스.

방정배(1997). 지방언론사 연구방법론의 문제와 방향. 김세철 외, ≪지역사회와 언론≫, 35~59쪽, 서울: 커뮤니케이션북스.

백병기·권혁남(1994). ≪전북의 언론과 수용자≫, 전주: 신아출판사.

변상규(2016). 지역방송의 가치추정을 통한 경쟁력 강화방안 연구. ≪산업경제연구≫, 제29권 제6호, 2651~2674쪽.

서현교(2007). 지속가능 발전 관점에서 본 언론보도의 특성 : 새만금 간척사업 보도를 중심으로. 서울대학교 도시계획학 박사학위논문.

성준덕(1955). ≪한국신문사≫, 서울: 한국신문학회.

송광성(1993). ≪미군점령 4년사: 우리나라의 자주·민주·통일과 미국≫, 서울: 한울.

송신용(2012). 지방언론의 현실-지방신문을 중심으로. ≪관훈저널≫, 통권 127호. 222~228쪽.

송정민(2006). 지방신문의 존립 형식과 대안 모델. ≪언론과학연구≫, 6권 3호, 272~299쪽.

신광연(1990). 검찰조사를 통해 본 전북도민신문 사건 전말. ≪월간 신문과방송≫, 통권 239호, 29~31쪽.

신복룡(1983). ≪전봉준의 생애와 사상≫, 서울: 양영각.

안순택(2014). 조국의 광복과 대전·충남 언론의 본격적인 출발 : 해방이후~1950년대. (사)대전언론문화연구원 편, ≪대전·충남 언론 100년≫, 71~112쪽, 대전: 문경출판사.

양윤식(1930). 새로 실시하는 도범등 방지법의 해설. ≪별건곤≫, 33호, ≪한국사 데이터베이스_한국근현대잡지자료≫검색.

유종원·김송희(2005). 미군정기 지역언론 특성에 관한 연구: 광주지역 신문을 중심으로. ≪언론과학연구≫, 5권 2호, 276~307쪽.

윤덕영(1995). 해방 직후 신문자료 현황. ≪역사와 현실≫, 16권, 341~379쪽.

윤상길(2013). 우편배달에서 모바일 뉴스서비스까지: 한국 신문 유통의 사회문화사. 한국언론진흥재단, ≪한국 신문의 사회문화사≫, 129~187쪽.

윤영철(2006). 노태우 정부의 언론 정책. 한국언론 100년사 편찬실, ≪한국언론 100년사 Ⅱ≫, 352~371쪽, 사단법인 한국언론인연합회.

이광재(2006a). 김대중 정부의 언론 정책. 한국언론 100년사 편찬실, ≪한국언론 100년사 Ⅱ≫, 594~609쪽, 사단법인 한국언론인연합회.

이광재(2006b). 노무현 정부의 언론 정책. 한국언론 100년사 편찬실, ≪한국언론 100년사 Ⅱ≫, 680~699쪽, 사단법인 한국언론인연합회.

이규수 옮김(2006). ≪식민지 조선의 일본인들-군인에서 상인, 그리고 게이샤까지≫, 역사비평사. 원저: 다카사키 소지, ≪植民地朝鮮の日本人≫.

이근용(2012). 지역방송 전통문화 콘텐츠의 지역성. ≪한국방송학보≫, 26권 2호, 87～121쪽.

이만제(2006). 지역 지상파 DMB. 호남언론학회 편, ≪지역언론과 지역문화≫, 127～147쪽, 서울: 커뮤니케이션북스.

이병국(2011). 새만금사업에 대한 언론보도성향 및 국민선호도 변화추이 연구. ≪한국정책연구≫, 11권 3호, 195～213쪽.

이봉섭 편(1976). ≪전북백년≫.

이상훈(2006). 디지털 시대의 지역방송과 수용자복지향상 방안. 호남언론학회 편, ≪지역언론과 지역문화≫, 148～173쪽, 서울: 커뮤니케이션북스.

이용성(1996). 초보자도 조작 간편한 시스템으로: 내일의 CTS 방향을 위한 제언. ≪월간 신문과방송≫, 311호, 47～51쪽.

이은숙(1997). 저비용 고효율화로 색깔 있는 방송을: 개국, 2차 지역민방-전주방송(JTV). ≪월간 신문과 방송≫, 322호, 86～89쪽.

이재경(2003). ≪한국저널리즘관행연구≫, 파주: 나남출판.

이진로·하봉준·최성재(2008). 지역방송의 현황과 미래에 대한 지역방송인의 태도 연구. ≪한국방송학회 세미나 및 보고서≫, 125～131쪽.

이해준(2007). 지역학 연구의 필요성과 방법. ≪전주학 연구≫, 1호, 11～42쪽.

임병찬(1989). ≪20년 취재낙수-갯터의 비록≫, 전주: 대흥정판사.

장낙인·윤승욱(2006). 지역언론과 지역문화. 호남언론학회 편, ≪지역언론과 지역문화≫, 1～9쪽, 서울: 커뮤니케이션북스.

장소연(2011). 일제하 지방기자단과 지방기자대회. 한양대 대학원 석사학위 논문.

장신(2007). 한말·일제 초 재인천 일본인의 신문발행과 조선신문. ≪인천학연구≫, 6호, 289～311.

장호순(2006). 지방분권시대의 지역신문. 호남언론학회 편, ≪지역언론과 지역문화≫, 190～218쪽, 서울: 커뮤니케이션북스.

정대수(2004). 정부수립 후의 신문들. 동아자유언론수호투쟁위원회 편, ≪새로 쓰는 한국언론사≫, 297～386쪽, 서울: 도서출판 아침.

정연수(1997). 자료로 추적해 본 언론인 대학살의 실상. 한국기자협회·80년 해직언론인 협의회 편, ≪80년 5월의 민주언론: 80년 언론인 해직백서≫, 161～192쪽, 서울: 나남출판.

정일권(2010). 조선 후기 사회의 변화와 동학운동 과정에서의 커뮤니케이션 요소 분석. ≪한국언론학보≫, 54권 6호, 81～102쪽.

정정화(2007). 환경갈등과 언론: 부안 방폐장에 대한 이해집단과 미디어프레임 비교분석. ≪한국정책학회보≫, 16권 3호. 177~208쪽.

정진석(1992). ≪한국언론사≫, 서울: 도서출판 나남.

정진석(2013). ≪한국 신문역사≫, 서울: 커뮤니케이션북스.

조종안(2013). 고향의 독자들을 찾아가는 시간이 가장 즐겁소 ≪매거진군산≫, 22호, 44~49쪽.

차배근(1980). 우리나라 조보에 대한 신문학적 분석고- 한국신문의 원형으로서의 그 사적 의의. ≪언론정보연구≫, 제17집, 65~102쪽.

차배근(1996). 한국 근대 신문의 생성과정과 독립신문- 이식설에 관한 몇 가지 의문점을 중심으로. ≪언론과 사회≫, 5권 33호, 5~33쪽.

채백(1990). 한국 근대 신문 형성과정에 있어서 일본의 역할에 관한 연구. 서울대 박사학위논문.

채백(1997). 개화기의 신문잡지종람소에 관한 연구: 일본 및 서구와의 비교를 중심으로. ≪언론과 정보≫, 제3호, 105~132쪽.

채백(1999). 황성신문의 경영연구. ≪한국언론학보≫, 43권 3호, 362~394쪽.

채백(2012). ≪부산언론사연구≫, 부산: 산지니.

채백(2013). 계몽의 대상에서 행동하는 독자까지: 한국 신문독자의 사회문화사. ≪한국 신문의 사회문화사≫, 17~69쪽. 한국언론진흥재단.

채백(2015). ≪한국언론사≫, 서울: 컬처룩.

천현진(2017). '혁신을 넘어 미래로' 지역신문의 도전과 미래로. ≪신문과 방송≫, 564호, 72~76쪽.

최공엽(2016). ≪흔적≫, 전주: 신아출판사.

최낙진(2004). 지역신문 뉴스 프레임 비교: 핵 폐기장 관련 보도를 중심으로. ≪한국언론정보학보≫, 통권 27호, 283~330쪽.

최동성(2009). 새만금사업 추진과정에서 나타난 정부와 NGO의 갈등협상 및 Public Relations에 관한 연구. 전북대학교 언론학 박사학위논문.

최민지(1977). 일제하 기자운동의 전개-기자단 활동을 중심으로 ≪창작과 비평≫, 12권 3호, 79~122쪽.

최용준(2014). 지역방송 뉴스 시청행태 및 만족도 연구: 전주지역 지상파 3사 메인 뉴스 를 대상으로. ≪사회과학연구≫, 제38권 1호, 75-102쪽.

최준(1990). ≪한국신문사≫(신보판), 서울: 일조각.

최창봉·강현두(2001). ≪우리방송 100년≫, 서울: 현암사.

최현식(1994). ≪갑오동학혁명사≫, 전주: 신아출판사.

한국기자협회·80년 해직언론인 협의회(1997). ≪80년 5월의 민주언론≫, 서울:

나남출판.

한국언론 100년사 편찬실(2006a). 노태우 정부 시대의 언론: 서문. 한국언론 100
년사 편찬실, ≪한국언론 100년사 Ⅱ≫, 348~351쪽, 사단법인 한국언
론인연합회.

한국언론 100년사 편찬실(2006b). 김영삼 문민정부 시대의 언론: 서문. 한국언론
100년사 편찬실, ≪한국언론 100년사 Ⅱ≫, 494~499쪽, 사단법인 한국
언론인연합회.

한국언론 100년사 편찬실(2006c). 한글가로짜기 20년. 한국언론100년사 편찬실,
≪한국언론 100년사 Ⅱ≫, 408~411쪽, 사단법인 한국언론인연합회.

한진만(2013). ≪사라진 방송국≫, 서울: 커뮤니케이션북스.

한진만・변상규(2016). KBS 지역국 통합을 통한 경쟁력 강화방안 연구. ≪방송
문화연구≫, 제28권 제1호, 153~187쪽.

한진만 외(2010). ≪지역미디어≫, 서울: 커뮤니케이션북스.

2. 편찬서

≪2016 언론수용자 의식조사≫(2016), 서울: 한국언론진흥재단.

≪CBS 50년사≫(2004), CBS시사편찬위원회, 서울: 타라 티피에스.

≪광복 50년 전북발전사≫(1996), 전북애향운동본부, 전주: 탐진출판사.

≪국역 전주부사≫(2014), 전주시・전주부사국역편찬위원회, 전주: 신아출판사.

≪군산개항사≫(1925), 호다카 마사키(保高正記) 편찬, 1990년 경인문화사 발행
한국지리풍속지총서 99.

≪군산부사≫(1935), 군산부청. 1990년 경인문화사 발행 한국지리풍속지총
서 90.

≪군산시사≫(2000), 군산시사 편찬위원회.

≪기자협회 10년사≫(1975), 한국기자협회, 서울: 금강문화인쇄사.

≪기자협회삼십년사: 언론자유수호의 발자취≫(1994), 한국기자협회, 서울: 영
인쇄.

≪김제시사≫(1995), 김제시사 편찬위원회.

≪남원지≫(1992), 남원지 편찬위원회.

≪동아시아 언론매체 사전:1815~1945≫(2010), 임경석 편, 서울: 논형.

≪목포부사 ②≫(1930). 목포부, 1995년 경인문화사 발행 한국지리풍속지총
서 282.

≪부지군산≫(1907), 군산신보사, 1990년 경인문화사 발행 한국지리풍속지총
　　　서 95.
≪신문백년인물사전≫(1988), 한국 신문편집인협회, 서울: 코리아 헤럴드.
≪신문총람≫1917~1941년 각 연도판, 일본전보통신사.
≪익산시사≫(2001), 익산시사편찬위원회.
≪전라문화연구≫제24집, (2013), 사단법인 전북향토문화연구회.
≪전북도민일보 20년사≫(2008), 전북도민일보사, 전주: 신아출판사.
≪전북연감≫(1950), 전라문화사, 서울: 부인신문사.
≪전북연감≫(1953).
≪전북인의 의식조사 92≫(1992), 전주문화방송.
≪전북인의 의식조사 98≫(1998), 전주문화방송.
≪전북일보 10년사≫(1984), 전북일보사.
≪전북일보 60년사≫(2010), 전북일보사.
≪전북학연구 Ⅲ≫(1997), 전라북도, 서울: 도서출판 혜안.
≪전주문화방송 30년사≫(1995). 전주문화방송 30년사 편찬위원회, 서울: 삼화인
　　　쇄주식회사.
≪전주방송 50년사≫(1988), KBS 전주방송총국.
≪조선총독부통계연보≫(1912), 조선총독부, 1982년 오성사.
≪통감부법령자료집 2≫1973, 송병기 편 국회도서관.
≪한국기자협회 50년사≫(2014) 한국기자협회, 서울: 미광애드.
≪한국방송 90년 연표≫ (2017). 김성호. KBS한국방송.
≪한국신문방송연감≫ 각 연도판.
≪한국신문방송편집인협회 50년사: 1957~2007≫(2007). 한국신문방송편집인협
　　　회. 서울: 삼아 인쇄.
≪한국신문백년: 사료집≫(1975), 한국신문연구소 편.
≪한국신문백년지≫(1983), 한국언론연구원.
≪한국언론연표 1881~1945≫(1979), 계훈모 편, 발행: 관훈클럽 신영연구기금.
≪한국언론연표 Ⅱ 1945~1950≫(1987), 계훈모 편, 발행: 관훈클럽 신영연구
　　　기금.
≪현대전북인명사전≫(1970), 전북매일신문사, 전주: 보광출판사.

3. 종이신문 및 신문의 DB자료

<경향신문>
<기자협회보>
<동아일보>
<삼남일보>
<새전북신문>
<신문편집인협회보>
<언론노보>
<전북기자협회보>
<전북매일>
<전북문화> 사단법인 전북향토문화연구회 회보
<전북신문>
<전북일보>(1973년 통합 전)
<전북일보>(1983년 제호 변경후)
<한겨레신문>

<경성신보> http://www.kstudy.com/kyungsung/index_sinbo.asp
<경향신문> 1946년 10월 6일~1999년 12월 31일. ≪네이버 뉴스 라이브러
　　　리≫ http://newslibrary.naver.com
<공업신문> <군산신문> <대동신문> <대한매일신보> <독립신보> <만세
　　　보> <매일신보> <민주중보> <시대일보> <조선신문> <조선중앙
　　　일보> <중외경제신보> <중외일보> <평화일보> <한성일보> <황성
　　　신문> 등 고신문. ≪대한민국신문아카이브≫
　　　http://www.nl.go.kr/newspaper
<기자협회보> http://journalist.or.kr/news/search.html
<동아일보> 1920년 4월 1일~1999년 12월 31일. ≪네이버 뉴스 라이브러리≫
　　　http://newslibrary.naver.com
<미디어오늘> http://www.mediatoday.co.kr
<새전북신문> www.sjbnews.com
<전라일보> http://www.jeollailbo.com
<조선일보> 1920년~1940년 기사DB. ≪DB조선≫
　　　http://srchdb1.chosun.com/pdf/i_service/index.jsp
<한겨레신문> 1988년 5월 15일~1999년 12월 31일. ≪네이버 뉴스 라이브러
　　　리≫ http://newslibrary.naver.com

4. 인터넷 사이트

≪국가통계포털≫ http://kosis.kr: 통계청
≪동학농민혁명기념재단≫ http://www.1894.or.kr
≪전국언론노동조합≫http://media.nodong.org
≪한국민족문화대백과사전≫ http://encykorea.aks.ac.kr
≪한국사데이터베이스_한국근현대인물자료≫
　　　　http://db.history.go.kr/item/level.do?itemId=im
≪한국사데이터베이스_한국근현대잡지자료≫
　　　　http://db.history.go.kr/item/level.do?itemId=ma
≪한국사데이터베이스_한국사료총서≫
　　　　http://db.history.go.kr/item/level.do?itemId=sa
≪한국역대인물종합정보시스템≫ http://people.aks.ac.kr
≪한국향토문화전자대전≫ http://www.grandculture.net
≪한국ABC협회≫ http://www.kabc.or.kr

▌찾아보기

전북언론사

초판인쇄　2018년 11월 15일
초판발행　2018년 11월 15일

지은이　최동성・전오열
펴낸이　채종준
펴낸곳　한국학술정보㈜
주소　경기도 파주시 회동길 230(문발동)
전화　031) 908-3181(대표)
팩스　031) 908-3189
홈페이지　http://ebook.kstudy.com
전자우편　출판사업부　publish@kstudy.com
등록　제일산-115호(2000. 6. 19)

ISBN　978-89-268-8589-5　93070